サピエンティア 20 sapientia

シティズンシップ教育論

政治哲学と市民

Essays on Citizenship

バーナード・クリック［著］

関口正司［監訳］

法政大学出版局

目次

凡例

一　本書は、**Bernard Crick**（1929-2008）, *Essays on Citizenship*, Continuum, London, 2000 の全訳である。訳出に際しては、二〇〇四年のペーパーバック版リプリントを用いた。

二　原著者（クリック）本人が、再掲に際して加えた補註は、角括弧［　］の中に入れられている。訳者による補足や注釈は、脚注に示した。なお、人名に関して詳細が確認できず、注を加えていない場合が若干ある。原文において、強調のためにイタリック体となっている部分は、邦訳では傍点を付した。

三　本文中でクリックが引用している文章については、出典が確認できたものは脚注に示し、邦訳がある場合には該当頁を示した。ただし、クリック本人の論述との対応や訳語の整合を図るため、邦訳を直接引用することは避け、クリックが引用している英文を訳出することとした。

四　国名表記について

日本語で慣用的に「イギリス」と呼ばれている「グレートブリテンおよび北アイルランド連合王国」（連合王国 **the United Kingdom**）は、イングランド、スコットランド、ウェールズ、北アイルランドという四つの国民（ネーション）から構成されている。本邦訳では、連合王国全体を指す **Britain** を「イギリス」と表記し、その一部である **England** は「イングランド」と表記して区別した。

五　イングランドの教育制度について

本書では、イギリスとりわけイングランドの教育制度への言及が頻出する。その大半は日本の読者にとって馴染みが薄いと思われるので、教育制度に関連する語句について、原語と訳語との対応を示しながら、簡単な説明を加えておく。

イングランド（およびウェールズ）の学校制度は、一一年間の初等・中等教育（義務教育）、その後二年間の中等教育（非義務教育）を経て、三年間の高等教育（大学教育）へと至る仕組になっている。小学校（**Primary School**）の六年間（五―一一歳）は日本の小学校に相当するが、入学は日本より一年早い。また、中学校（**Secondary School**）は五年間（一一―一六歳）で、課程修了後にＧＣＳＥ（一般中等教育資格試験）を受ける（一九八〇年以前はOレベルと呼ばれていた試験である）。その上で、大学進学を希望する場合には二年制の進学コース高校（sixth form college）に入学する。進学を希望しない場合には、就職のほかに、職業コース高校（college of further education）に入学する選択肢もある。

進学コース高校が sixth form と呼ばれるのは、中学校入学から数えて六年目にあたるためである。しかし、進学コース高校の第二学年が seventh form と呼ばれることはなく、進学コース高校の二年間を sixth form と総称している。進学コース高校を修了すると、GCE（大学入学資格認定試験・Aレベル）を受験し、大学（日本のように四年制ではなく三年制）へ進む。

ただし、以上はあくまでも公立学校についての説明であり、パブリック・スクール（パブリックと言っても、公立ではなく私立）は別の制度体系をとっている。さらに、スコットランドや北アイルランドでは、以上のようなイングランドとは異なった制度体系となっているが、本書では直接の言及はないので説明は省略する。

六　「シティズンシップ」・「シティズンシップ教育」という表記について

「シティズンシップ」は「市民権」と訳されることが多いが、クリックの場合は、本書第一章で詳しく論じているように、政治社会の構成員として政治に参加する権利を持ち義務を負う市民の地位・市民のあり方を指している。このような意味での「シティズンシップ」には「市民性」という訳語もあるが、まだ十分に定着していないようにも思われる。そこで、カタカナ言葉はできるだけ避けたいところだが、「シティズンシップ」と表記した。ただし、文脈に応じて「市民のあり方」とし、「シティズンシップ」とルビをふっている場合も若干ある。授業科目としての「シティズンシップ」の場合は、文脈に応じて「シティズンシップ科目」という訳語を当てている。

「シティズンシップ教育」については、「市民教育」という訳語もあるが、この訳語は、成人の市民を対象とした教育を意味する場合もある。しかし、本書でクリックが扱っているのは、あくまでも若年の生徒を対象とした教科を通じての教育である。そこで、成人市民を対象とした教育との区別を明確にするため、「シティズンシップ教育」という表記を用いることとした。なお、「公民教育」という訳語も考えられるが、「シティズンシップ教育」の内容や趣旨が日本の公民科目とは異なる面が多いので、混同を避けるため採用しなかった。

七　「刷り込み教育」という訳語について

本書では、indoctrinationという語が頻繁に用いられ、第三章の後半では、議論の主題として取り上げられている。この語は、宗教的な教義や政治的な主義主張（doctrine）を、批判を許さない形で一方的に教え込むことを意味している。訳者の管見の限りであるが、とくに学校教育との関連では定訳がないように思われる。「偏向教育」という訳語も考えられなくないが、クリックの議論と必ずしも整合しない。クリックの考えでは、極度の偏向はたしかに問題であり避けるべきではあるが、人間として避けられない単純な偏向を教育から排除するのは不可能であり、無理に排除しようとするのはかえって有害である。単純な偏向をともなった教育は、ただちにindoctrinationになるわけではない。教える側が自覚的に、他の見解との比較の機会を与えたり、批判的思考を助長するのであれば、indoctrinationは避けられるからである（詳細については本書第三章を参照）。以上のようなクリックの見方をふまえ、本訳書では、日本語として必ずしもこなれていないことを覚悟の上で、「刷り込み教育」という訳語を採用することにした。

統一がある程度必要なのはたしかであるが、……しかし全面的な統一は不要である。ポリスには、統一を進めていくうちに、ポリスでなくなってしまう限界点がある。ポリスの本質をほとんど失い、悪しきポリスになってしまう。それはあたかも和音をたんなる同音に変えてしまうようなものであり、あるいは、主旋律を一本調子に変えてしまうようなものである。本当のところは、ポリスは……多数の構成員の集積であり、したがって、教育こそが、その集積を共同体にし統一を与える手段である。

アリストテレス『政治学』(1)

したがって私は、人をして、平時および戦時における公私双方にわたる職務一切を正しく、巧みに、かつ堂々と遂行するのにふさわしくするもののことを、完全にして立派な教育と呼ぶ……。

善き人だけが、自由を心の底から愛することができる。それ以外の人が愛するのは、自由ではなく放縦である。

ミルトン『教育論』、『為政者在位論』(2)

市民の精神に知識を注ぎ込むために任じられた教師は、虚偽や有害なことを教えるべきではない。真理は、聴講者が習慣から同意するのではなく、彼らに実質的な理由が与えられているがゆえに同意するような仕方で伝えられるべきであり、また、人間にかかわる知識は、人間ならびに市民の生活に何ら利益を与えないのであれば、余計なものとみなすべきである。

サミュエル・フォン・プーフェンドルフ『市民の義務について』[3]

（1） クリックが引用しているのは、アーネスト・バーカーによる英訳（Aristotle, *The Politics*, ed. Ernest Barker, Oxford University Press, 1948, p. 51, 1263b）であり、第二巻第五章の一部分にあたる。邦訳としては、アリストテレス『政治学』（山本光雄訳、岩波文庫、一九六一年、該当箇所は七九頁）がある。なお、ここではクリックの引用をそのまま訳出した。

（2） 前者の邦訳としては、ミルトン「教育論」、原田純訳・編『イギリス革命の理念——ミルトン論文集』（小学館、一九七六年）所収（該当部分は七一頁）、および、私市元宏・黒田健二郎訳『教育論』（未來社、一九八四年、該当部分は一六頁）がある。後者の邦訳としては、ミルトン「為政者在位論」、原田同前書所収（該当部分は二六一頁）がある。

（3） プーフェンドルフの原著はラテン語であるが、ここではクリックが引用している英訳から訳出した。

序　言

最初に、本書がどのようなものでないかについて、率直明快に注意しておきたい。本書は、全国共通カリキュラム[1]の新科目「シティズンシップ」を現場で実施する際の手引書や参考書ではない。手引書や参考書は、今後、資格カリキュラム機構[2]などの機関や、学校や青年層全般におけるシティズンシップ教育の普及に長年努めてきた非政府組織の小規模連合体（「シティズンシップ教育連合[3]」）から刊行される

（1）　全国共通カリキュラム（the National Curriculum）は、日本語でもそのまま「ナショナル・カリキュラム」と表記されることもある。これは義務教育段階の全教科を対象としており、日本の学習指導要領に類似しているが、私立学校を拘束しない点や、厳密な授業時間数を規定していない科目があるなどの相違もある。一九八八年に初めて導入され、その後、改訂を繰り返している。このカリキュラムが導入されたのは、連合王国の構成地域（それぞれが別個のネーションとされている）のうち、イングランドとウェールズの二つに限られていた。「ナショナル」とは、これら二つの「ネーション」を対象としているという意味である。残り二つのネーションであるスコットランドと北アイルランドは、それぞれ独自にカリキュラムを定めている。なお、全国共通カリキュラムについては邦訳がある。日本ボランティア学習協会・編集発行『英国の「市民教育」』（二〇〇〇年）所収、八九—一〇七頁。

（2）　資格カリキュラム機構（the Qualifications and Curriculum Authority: QCA）は、一九九七年教育法にもとづいて既存の諸機関を統合して創設された全国統一機関。職業資格と学力認定資格の企画調整を行なっている。

だろう。本書は歴史書でもない。歴史書の最適任者は、私の新しい友人で教育調査財団協力研究員のデイビッド・カーである。また、そうした歴史書の土台となるのは、学校における現今のシティズンシップ教育推進運動を最初に始めたデレック・ヒーター(5)の著作である。ヒーターは一九六九年に、私を学界の洞窟から連れ出し、見過ごしていた広い領野の光を見るよう仕向けてくれた。(4)

本書には、新旧のエッセイが収められている。エッセイは専門論文ではない。狙いは思索的で示唆的であることであり、思想に富んでいてほしいとも願っている。主張が前面に出ており、個人的な思い入れを交えつつ、論争的になっていることもあれば、くだけた文体となっていることも多い。多くの方々に影響を受けてはいるが、私としては自分の言葉で語っている。第二章から第五章まではすべて、一九七〇年代から一九八〇年代に公表されている。当時私は、シティズンシップ教育の推進運動が夜明けを迎えたと錯覚していたのだが、各章では、その頃の運動の一般的諸原理を論じている。それらの原理を最もはっきり述べているのは、ハンサード協会(6)の作業グループ報告書であり、私とアレックス・ポーター(7)との共編著『政治教育と政治リテラシー』(ロングマン社、一九七八年)として公刊されている。イアン・リスター教授(8)と私は、全国共通カリキュラムの登場するはるか以前に、有志の運動として広まり始めていたプロジェクト全体の共同リーダーであったが、やがて政権交代とともに運動は停滞し、実際、多くの学校において、少なくとも戦術的な撤退を余儀なくされた。

これらのエッセイは無駄な努力ではなかったとしても、せいぜいのところささやかな歴史の一場面でしかないと私は一九八〇年代には思っていた。近年になって読み返したときも、当初は、公教育の根本的に変わってしまった構造やシステムとは関わりが全然なくなっているように思えた。しかし、しばらく後になって、現場の教育の様相は明らかに変化しているとしても、シティズンシップの概念とシティズンシップ教育の根底にある諸原理は変わっていないとわかった。実際、原理に変わりようがあろうか。ただし、第一章で手短かに示すように、シティズンシップ教育の概念は歴史的に生じたものではある。一つだけ注意しておきたいのは、一九七〇年代の「政治教育と政治リテラシー」の意味は、あまりに狭すぎたということである。「シティズンシップ教育」の方が、「政治教育」よりも、古来の伝統をうまく伝えてくれる。それは、民主主義時代よりもはるか以前からの伝統であって、公的な舞台において、職責上の場合であれ自発的な場合であれ、共通善のために権利を行使し、義務を果たす能動的で参加的な

---

(3) シティズンシップ教育連合(the Citizenship Coalition)は、この序言で後に言及されるシティズンシップ教育財団(the Citizenship Foundation)、地域サービス・ボランティア(Community Service Volunteers: CSV)、世界シティズンシップ教育協議会(Council for Education in World Citizenship: CEWC)、シティズンシップ教育研究所(the Institute for Citizenship)からなる連携協力体。シティズンシップ教育の推進を目的として、各地でシンポジウムを開催するなどの活動を行なっている。

(4) 教育調査財団(the National Foundation for Educational Research: NFER)は、一九四一年に設立された機関で、イングランドとウェールズにおける教育の調査研究を行なっている。

(5) デレック・ヒーター(一九三一年生まれ)は、ブライトン・コレッジ・オブ・エデュケーションの歴史学科長やブライトン・ポリテクニックの社会文化学部長などを歴任している。邦訳されている著書としては、『統一ヨーロッパへの道――シャルルマーニュからEC統合へ』岩波書店(一九九四年)、『市民権とは何か』岩波書店(二〇〇二年)がある。

(6) ハンサード協会(the Hansard Society)は、一九四四年に議会制度に関する知識と理解の普及を目的として設立された独立・非党派の調査研究・教育機関。議会制民主主義の強化と市民の政治参加の奨励を目的として活動している。

(7) アレックス・ポーター(一九四二―二〇〇五年)は、中学校教師やロンドン大学教育研究所講師などの経歴がある。

(8) イアン・リスター(生年不詳)は人権教育の専門家で、ヨーク大学教育学部教授などを歴任している。

国民の伝統である。

新しい方のエッセイは、教育・雇用相デイビッド・ブランケット[9]が設置し私が委員長を務めた諮問委員会の報告書、『学校におけるシティズンシップ教育と民主主義教育[10]』(Advisory Group on Citizenship, 1998)から生まれた個人的な省察と所論、および、後に出た中学校のシティズンシップ教育施行令と、小学校の「人格・社会・健康教育とシティズンシップ教育」の指導要領に関する議論である。最後の二篇は、学校における具体的な問題からはいくぶんかけ離れているように思えるかもしれないが、わが国でよりよい社会におけるよき人生の一部として幼少期から能動的市民の実践を学ぶことに対して、私がいい個人的に与えている理由を示すことのできたエッセイである。シティズンシップ教育は、科目としても実際の授業としても、職業人養成という教育目的と、教育本来の目的との間の架け橋になるべきだが、そのことを忘れてしまう危険がある。人生は生業に尽きるわけではない。余暇もあれば教養もあり、そのいずれも、能動的市民は擁護できるし、向上させることもできる。

さまざまな文脈でシティズンシップ教育を実施し活用するのに何が最善の方策かについては、どれほど見解を異にするとしても(異にするのがよいとしても)、願わくば本書が、教師やすべての教育関係者(学校理事、保護者、そして視学委員すらも)にとって、市民的な誇りと使命感を持ち強める助けとなればと思う。使命感は新科目の根源である。知識ばかりでなく価値や技能に関してもそうであるし、おそらくは(知識をもっぱら情報とみなすのであれば)たんなる知識以上に価値や技能との関連で強調されている。デイビッド・ブランケットは、この点を一貫して明言してきた。また、この使命感こそが、施行令や指導要領をめぐる字句に拘泥しすぎた解釈や厳格な解釈に対抗して、施行令や指導要領の基本となるべきであり、ときには、両者を乗り越えるべきですらある。そもそも、施行令にせよ指導要領にせよ、めざすところは、批判的で創造的な思考を刺激することなのである。

二〇〇〇年のシティズンシップ教育施行令は、たしかにイングランドの学校だけを対象としているが[11]、しかし、私の議論の一般的諸原理は、これも個人的見解ではあるが、連合王国の他の構成地域にも同じく当てはまるだろう。イングランドの学校の生徒は、自分はイングランド人でしかもイギリス人だが、これら二つの帰属は両立するにしても同一ではない、と理解すべきである。しかも、生徒は他にも強い帰属意識を持っているかもしれない。地域的、民族的、宗教的な帰属意識があるだろうし、地球市民といった意識も間違いなくあるだろう。

エッセイや講演のいくつかには修正を加え、書き直しや増補も行なった。ただし、エッセイであり問題提起であるという性格からしてやむをえないことであるが、重要な論点は何度もくりかえし述べている。これを唯一正当化してくれるのは、ルイス・キャロルの『スナーク狩り』に登場するベルマンの主

(9) デイビッド・ブランケット（一九四七年生まれ）は、全盲の政治家として知られている。ブレア政権において教育・雇用相や内相を歴任した。シェフィールド大学の学生時代にはクリックの教え子の一人であった。

(10) 原タイトルは *Education for Citizenship and the Teaching of Democracy in Schools* であり、一九九八年九月二二日に資格カリキュラム機構から刊行された。諮問委員会の委員長がバーナード・クリックであったことから、『クリック・レポート』と呼ばれることが多い。本書でクリック自身は、『一九九八年報告』と略称している。

(11) 全国共通カリキュラムの適用対象となったイングランドとウェールズのうち、シティズンシップ教育施行令（Citizenship Order）の施行は、本文にあるようにイングランドでは二〇〇〇年であったが、ウェールズでは二〇〇三年になってからであった。

張、「私がきみに三回告げたことは真実なのだ」ではなく、ジェレミー・ベンサムの説得方法としてよく知られている「反復、普及、再度の反復」という言葉である。

一九七〇年代の議論について注釈や修正の必要を感じた場合には、脚注という見過ごされやすく見づらいやり方ではなく、角括弧［ ］の中に字句を補足した。どこまで修正を加えるべきかに関連して、「彼と彼女」を表わすのに「彼」を何度も不用意に使っていたことに苛立ち、少々恥ずかしくも思ったが、ほとんどすべてを元のままにしておいた。それは、書誌学者が「テクストの原初状態の保全」と呼ぶものを尊重するためではなく、むしろ、多少の進歩はあることに気づいていただくためである。

最後に、「エッセイ」ということと、「個人的」ということを強調しておきたい。なぜなら、私の見解のいずれも、私が主宰した諮問委員会の見解とみなすべきではないし、ましてや、教育・雇用省のシティズンシップ教育顧問として私がしたことや、私が（自覚しないままに）したかもしれないことと同一視すべきでもない。あくまでも個人的見解だという注意は、もちろん、この分野で（私には学ぶべきことが多々あったので）きわめて多くの点について頼りにし学ばせていただいた次の方々との関連にもあてはまる。かなり前の時期では、デレック・ヒーター、イアン・リスター、アレックス・ポーター、近年では、デイビッド・カー、シティズンシップ教育財団のジャン・ニュートン、CSV（地域サービス・ボランティア）のジョン・ポッター、CEWC（世界シティズンシップ教育協議会）のギャビー・ラウベリー、シティズンシップ教育財団のドン・ロウ、シティズンシップ教育研究所のジェニー・タルボット、それに、お名前を挙げることはできないが知る人ぞ知る二名の公務員の方。それから、長期にわたる審議の過程でお目にかかった何十名もの教師や諮問委員の方々。

私のエッセイの再掲を許可してくださった出版各社にも御礼を申し上げる。Bernard Crick and Derek Heater（eds）, *Essays on Political Education*（Falmer Press, 1977）所収のエッセイについてはInternational Publishing Serviceに。Bernard Crick and Alex Porter（eds）, *Political Education and Political Literacy*（1978）所収のエッセイについてはPearson Education Ltdに。なお、第七章のエッセイはNick Pearce and joe Hallgarten（eds）, *Tomorrow's Citizens: Critical Debates in Citizenship Education*（London: IPPR, 2000）に収められており、第一章のエッセイは、Roy Gardner（ed.）, *Education for Citizenship*（London: Continuum, 2000）に収められている。

一九九九年一二月一六日[12]

エディンバラにて

バーナード・クリック

---

(12) クリックは一九二九年一二月一六日生まれなので、この日付は彼の七〇歳の誕生日にあたる。

第1章　ようやく正式科目に

かつてジョンソン博士は講話風の会合（いや授業と言ってもよいが）で、「空想の本質」、「人生の目的」、「われわれはなぜ生まれたのか」について考察をめぐらした際、本当の問題は、「われわれはなぜもっと前に生まれていなかったのか」であると語った。実際、世界のどの議会制民主主義国とも異なり、イングランドではシティズンシップ教育が全国共通カリキュラムの正式科目となるのに、なぜあれほど時間がかかったのだろうか(1)（スコットランド、ウェールズ、北アイルランドではまだなのだが）。それに答えると長くなりすぎるし、過去および近年の経緯については他の人たちが論じてもいる（Heater, 1997; Kerr, 1996, 1999）。私としては、全般的に見て大半は国民的自負が過大なせいであったと思う。一方で、戦後の脱帝国という枠組の中で品位ある快適な生活を送るためには、さまざまな適応をしなけれ

（1）イングランドでは、シティズンシップ教育は、二〇〇二年九月に中学校で必修科目化された。スコットランド、ウェールズ、北アイルランドでもシティズンシップ教育の取り組み自体は始まっていたが、二〇〇二年の段階ではまだ必修化はされていなかったので、クリックは「まだなのだが」と述べている。

ばならないのに、それを嫌がるという嘆かわしい消極性がある。他方で、教育現場に降りていけば、学校の「エートス」だけで十分だという思い込みがある。

本当の難点は、一九世紀を通じて大半の政権担当者や政府高官の思考態度を形作っていたのが、エリート学校だった、ということである。これらの学校には、非常に教育効果の高いエートスがあった。軍隊、植民地や国内の行政、議会、国教会の指導者層向きのエートスである。今では大半の卒業生の進路先は軍隊よりも実業界になったが、そうしたエートスがあるとまだ思っている人々もいる。このエートスの強調点は、規範に対する習慣的忠誠と本能的服従である。批判的思考や民主的慣行ではなく、せいぜいのところ「法の支配」の尊重であった。ここには、たしかに健全な市民の理念は見出せるとしても、能動的市民の理念はほとんど見出せない。国王のすべての臣民は自らを、同意により諸々の責任を負うとともに、行使できる諸権利を持つ市民とみなすべきだ、というのである。公的事柄に関するイギリスの考え方は、要するにトップダウンであった。最近、リチャード・ホガート[2]は、怒りというより悲嘆を込めて、若者をシティズンシップ教育と批判的思考によって現代世界に立ち向かえるよう教育しないのは、彼らを「サメがうようよしている海へ準備なしで」放り込むようなものだと書いているが、私はこの表現が気に入っている（Hoggart, 1999）。ましてや、人間としての社会性を欠いたまま、他人を食い物にするサメに喜び勇んでなるような一部の学校卒業生などは論外である。

エートスで十分という思い込みには、もう一つ別の形もある。生徒が万事に参加しあらゆる規則を定めるようになれば、能動的で民主的な市民となるよう訓練する正規の授業は余計なばかりでなく、実際には逆効果だという見方である。しかし、こうした参加が、ほんの一部の風変わりな私立学校を除いて、実地に移されたかどうかは疑わしい。それに、一九六〇年代と一九七〇年代に革新イデオロギーが流行したといっても、その流行はかなり誇張されていた。流行を誇張したのは、賛成派の甲高い声ばかりではなく、奇矯な偶発的出来事を一般的傾向として大げさにあげつらう反動派の反発やマスメディアのセンセーショナリズムでもあった。穏健派は、いつもそうであるように、あまりに静かでありすぎた。たわごとでも本気で言われると、寛容の姿勢をとってしまう、という不適切な対応であった(シティズンシップ教育で変えられると私が期待している思考態度の一つである)。極端な立場はぐるになって支え合う。ジョージ・オーウェルはかつて、平和誓約同盟(平和主義者)[3]は、かなりの程度、(非常に好戦的な)海軍軍人会[4]の所産だと言った。私は以前、ピーター・ヘネシー[5]から、「辛らつな穏健派」と呼んでもらったことがある。あいにく私は今に至るまで、感謝の念を彼に伝えてはいないのだが。

必要なのは、「健全な市民」と「能動的な市民」の両方である。さらに、実務的な話の前にひとこと

---

(2) リチャード・ホガート(一九一八年生まれ)は、英文学者でバーミンガム大学教授やロンドン大学ゴールドスミス・カレッジ長などを歴任。カルチュラル・スタディーズの先駆的推進者として知られている。

(3) 一九三四年にイギリスで結成された反戦団体。なお、「平和主義」の原語であるパシフィズムには、日本で言われる「平和主義」のような肯定的含意はなく、むしろ、敗北主義的な平和至上主義という否定的ニュアンスがある。

(4) 「ウェルズ・ヒトラー・世界国家」、ジョージ・オーウェル『水晶の精神――オーウェル評論集2』(川端康雄編、平凡社、二〇〇九年)所収、一一八頁。

(5) ピーター・ヘネシー(一九四七年生まれ)は、ジョーナリストとして『タイムズ』や『エコノミスト』で活動の後、ロンドン大学クイーンメアリ・カレッジのイギリス現代史担当教授に就任、二〇〇七年にはジョージ・オーウェル賞を受賞している。

言わせてもらえば、教師はこの新教科に使命感を持ち、その道徳的・社会的目的を十分把握すべきである。『学校におけるシティズンシップ教育と民主主義教育』と題した報告書（以下では『一九九八年報告』と略記する）を作成した諮問委員会は、躊躇なく次のように述べていた（Advisory Group on Citizenship, 1998, pp. 7-8)。

われわれの目的は、まさに、〔国全体および各地域において、〕この国の政治文化を変革することである。人々が、自らを能動的な市民とみなすことである。公的生活において影響力を持つことに意欲的で、影響力を持つことができ、そのために、主張し行動するのに先だって証拠を秤量する批判的能力をそなえている市民として、自らをみなすことである。ボランティアと公行政の既存の伝統の中で最善のものを増強し青年層へ徹底的に普及させることであり、伝統の中に新たな形態を見出せるのだという自信を、一人一人が持てるようにすることである(6)。

実のところ、これは定義というよりも目標である。イングランドでは、特有のタブー意識は言うまでもなく、市民である《シティズンシップ》という概念そのものにも、かなりの抵抗感がある。わが国の演説家が「市民の仲間のみなさん」と呼びかけることはない。一九世紀の急進主義者がそう呼びかけたときには、九分通り共和主義に響くこと、いくぶんかフランス風でいくぶんかはアメリカ風に響くことを意図していたのである。

シティズンシップとは何か？

というわけで、教科に関する提言を考察する前に、何を論じているかを明確にしておこう。重要な社会概念や道徳概念はつねに、異なった集団により、異なった目的のために、異なった仕方で定義される。それらは、ある哲学者が「本質的に論争的な概念」と呼んだものである。(7) したがって、観察を行動と関連づけることができなければ、人々が何を道徳上の美点と考えているかを社会調査によって確定しようとしても、少なくとも曖昧なものに終わり、たいていは無意味になる（Advisory Group on Citizenship, 1998, p. 11）。しかも、個々の思想家が定義しても、委員会が定義しても、定義で論争は決着しない。「シティズンシップ」は非常に異なった意味になりうる。「本質的」で普遍妥当な真の意味があるわけではない。とはいえ、この語がわれわれの社会で主にどう使われてきたかについて、また、これまでの歴史的経緯

（6） クリックは、ここでの引用で、訳者が〔 〕の中で補った語句を省略している。本書第七章（一五九頁）では、同じ文章が省略なしで引用されている。

（7） 本質的に論争的な概念（essentially contested concepts）という考え方は、一九五〇年代に、哲学者W・B・ギャリーによって提唱された。ギャリーによれば、本質的に論争的な概念では、価値評価をともなった見解の対立が避けられず、適正な理性使用による概念の一義的な定義で論争を決着できない。ただし、ギャリーは相対主義や懐疑主義を主張したわけではなく、議論や証拠の提示による説得の可能性を認めている。W. B. Gallie, 'Essentially Contested Concepts,' *Proceedings of the Aristotelian Society*, vol. 56, 1956, pp. 167–198.

の背後にある大きな道徳的力について、何らかの筋の通った理解を試みることはできる。この語の主な使い方として相争っているものを包摂するような、作業上の定義は可能である。何をシティズンシップの構成要素や前提条件と考えるかについて見解が一致しなくても、シティズンシップ自体の作用が曖昧なわけではない。

デイビッド・ハーグリーブズ教授は、最近、次のように論じている。

公民教育は、大人が若者に望む市民的徳や品位ある振る舞いに関わる。しかし、それ以上のものでもある。公民教育はアリストテレス以来、政治に固有の概念として受け入れられている。この概念によって、われわれがどんな社会に暮らしているのか、社会はどのようにして現在の形態をとるようになったのか、現在の政治構造の強みと弱点をどう改善したらよいのか、といった問題が提起されるのである。……能動的な市民は、道徳的であるとともに政治的でもある。道徳的感受性は、ある程度は政治の理解から生ずる。政治への無関心は道徳的無関心をはびこらせる（Hargreaves, 1997）。

シティズンシップを政治思想史の文脈全体の中で論ずるとこうなるわけで、われわれはこの歴史の継承者であり大きな恩恵を受けている。シティズンシップの作用や営みは普遍的でありうるが（たとえ、残念ながら、まだそうなっていないとしても）、古代ギリシャという個別具体の起源を持ち、西欧文明の重要な一部となっている。歴史的に見て、市民の概念と臣民の概念には根本的な違いがある。簡単に言えば、臣民は法に服従し、市民は法の制定改変において役割を果たす。ギリシャ人やローマ人にとって、シティズンシップは法律用語であるとともに社会的地位でもあった。市民とは、公共の場での見解の表明や投票によって、通常はその両方によって、都市や国家の事柄に対して法的な発言権を持つ人々のことであった。しかし、こうした市民は誇り高い少数者であった。女性は市民ではなく、奴隷がいたし、また、たいていは多数の従属的居留民がいて、彼らは法や慣習により多少の私的権利や所有権は持っていたが、政治的権利、投票し公的事柄に参加する権利は持たなかった。能動的なシティズンシップは、最重要の徳性と考えられていた。いかなる人間も、公的生活に参加することなしには最善たりえなかった。アリストテレスに言わせれば、ポリス（都市、あるいは市民的関係、市民共同体）の外で生きられるのは、野獣か神であった。ギリシャの都市国家とローマ共和国はいずれも滅亡したけれども、自由なシティズンシップの記憶とその理想は生き残った。

一七世紀になると、イングランドとオランダで、（イタリアの法律家やルネサンス期の著作家にならって）「市民的共和主義（civic republicanism）」という呼び方が始まった。近代の学者が復活させた言葉であるが、（イギリス、オランダ、スウェーデンなどは立憲君主制であったから）君主制にあらず、という意味ではなかった。この言葉が復活したのは、ローマ共和政のめざした理想では、市民が共通の関心事（*res publica*）に関与する権利を持ち、その権利が行使できるばかりでなく、行使するのが市民の義務とみなされている社会を意味していたためである。

「市民的共和主義」は日常の言葉ではない。われわれは今日、民主主義国の国民だと思っている。しかし、この「市民的共和主義」という言葉は、いくつか想起させてくれる点があり有益である。第一に、全員のシティズンシップを理想とするデモクラシーが登場したのは、ずっと後のことであり、アメリカ革命やフランス革命以前ではない。第二に、イギリスではさらに遅く、また、選挙法改正が繰り返される中できわめて緩慢で平和的に到来した。イングランド内乱期に有名だが規模は小さな予兆があったにせよ、である。第三に、国王の権威の下で連綿と続いてきたイギリスの政府形態では、臣民という意識が突如として失われ全員が市民だという派手な主張に変わることはまったくなかった。このような「市民的共和主義」という言葉によって、デモクラシーとはたんに意見の数を数えることではなく、道理を尽くした公的論議のことだ、とわかるだろう。情報の入手可能性と出版の自由は、直接参加と同程度に重要であり、一方を欠いてはいずれも十分に機能できない。義務教育が導入された理由はさまざまあるが、一つには、拡大の進む選挙権を機能させるためであった。新たな産業経済の効率のためではなかった。このように歴史的に見ても、シティズンシップ教育には、年少期の討議や議論の経験から生ずる技能とともに、価値と知識も含めるべきだとわかる。

独裁国家でも、法律には善し悪しがありうるし、人々は通常は法に従い、何がしかの権利を享受し、お互いを公正に扱っている、と言えなくはない。「法の支配」の下での「健全な臣民」というわけである。しかし、「健全な市民」とは、民主制の下で市民的権利を持ち、したがって法律上の権利も持ち、それらの権利を実際に行使し、しかも、権利行使に適正な責任を持つ人のことである。健全な市民は法に従う一方で、悪法だと考える場合には、あるいは、もっとよくなりうると考える場合にすら、合法的手段によって法を改善しようとする。

イングランドでシティズンシップという概念そのものをめぐって困難が生じているのは、ごく最近まで、ほとんどつねに、憲法上の意味で使われていたためである。イギリス市民は国王の臣民であって、国王に仕える大臣が法で認めた権利を持つ者、とみなされていた。この概念にも多少の重要性はある。たとえば、移民は十全な法的保護を得るためにシティズンシップを求め、与えられる保護と引き替えに、通常は法を尊重し、少なくとも法に従う。そのようにして法の枠内で、複数の文化や信条が共存可能となる。しかし、イギリスの歴史では、シティズンシップは、アメリカやオランダやフランスが経験したように下から獲得したのではなく、たいていは上から臣民に下賜されたかのようであった。そのため、国家を緩やかに進化する歴史的秩序としてではなく、政府と市民との間の契約としてみなすのはきわめて困難であった。上に向かって要求するのではなく下に向けて授与されるという権威観は、イギリス社会にいくつかの不幸な結果をもたらした。この権威観をめぐる基本的な見方は両極化する傾向にあり、権威が尊重されなくなっているのが最大の問題だと断言する人がいる一方で、疑問をまったく抱かないような過剰な信従を問題視する人もいる。かつては、特別なシティズンシップ教育は不要だと信じられていた。権威に関連する「健全な学校」のエートスだけで十分であり、シティズンシップ教育が公立学校で広く実施されれば、権威尊重の習慣を攪乱しかねない、というのである。しかし、権威が知識や議論にもとづく相互理解と同意とに依存し、民主的な状況で行使されるのあれば、シティズンシップ教育は実のところ、そのような権威を強化しうる、とわれわれは主張したい。要するに、必要だと思える権威でなければならないのである。学校の生徒の発達過程は、ほぼ一人前の市民へと成長するためにはどうしても従わざるをえない道筋をたどるのがよい。こういうわけで、有権者の年齢資格を一八歳に引き下げることは、教育目的を熟考し再定義することにも関係してくる。

ところが、「健全な臣民」の観念と、「健全な市民」の観念との混同は、この国に特有なものであり続けてきた。両者は同じではないのにである。

下院議長が設置したシティズンシップ教育委員会の一九九〇年報告、『シティズンシップ促進のために』は、議論の出発点として、故T・H・マーシャル[8]の著書『シティズンシップ』(Marshall, 1950) に見られるシティズンシップ観を採用し応用していた。マーシャルは三つの要素に着目した。市民的要素、政治的要素、社会的要素である。

市民的要素は、個人の自由に必要な権利からなる。……政治的要素は、政治権力の行使に参加する権利である。……社会的要素は、ある程度の経済的福祉への権利から、社会的遺産を十全に共有する権利や、社会の支配的標準に沿って文明的存在として生活する権利に至るまでのすべての範囲に及ぶ[9]。

第一の要素に関して、委員会はマーシャル以上に、権利と義務の相互依存を正しく強調している。そのため、委員会は第三の社会的要素に関して、福祉はたんに国家が提供するだけではなく、人々が地域社会のボランティア集団や地方自治体と協働して与えあうこともできる、とも強調している。いずれの要素も、委員会は「能動的シティズンシップ」と呼び責務とみなした。しかし、第二の政治的要素については、また、それをどのようにして学校の内外における青年教育の一環とするかについては、触れていない。おそらく、政治的シティズンシップを自明視したのだろう(そうすることは社会にとってつねに安全というわけではないのだが)。しかし、「能動的シティズンシップ」という言葉を、もっぱらあるいは主に、市民的精神、市民憲章、地域社会のボランティア活動と解釈する顕著な傾向が当時あったこともたしかである。人々がそうした関与の条件を整えるのに、どんな助力や準備が可能か、という見方ではなかったのである。ボランティア活動は、それ自体よいことであるし、市民社会と民主主義の必要条件でもあり、際立った役割を教育の中で果たすべきである。しかし、西欧の伝統におけるシティズンシップの全体像から見れば、シティズンシップの十分条件とは言えない。

以上見たように、実際に使い物になるようシティズンシップの定義を広げるべきなのは、すべての人に対してすべてのものになることを狙うからではない。そうではなくて、マーシャルの定義の三要素のいずれか一つだけを真の「能動的なシティズンシップ」と誇張しないために、三要素すべての正体をはっきりさせ関連づけなければならないからである。能動的なシティズンシップは、三要素すべての相互作用であるべきである。白書『教育における卓越』(DfEE, 1977)への応答であるシティズンシップ教育財団の提言も、同じ点を指摘していた。[10]

シティズンシップ概念の核心には、青年を公共生活の法的・道徳的・政治的な場へと招き入れることに関わる明確なものがある、とわれわれは考える。そこには、社会とその構成要素を生徒に手ほ

(8) T・H・マーシャル(一八九三―一九八一年)は、社会学者。
(9) 邦訳(『シティズンシップと社会的階級』岩崎信彦・中村健吾訳、法律文化社、一九九三年)の該当個所は、一五―一六頁。
(10) 種々異なった人々すべてが受け入れられるようにすること。パウロの言葉による(第一コリント書、九・二二)。

どきし、生徒が個人として全体とどう関わるかが示されている。シティズンシップ教育は、理解に加えて、法、正義、デモクラシーに対する尊敬を養うべきであり、思考の独立を促すと同時に共通善を育むべきである。省察、探求、議論の技能を伸長させるべきである。

また、歴史的に言えば、「市民的共和主義」の営み、自由なシティズンシップ、自由な政治の営みが世界で最初に登場したのは、複雑な社会の中で価値観や利害の真の相違が当然で不可避だと受け入れられるときに限られていたことも、つねに想起すべきである。そのとき、政治とシティズンシップ教育の仕事は、公的政策の価値や目的の何らかの最終的決定に到達し実施に移すことではなくなった。対立や困難の解決のために合意された行動方針や、容認された手続の範囲内で、道徳的に受け入れ可能な妥協点を見出すのが仕事になったのである。

実践の現場

現場に戻ることにしよう。「効果的なシティズンシップ教育」とは何を意味しうるのか。ここで私が『一九九八年報告』と同じ表現をしても、意外ではなかろう。[11] それは三つの事柄を意味する。三つはすべて連関し相互依存しているが、しかし、授業に際してはいくぶん異なった位置づけと扱いを必要としている。「第一に、生徒は最初から、教室の内外で、権威ある立場の者に対しても対等な者に対しても、社会的・道徳的に責任ある行動をとるよう学ぶ」。まともな小学校ではそうなっている。残念ながらすべての小学校ではないが。というわけで基盤はそこにあるし、これからそこを基盤にしていくのも容易である。「第二に、生徒は、自分が属する地域社会の暮らしや営みを学び、貢献できるような関わりを持つ」。地域社会への関与や奉仕を通じて学ぶことも含めてである（「地域奉仕《コミュニティ・サービス》」という言い方はできない。内務省が、このすばらしい言葉を、刑罰の名称にしてしまっているためである）[12]。「第三に、生徒は、知識・技能・価値のいずれの面からも公的生活を学び、公的生活に影響を与えるにはどうしたらよいかも学ぶ。そうした知識・技能・価値は、〈政治リテラシー〉と呼ばれ」ている。

デイビッド・ブランケットは、一九九九年七月七日にロンドンの教育協会で講演した際、シティズンシップ教育施行令は、彼が言うところの「大枠的で柔軟」なものになるだろうと明らかにした。

> われわれは学校に対して、独自の進め方を開発し、シティズンシップ教育を高度化するために授業や授業以外での機会を見出し活用するよう、奨励したい。これによって、生徒は、実際の責任を果たし学校や地域社会に影響を与える機会を持つようになるだろう。われわれが求めるのは、明日の社会の能動的で責任ある構成員にほかならない。冷笑的態度《シニシズム》と無関心が広まっているまさにそのと

---

(11) 実際のところ、以下では、『一九九八年報告』（クリック・レポート）の文章がそのまま引用されている。引用部分は、原文ではイタリック体になっているが、ここでは、かぎ括弧内に収めることにした。なお、この部分は、本書第七章（一六四頁）でも引用されている。

(12) 刑務所で懲役刑を課す代わりに、地域社会での奉仕活動を課す制度を指す。

きに、ボランティア活動の時間を提供しデモクラシーを活性化することが、主要目的なのである。

私の解釈では、(他のいくつかの施行令とは意図的に対照的に)「大枠的で柔軟」である理由は、道徳的・知的であるばかりでなく、政治的でもある。「実際の責任」を果たすことは道徳生活を学ぶ最善の機会であり、各個人の自由な活動が、他者の自由な活動と両立し他者の自由な活動によって実際に高められるための本質的条件である。また、政治的にも、自由な国では独裁国家と異なり、シティズンシップ教育を中央集権的に細々と指導すべきではなく、主旨のはっきりした大まかな原理にもとづいた指導にとどめるべきである。政府はシティズンシップ教育を創設はするが、ある程度の距離を置くのである。これは賢明で思慮にもかなっている。

シティズンシップ科目の授業は、明らかに、一部の教師には追加負担を課すだろう。『一九九八年報告』では論争的問題と直截的な表現だったが、施行令では「時事的な出来事、問題、争点」と婉曲的な表現になっているテーマについて、掘り下げた討論をするのに慣れていない教師にとっては負担だろう。自由討論がどこに向かうかは、定義上、予測困難であり、注意深く準備し準備しすぎにもなる授業計画通りには進んでくれない。施行令は、地域社会の双方向的な活動に慣れていない一部の学校に対しては、さらに負担を課すことになろう。教材作成と教員研修に必要な財源については、しっかりとした手当てが約束されている。施行令が求めている教育の一部は知識重視型であるので、当然のことながら、正規授業が必要となる(何が議論の主題なのか、価値ある目的をどう達成するかについては、たしかに知識が必要である)。また、新科目の大部分は他教科に組み込んで実施してよいとはなっているが、週あるいはモジュール[13]の中で一定の時間を割く必要はあるだろう。組み込み可能な科目としては、歴史、地理、人格・社会・健康教育科目、宗教教育、それに、英語、数学、情報技術があり、学校は力量に応じて選び実施してよいことになっている。大半の校長は補佐職とともに、既存科目として何があるか、どの科目が再編可能で何を追加する必要があるかについて、調査を実施すると思われる。施行令を注意深く読めば、再編可能な既存科目は、多くの人が考える以上に大きな割合を占めるだろう。

小学校ではシティズンシップ教育は必修とされていないが、新指導要領では巧みに改訂され、「人格・社会・健康教育科目およびシティズンシップ教育」という複合科目の一部となっている。『一九九八年報告』では、それぞれのキー・ステージ[14]に含めなければならないシティズンシップ教育の三要素を指定しているが、しかし明らかに、「社会的道徳的な責任」が当初は大半を占め、「地域社会への関与」と「政治リテラシー」がキー・ステージの進行につれて拡大していく。「責任」は道徳的資質であるとともに、本質的に政治的な資質でもある。なぜなら、責任が含意しているのは、行為が他者にもたらす

(13) モジュールとは、一学期中の一定期間（たとえば二〇週ある学期のうちの一〇週）を指す。一学期で一教科を完結させる代わりに、より短期の一モジュールで一教科を完結させる授業システムで採用されている。

(14) 一学年ごとに分けて教育内容などを規定している日本の学習指導要領とは異なり、イングランドの全国共通カリキュラムでは、いくつかの学年をひとまとめにしてキー・ステージと呼び、キー・ステージごとに必修科目やその内容を定めている。キー・ステージの分け方は以下の通り。キー・ステージ一（五〜七歳）、キー・ステージ二（八〜一一歳）、キー・ステージ三（一二〜一四歳）、キー・ステージ四（一五〜一六歳）。なお、イングランドの公立学校の制度全般については、本書冒頭の凡例を参照。

結果を事前に熟慮し予測すること、生じそうな結果に配慮すること、結果がもくろみ通りにならなかった場合に（ロバート・バーンズが言ったように、「生きとし生けるものの営み」[15]には起こりうる）進んで損害の補償に力を尽くそうとすることだからである。

シティズンシップ教育は重要であり挑戦である。もちろん、これまで試みられていない場合には、さまざまな問題が生じる。『一九九八年報告』と施行令の背後にある大きな狙いは、学校に新たな要求を課しているが、およそ学校だけで実現できるものではない。諮問委員会が明言していたように、能動的なシティズンシップとその価値に生徒がどう向き合うかは、学校教育以外の多くの要因に影響される。つまり、「家族、身近な環境、メディア、公的立場にある人々の実例によってである。これらは、肯定的要因の場合もあれば、そうでない場合もある」。

政府やメディアが示す実例は、必ずしもつねに、市民的徳の立派な手本とはならないだろうが、少なくとも、市民的徳と著しく対立しないよう努めるべきである。実例は目立ちやすい社会的仕掛けである。生徒にはわかるのである。私は（教師をしているかつての教え子に頼まれて）、進学コース高校のクラスで「議会制民主主義」について授業をしたことがある。授業の最中に、校長がドアをばたんと開け、担任教師と私に詫びや挨拶もなしに、一人の少年の名前を大声で呼び外に連れ出した。それは、独裁制についての授業よりもずっとよい実例であった。校長が先生たちの意見に耳を傾けているのか、命令しているだけなのか、生徒にはわかるのである。

政府が答申を受けてすぐにシティズンシップ教育の実施へと動いた理由について、私は内々に知っているわけではない。諮問委員会の報告書に挙げられた理由と同じと考えて、おそらく間違いないだろう。

若者の多くに見られる公的な価値への無関心、一八〜二五歳層の低い投票率、排斥や青年犯罪などに対しての憂慮であり、また、たとえそうした不幸な状態でないとしても、健全で能動的な市民へと青年を育てなければ民主主義にとって災いとなるという、広く行き渡っている不安感である。

「そうだ、能動的なシティズンシップに向けて学校から基礎作りをしなければ、長期的に見て憲法改革はうまくいかないであろうから、ブランケットの思い通りにさせてやるのが理にかなっているのだ」と、首相や内務大臣が考えたかどうかは疑わしい。しかし、諸々の出来事の論理はそちらの方向を指している。大人の世界の行動様式を変えること、より多くの自由とより多くの責任に対する熱望（これを抜きにして、資本主義と民主主義が互いに補いあうことは可能であろうか？）へと変えることは、学校での予行演習や、道徳的な枠組、適切な知識、実践的技能の習熟がなければ、不可能である。

---

(15) スコットランドの詩人ロバート・バーンズ（一七五九—九六年）の詩「ネズミ」の一節。

第2章　授業で政治を教える

本章の初出は、デレック・ヒーター編『政治教育』（Derek Heater (ed.), *The Teaching of Politics*, Methuen Educational, 1969）の巻頭エッセイである。同書は、シティズンシップ教育をカリキュラムに導入する運動が夜明けを迎えたという、当時の私の錯覚を象徴している本である。私の最初の論文集『政治理論と実践』（*Political Theory and Practice*, Allen Lane, 1971）[1]に収める際に修正を加え、ヒーターとの共編『政治教育論集』（Crick and Heater, *Essays on Political Education*, Falmer Press, 1977）に再掲する際にさらに修正を加えた。「憲法」教育に対する私の異論が今では時代遅れになっているとすれば、異論の効果がすべての入試実施委員会に徐々に及んでいったためであろう。新しい現実志向が、旧来の公民科教育に取って代わり始めたのである。とはいえ、私が唱えた異論の背景にあった論拠は、今でも過ちへの逆行を防いでくれるはずである。私が当時、社会科を見落としていた点は[2]弁明の余地がない。新たなシティズンシップ教育は、政治科目と社会科を創造的に統合したものとなっている。

（1）　この論文集は邦訳されている。『政治理論と実際の間』（二分冊）、田口富久治他訳、みすず書房、一九七四―一九七六年。本章は、「中等学校で政治をどう教えるか」（第一分冊）というタイトルで訳出されている。なお、クリックが言うようにその

どうしても授業で政治を教えざるをえないのであれば、真正面から向き合った方がよい。そして、細心の注意を払い長い時間をかけるべきである。興味を惹く科目なのだから、興味を惹くように教えるべきである。文明生活や組織社会は政府の存在に依拠しているし、また、政府が権力や権威を使ってなすべき事柄やなしうる事柄は、政府の影響圏内にある種々の下位社会の政治的な構造や信条によって決まる。たとえば、ギリシャ人やジャコバン派は、「人が本来的な意味で人となるのは、市民となることができ、政治に参加できるときだけである」と考えたが、現代から見ればやや行きすぎの感もある。とはいえ、公共精神を持たず、政治や社会と切っても切れない衝突、個人や集団の利益と理想の衝突の一切に無関心で関わりを持たない人は、人間として不十分だというのは、やはり真実である。善き生活は公的関心事を回避するところにあると主張する人は、ごく少数であろう。どの年齢層の人であれ、自分は権威に対して影響を及ぼすべきでないとか、影響を及ぼせない［あるいは、そんな気になれない］と思うならば、われわれの生活文化や生活スタイルは全般に豊かさを失い、多様性を欠いて貧相になり、弱々しくなって、状況への対応や変化への適応ができなくなる。大方の人々には、これがわかっている。

以上はかなり抽象的に聞こえるかもしれないが、しかし、教育に対して持つ意味は、困惑するほど具体的である。まっとうな教育であれば、政治は自然なものだと説明すべきであり、必要であれば、政治の自然さを正当化すべきである。人々は公的権力という手段に頼ったり公的権力の許可がなければ手に入れられないさまざまな物事を欲するし欲してよいのであり、利害や理想の対立を解決し処理する手段を、程度はさまざまであれ、学べるし制御できるのである。ここから出発することが最も重要である。方角を尋ねているのに、田舎の農夫から「おいらがあんたなら、ここから出かけたりしないね」という答が返ってくることもある。しかし、実生活では、ともかく今いるところから出発しなければならない。運悪く、政治を破壊的だとか不和の元凶とみなしたり、権威ある唯一絶対の真理、賞賛すべきで疑ってはならない真理を実現するのが政治だと考える国家に暮らすこともあろう。しかし、ある程度自由な社会の教育であれば（完全な意味での教育が可能なのは、ある程度自由な社会だけである）、現実のさまざまな制約があるとしても、自分が選んだところから出発するある程度の自由がある。とすれば、政治そのものから出発すべきである。他から出発してしまうと、「憲法」とか「健全な市民のあり方《シティズンシップ》」とか「改革」といったお決まりの無難な出発点を後で吟味するつもりだが、生徒が完全に間違った方向にそれたり、教育の途上で出会う一番まともで自然な場面への強い嫌悪感を生じさせてしまう危険がある。行政当局は、「若者の無関心」や「世代間対立」がますます深刻になっていく中で、学校はより多くの時間と労力を公民科目に割くべしと主張することが多い。しかしこれは、シティズンシップ教育の教師にトロイの木馬(3)を送りつけるようなものである。すでに懐疑的になっている若者に対して、政治をさまざまな理想や利害の活気に満ちた対立として捉え、迫真的で生気があり現場直結で、参加したくなるものとして教えずに、決まりきった規則の山として教え、「わが国の偉大なる議会」といった憲法関係の決まり文句を押しつけるのであれば、事態はただちに悪化するであろう。

後の修正などの事情もあるため、既訳を参考にさせていただきつつ、あらためて訳出することにした。

(2)　地理・歴史・経済などを包括した科目。

(3)　不幸を呼ぶ贈り物、という意味。

ましてや、大学教育の入門編となるような授業を考えてみたいという人がいたら、私としては、そうした授業の価値は疑わしいと言わざるをえない。「イギリス憲法」のAレベル試験対応の教科が仮に改定されたとしても、社会科学の全科目を大学でゼロから始める方がまだましという気がする。地理は唯一の例外だが、あまり気休めにはならない。ロンドン・スクール・オブ・エコノミクス（LSE）とシェフィールド大学は、国内最難関と言ってよいだろうが、両校で長らく一年生を教えた私の経験から言えば、高校段階でイギリス憲法を履習していた学生が有利だったことはほとんどなく、たいていは逆である。それは、学生たちがもう知っていると思い込んでいるせいだけではない。多くの場合（後述するように）、議会手続や憲法制度に関する細々とした重要でない古めかしい知識で驚くほど頭がいっぱいになっており、そのせいで、制度や状況と理念との多種多様な関係という、間違いなく政治教育の本質をなす事柄への旺盛な知識欲が皆無になっているためでもある。わが国の教育では、滑稽なほど専門化している進学コース高校ならば、歴史と英語、それに数学と外国語のいずれかを学んだ方がましであり、改革後の制度ならば、好評な他の科目も学んでおいた方がよい。政治的関心が自然に芽生えるのは、時事問題という昔ながらの科目であり、この科目がともかくも中等教育全般の重要な柱となるべきである。大学が自らなすべき仕事を、高校にやらせようとする傾向は嘆かわしい。社会科学は、中等教育の必修科目になろうとして他教科と競争すべきではない。中等教育の目的が歪曲されてしまうし、必修の必要がまったくないからである。社会科学は必修科目ではなく、不動の地位にある他の古参教科ほど授業数は多くないが、高等教育段階になると、すでに十分、人気科目である。

私は政治学の教授として、中等教育レベルの政治教育に関心を持っている。大学にとっての学生供給源になるから、というわけではなくて、中等教育には、それ自体のためにも公的利益のためにも、政治教育があるべきだからである。AレベルやOレベルの「イギリス憲法」や「政府と政治」といった科目の存在理由は、高校の数多くの授業で学んでおくべき科目や関心領域を利用して、大学教育に必要な準備をしておくことではない。そうではなくて、少なくとも一部の生徒に、適切な一般教育の到達点として専攻させることである。中学校や職業コース高校の生徒は、いずれかの段階で、政治とはいったい何なのだろうという意識を持つはずである。そうした意識は、学校によっては、実際に「政治教育」という科目名のついた教養科目や一般教育科目、社会科の授業で育まれるし、あるいは、そうした意識がごく自然に育まれそうな科目が最も効果的な場合もある。たとえば、歴史や社会科はつねにそうであるし、特定の書物（『動物農場』や『蝿の王』など）を勉強する場合は、国語でも多い。環境の保全や管理、地域開発計画をめぐる手続や論争への関心が高まる地理も同様である。一〇代の若者すべてにとって重要なのは、新聞記事の政治的内容を批判的に読む学習である。アリストテレスの名前を聞いたことがあるとか、なぜ毎週金曜日には下院議長の職杖がテーブルの上にないのか[4]（どうでもよいことだ、神よ許し給え）を知っていることではない。したがって、意識的な政治教育を始める最適年齢は、子どもが新聞をともかくも読み始める年齢、いわば政治的思春期ということになる。さらに、政治教育は生涯を通

（4）職杖（mace）は、一・五メートルほどの長さの杖で、議会の権威を象徴する。下院（庶民院）では、本会議開会中に議場中央の大テーブルの上に、頭を与党席に向けて置かれる。議会の会期中でも、毎週金曜日は、議員が選挙区に戻れるようにするために議事が行なわれないので、職杖はテーブルの上にない、ということになる。

じて続けるべきでもある。職業コース高校の一般教育が実際のところ政治問題や社会問題にあれほど大きな関心を寄せているのは、実に多くの中学校でそうした問題が軽視されているからにほかならない。

以上に述べた点から出発すべきだというのが私の主張であり、政治的に何やら加工した「イギリス憲法」だとか「健全な市民のあり方」教育（といった取りつくろった名称の科目）に逃げ込まずに、政治的対立は何をめぐって生じ何を目的としているかについて、生徒の理解を手助けする利点を私は力説したい。「憲法」から始めることには、難点が少なくとも三つあり、同様の難点は「健全な市民のあり方」教育から始める際にもあてはまる。(a)激しい政治論争の主題にならないような物事などない。(b)汚い政治を避けるという口実がほとんどで、しかも、避けると言っていることをしている場合が多い。つまり、党派的偏向がひそかに入り込んでしまい、それにもかかわらず遠回しな言い方をするので空々しくなる。(c)興味を惹く魅力的な主題を、退屈で無難で事実にしか関わらないものにしてしまう（たしかにテストには出しやすいが、たんなる記憶力のテストにしかならない）。

まず、憲法で検討してみよう。政治科目は純粋法律論で教えられると、ほとんど学ぶ価値がない（教える側にも公平な言い方をすれば、大きな教育効果もほとんど期待できない）。難しさという点で、政治教育を性教育になぞらえたくもなる。いずれも、子どもが好奇心を持って当たり前の自然な行為であり、また、何が社会的に許されているか、何が世間一般の道徳かを教えるという負担を学校は引き受けてしかるべきである。性も政治もまったく教えたがらない教師や親がいる一方で、露骨にかどうかはともかく、一定の見方を押しつけることが自分の義務だと考える教師や親もいる。そこで、普通の妥協点にあるいは最低限の抵抗として、もっぱら形態的、解剖学的、構造的な教え方になる。しかし、性教育にせよ政治教育にせよ、本来の役割は生徒を何らかの形で実際的に保護することである。なぜ、これらの問題を一部の人々はタブーとか教条とみなすのかを理解させて生徒を保護することであり、また、何が正しく正しくないのかに関する知識（そこまで教える必要はない、と一般的に考えられているもの）ではなく、生徒の活動の場となる社会やその下位集団が何を正しいとか正しくないとみなしているかについて知識を持たせ、それによって保護することである。問題を未解決のままとし、問題を十分に意識しながらあえて解決しなくても、教師に対する人格的な信頼や信用は損なわれないし、ある種の教育的偽善を助長することにもならない。ところが、こうしたやり方を難しく捉えすぎているようである。私は、政治理論家として道徳的あるいは経験的に正しいと認めていない考え方について、それなりの説得力があり現実に重要なのかもしれない、と学生に感じさせるよう努力して教師人生の半分を費やしてきたように思う。

「でも先生はどうお考えですか?」と、大学一年生に質問されたものである。そういうとき私は、慎重に言葉を選びながら、まず最初に、私の話は問題に決着をつけるためのものでは決してない、と手短かに説教をした。次に少々の皮肉を交えて、なぜ私の個人的意見が質問者にとって興味深いのかを尋ね、教師としての何がしかの権威を私に与えている技能は、主に出来の悪い議論や解答を暴露することであって、自分で正解を出せるという点で同様に自信満々なわけではない、と説明してやった。そして最後に、そうではあるけれども、と言って、かなり徹底した本音の答を示した。もちろん、時と場合によりけり、という断わり書きがつく。論争的問題について学生と話すのは、教壇よりも談話室や廊下や食堂やバーでの方が、ずっと自由にたっぷりできるし、そうすべきでもある。そうしなければ、私は本当につまらない奴、ということになる。私が教室で説教者の権威をかさに着れば、教師としてはおしまいである（マイケル・オークショットがかつて放った言葉を借りれば、「何やら怪しげな正統派教義を説く下っ端僧侶」になってしまう）。なぜなら、教師がしなければならないのは、どうして多くの誠実な人々が悪魔を崇拝するのかを、説明することだからである。ところが、説教者の場合は、寛容な態度は自分の評判を悪くするだけである。たとえ、他人の見解や行動を真剣に受けとめていない見くだした態度の寛容であってもである。意見を持つこと、力強く確固とした意見を持つことを、われわれは推奨すべきである。ただし、誰もが議論でき反駁できるような仕方でである。すべてを疑うことは、何事も信じないことではない。諸々の思想が重要であればこそ、われわれは懐疑的となる。そうでなければ、ただの冷笑家にすぎないであろう。

憲法を教えることは、たとえて言えば、性とは何かを教える代わりに入門的な解剖学や生物学を教えるようなものである。解剖学や生物学が初歩として必要だったり補助的勉強になるとしても、それ自体としては問題の回避であり、まったくの的外れであろう。学校のイギリス憲法の授業も、ほとんどが同様と思われる。政治にしり込みしたり、地方公務員養成に役立つような法律知識に妙にこだわったりである。さらに奇妙なのだが、議会手続の専門知識にこだわる授業もある。大量に不足しているのが市民らしい市民ではなく、議院職員であるかのようである。普通の意味での授業科目には、憲法は入れようがない（学校の生徒向けではなく別種の人々を対象としている教科である）。というか、捉えどころのない非常に抽象的な意味で存在しているにすぎない。ゲームを習得する最善の方法は、結局のところ、ルールを読むことではなくゲームをすることにほかならない。ルールを読み系統的に把握するのはもっと後であって、ゲームをかなり頻繁にするようになったとき、もっと上手になりたいと思うようになったとき、別の仲間とするようになったときである。イギリス憲法は、われわれが望ましいと思っている政治の実践を可能とする、公式非公式のルールである。憲法の慣行は法的強制力を持っているわけではなく、明確に規定しようとすれば激しい政治論争は避けられない。だから、なぜそうなのかを説明できるのが重要になる。

脇道に少々それるが具体例を示そう。大半の教科書の記述では、ボルドウィン(5)が首相に選任されて以来、首相は庶民院の「出身者であるべし」というのが憲法上の慣行とされていた。ところが、ヒューム伯爵はサー・アレクへ変身してしまった（そのため、首相は何日間か、どちらの議院にも所属しなかった）(6)。こうして、一見したところ、憲法のルールが誤っているか、あるいはこちらの方が妥当な見方であろうが、表現が不適切という事態となった。そこで改訂版の教科書では、首相は庶民院出身者でなければならないのではなく、貴族院に「所属していてはならない」というのが慣行である、と大あわてで言い足した。これは法律の規定としては意味が通るであろうし、奇妙な言い方だが丸暗記はできる。だが、その後に何が起きたかも見なければならない。サー・アレクは選挙で負けた。ボルドウィンも二敗

(5) スタンリー・ボルドウィン（一八六七―一九四七年）、保守党の政治家で、一九二三―二四年、一九二四―二九年、一九三五―三七年に首相を務めた。

(6) 一九六三―六四年に首相を務めた保守党の政治家、アレク・ダグラス・ヒューム（一九〇三―一九九五年）は、第一四代ヒューム伯爵・貴族院議員であったが、首相就任に際して貴族の地位を放棄し貴族院議員を辞職したため、称号がサーに変わった。その後、首相の地位にとどまりながら、庶民院補欠選挙に当選して庶民院議員となった。

していたが、しかしボルドウィンとは異なり、サー・アレクは党内の支持も急速に失った。人望があり、私心のない誠実な人柄ではあったのだが。なぜ彼は党首を辞任したのか。理由は明々白々であって、彼は、庶民院の同僚有力議員たちを統制できなかったのである。なぜできなかったのか。おそらく性格のせいもあっただろうが、それ以上に、庶民院議員として統制の経験がなかったか、あるいは、多少なりとも統制が行なわれた例を見たことがなかったためである。要するに、法律の規定のようなものとしてではなく政治経験に由来する行動原則として見るならば、元々の教科書の表現が、やはり一番よかったのではないか、ということになる。貴族院の閉ざされた雰囲気の中から登場してきた指導者が、それよりもはるかに荒々しい庶民院で支持者たちをいまどきの条件の下で統制しようとしても、そうした力量が身につく経験を事前に積んでいることは、まずない。

私は以上のことを、政治的思考の一例として示しているにすぎない。サー・アイヴァー・ジェニングズ(7)のような人ですら、人々が慣行に従うのはそうしないと政治的困難が生ずるためであると論じたが、そう論じて伝えたかった要点の具体例というわけである。これは本当に、一四歳か一五歳の子どもが理解するのには難しすぎる話だろうか、あるいは論争的すぎるだろうか。同じ問いを学校の先生たちに向けては失礼だろうか。憲法（教えやすい善玉）と政治（正体不明の悪玉）との断絶が固定観念になっている二〇歳、ましてや五〇歳の人間には、理解困難な話ではある。そうした人に向かって、「とても簡単でしょう？」と尋ねるのは失礼なのかもしれない。

ここで、政治が嫌われる理由を検討するつもりはない。政治から超然としていたいと願う非政治的な保守主義者、自分の信ずる一切を政治から守りたいと願う脱政治的な自由主義者、政治を統合が不完全な社会のしるしとみなす反政治的ないし革命的な社会主義者、こうした人々から政治が嫌われる理由は取り上げない。とはいえ、誤解に根ざしたこのような受け止め方は、教育においては格別に重要な問題である。政治家と教育者が互いに強い警戒感を持ち、自分の仕事に相手から干渉されたくないと思いながら、それでいて、一方は財源を他方は尊敬を相手に強く求めているというのは、いささか驚きである。教育が進歩すれば、たいていは、社会福祉や社会的技能の向上に人々がいっそう貢献できるようになるのは明らかである。しかしまた、教育が進歩すれば、政治や教育の場において、大義名分に訴えるだけで望む方向へと人々を動かすのが難しくなり、権威に対する尊敬も低下する。現在では、イギリスのような国家にとっての脅威は、明らかに、国民が無力で貢献できないということではないし、国民が不服従や過激な変革を強く望んでいるということでもない。むしろ、無関心、無理解、疎外感であり、話に聞くことと自分の目で見ていることとの間に大きな隔たりがあるという感情である。とりわけ、できると聞かされていること（世論の影響力や、小さな一票の積み重なった力）と、実際にできることとの間の大きな隔たりである。

政治を教える教師は自ら成長しなければならない。成長によって、政治家にも教育者にも問題があるという、まっとうな子どもならば抱くであろう印象を、自分でも他者に伝えられるようになるべきである。そうした印象を抱くであろうというのは、きわめて健全な教育上の仮想ないし想定である。しかも、

（7）サー・アイヴァー・ジェニングズ（一九〇三―六五年）は憲法学者。

事実これは政治と教育との関係をめぐる基本的な問題であるから、そうした印象が的を射ていると認めないのは不当であろう。「政治家の仕事ぶりを見てください」という言葉と、「よい政府の仕事ぶりを教師がどう教えているか見てください」という言葉を、われわれは同時に語れるべきである。

政府への幻滅が深まるにつれ、政治を教えることへの抵抗感が強まる傾向があり、教えていても幅の狭い無難で退屈なものに断固とどめておこうとする傾向が生じる。私がこのように論じている「今でもだが」時代とは、正気の人間ならば、政党の仕事ぶりや将来的可能性に若干の熱意を持つ程度にしか情熱的になれない時代である、と私も当然思っている。とはいえ、政府への幻滅の広がりは、見過ごすことのできない三つの局面をともなっている。目の前にある政府に人々が幻滅し、そのために政治にも幻滅するのには、三つの理由がある。①きわめて頻繁に繰り返される政府の失態のため、②主権があっても権力の実効性を欠く現代の政府に固有の限界のため、③人々が過剰な期待をしているため、である。これらの要因の方が、生徒たちの「憲法に関する知識」への配慮よりも、はるかに重要である。

誰かがこれらの要因を説明し、実感のともなった理解に導かねばならない。マスメディアは、政府が何をしているかを伝えるのは得意であり、それで政府がつぶれる場合もあるが、第二と第三の要因を気づかせ理解させるという点では、何もしていない。なぜなら、ニュースを製造するのに不可欠とマスメディアがみなしている狂騒的で一日限りの近視眼的姿勢では、政府固有の限界といった一般的要因は、決して時事的な話題にはならないからである。また、人々の非現実的な期待という論点も、抽象的すぎるからである。偉大な神たるニュースは、絶えず時事的でなければならないばかりでなく、「具体的事実に即し」ていて「個人の人柄に関わる」ことでなければならないという御時世では、それは抽象的すぎるのである。政治を教えることに重要性を与え、同時に政治を教えることを困難にしているのは、おそらくは政治家および政治ジャーナリストの振る舞いである。そのことは率直に認めるべきである。政治ジャーナリストこそが、どんな政府でも免れられない資源の制約や、公約と現状から来る制約をまず説明すべきなのである。

さらに言えば、政治家こそが、過剰な期待にまず警告を発すべきである。ところが、彼らはそんなことはしない。いつも人を見くだして話し、上手にわかりやすく話せば一般庶民でも経済の基本的事実が理解できるとは思いもしない。その点こそ、政治という職業と教育という職業との接点であるべきなのだが、そんなことはほとんどない。政治家は、あのバジョットですら議会の「教育的機能」と呼んでいるものを、(8) 現代の教育水準に合わせていない点で責任がある。政党間の論争はたいてい知的な人々が担っているのだが、故意に馬鹿げたあきれかえるような論争の仕方になっている。また、庶民の方は若者も含めて、これに十分気づいているらしく、政治家を冷やかしの恰好の対象とみなすことが多い。選挙のときは、とりわけそうである。

とはいえ、教師にも、水準をどん底から引き上げようとしていない責任はある。彼らはたいてい、「憲法」を教えている。しかし、昨今の政党間の主要な政策論争のリストや、国の歳入・歳出に関する

（8） ウォルター・バジョット（一八二六―七七年）は、『エコノミスト』誌の編集者を務めるとともに、政治・経済・文学など幅広い分野に関する評論を執筆した。バジョットは主著『イギリス国制論』（一八六七年）において、大衆の知的向上の可能性に強い懐疑を表明したが、その一方で、議会の機能の一つに教育的機能があることも指摘していた。

項目別集計表を、標準的なイギリス憲法の教科書で探しても無駄である（後者については、経済問題として扱われるという、もう一つの障害も加わっていそうである）。

政治家がもっと率直になろうとしなければ、教師だけを逃げ腰と責めるのは酷である。とりわけ、興味を惹くような時事的で現実に即した教材がない場合はそうである。この点には後で戻らなければならないが、さしあたりは以下を指摘しておけば十分である。政治的論争という主題を回避し、実効性がきわめて疑わしいのに政府に対する憲法や法律の制約を誉めちぎっているような、退屈で抽象的な本を使わなければならないのは、たんに、もっと現実に即した本が他にないからである。現代史とか時事問題といった別の名称で呼んでもよい、簡潔で役に立つ本がまるでない（ちなみに、大学の教科書について言えば、たいていは関心が実質的・実際的な面ではなく方法論に向かっていて、教師にとってまったく役に立たないことは、はっきりしている）。

政治の本質からして、物事の二つの側面を提示し教える必要がある。国民のために国家にしてほしい事柄と、してほしくない事柄、要するに願望と制限である。なぜなら、どちらか一方だけでは、役に立たないばかりでなく人を誤らせるからである。したがって、制限の性質について政治家がふだん論じている以上に真剣に論ずることは、「あら探し」ではない。むしろそうした議論によって、子どもたちは、きわめて非現実的な期待から出発するという、根深い政治不信や政治的無関心の一大原因から守られる。非現実的な期待は、もちろん社会主義的期待もあれば、自由主義的期待も同様によくあるし、アメリカであれば「女性投票者同盟」的メンタリティの形をとったり、わが国であれば（少なくとも昔の）「ハンサード協会」的メンタリティ［あるいは、オーストラリア人の言う「上品ぶりっ子精神」］の形をとったりする。理想主義者でさえ、いや、とりわけ理想主義者こそ、巡礼者が「シオンの山麓」にたどり着くには、「虚栄の市」や「絶望の淵」を通り過ぎなければならない、と心すべきである。(9)

もう一つ例をあげておこう。諸政党の実際の政策は、授業や教室ではほとんど討論されない。腕利きのジャーナリストであれば、そうした政策についてかなり客観的で明快な説明ができるのであるが。政策を取り上げさえすれば、政党の綱領を読み検討することで、現実的な妥協点がうまく見つかる。ただし、綱領を字面通りに受け取ると、間違いなく幻滅につながる。なぜなら、政府の成功や誠実さが、綱領を実現したか否かで評価されるからである。これではサッカー賭博の政治版である。実際、状況の変化に応じた方針変更を、支持者からの事前の指図や「委任」(それがどんな内容であれ)に背いている、だから恣意的で非民主的だ、と非難する人もいる。

綱領やマニフェスト全般については、政府が追求する実際の政策との関連で有意義な議論ができるよう、まず最初に論じておくべき点がある。たとえばこうである。綱領やマニフェストは、元来、二〇世紀の急進的・改革主義的な政治勢力のほぼ専売特許であって、一九世紀には社会主義者の空想的主張以外は知られていなかった。サー・ロバート・ピールのタムワース宣言《マニフェスト》は、(10) 並外れて手の込んだ「選挙戦

---

(9) 引用はいずれも、ジョン・バニヤン『天路歴程』からのもの。

(10) ピール(一七八八―一八五〇年)は保守派の政治家であったが、一八三二年の第一次選挙法改正の後、一八三四年のタムワース宣言において、この改正を受け入れつつ、保守政治の指針を明らかにした。なお、ピールはその後、一八四六年に首相として自由貿易政策を断行し保守党の分裂を招いたことでも有名である。

の第一声」にすぎず、綱領としての包括性はまったくなかった。いずれにしても、鳥が一声鳴いただけでは、夜明けだと錯覚しようもない。自由党が綱領を発表したのは、ロイド・ジョージのときで、一九三二年版イエロー・ブックにおいてであった。保守党の場合は、一九五〇年まで包括的綱領の策定に抵抗したが、その理由は実に理にかなっていて、事情が変わるかもしれないのだから未来の予見は不可能であり、あれこれと約束するのは賢明でないと考えたからであった。これは、「サッチャー主義以前の」保守党では一般的だった政治観に由来する。政治とは、故意に煽り立てられた変革ではなく、長い経験にもとづいた既存諸利益の調整・処理に関わるものだ、という見方である。綱領は本質的に、改革志向の民主的仕掛けである。しかし、民主主義にもそれなりの限界がある。政府そのものは民主的たりえず、民主的な仕掛けによってのみ抑制され強化されもする、というのは逃げ口上ではなく、深遠な真理である。

もう一つ指摘しておくべき点は、いずれにしても綱領は、政府ではなく政党の約束だということである。それに、綱領を約束とみなすにしても、同じ理屈から、就職志望者のこれまでの業績を吟味せずに、その人がやりますと約束したことだけをあてにして雇い入れるのは、無茶な話である。約束だからという道徳論に凝り固まらなければ、そう言えるはずである。その人ができない約束をしているように見えても、必ずしも悪く受け止める必要はないのであって、その人の業績がまともである限り、思慮を働かせ話半分に受け取っておけばよい。言いかえれば、綱領や約束だけが、また、急速に変化している社会では、これまでの業績だけが、総選挙の結果を左右することはありそうにもないし、そうなるべきでもない。ここでも私は、他意があって以上の点を取り上げたわけではない。政治的思考の一例として取り上げただけである。市民道徳の観点と正確な情報伝達という観点のいずれから見ても、選挙法規の珍妙な詳細よりもはるかに重要な、客観的に理解可能な現実的要点がある、ということである。

あらためて問いたいのだが、各政党が、何をなすべきかだけではなく、その案件に関連する事実についても違う見方をしている、と教えるのは手に余る仕事なのだろうか。ここで取り上げた例で言えば、急進派は総選挙で決めるのはどの綱領を実行に移すかだと考え、保守党は総選挙で決めるのは政府の複雑で変動する仕事をどの集団に信託するかだと考えている。悪しき異常な状況では、いずれも極端すぎる結論になると言えよう。そう言っても、気の抜けた歯切れの悪い判断だとは思わない。正しい理論を場違いな状況に押しつける愚行に対して手厳しい確固とした言葉が向けられれば、それでよいからである。教師は、どちらか一方をけなしたり理論や教義をやりこめるのではなく、それぞれの真意、それぞれのなるほどと思える点を教えるのである。うまく対になるような二つの例を探してきて教えるのは、偏向でも何でもない。たとえばこうである。一九四五年に保守党が現実に即した綱領を提案しなかったのは政治的に見て非現実的であったが、一九六四年と一九六六年、および一九七四年の経済状勢の下で、ウィルソン氏が凝りすぎた綱領を背負い込んだのも、政治的に見て非現実的であった。

私が力説したいのは、名称は何でもよいが、もっと現実に即した学習の必要性である。それに私は、「イギリス憲法」といった古めかしい立派な名称に異議を唱えているわけでもない（神よ、憲法に祝福あれ、あらゆる敵から憲法を守り給え！）。ただし、「イギリス政治制度」とか、もっと簡潔な「イギリス政治」というのもあるが、ともかくこうした一八世紀的・ウィッグ的な名称をさり気なく別の言葉に変えてくれればの話であるが（なぜ、イギリス限定なのかという疑問も湧くが、これは後述する）。政治教育は現実に即すべきで、理想主義者には修行が必要である。理想はミイラ保存するには重要すぎる。理想は格闘や対決を引き受けなければならない［他の人々の違った理想と対決せねばならない］。ただし、公正に公然とである。逃げ隠れはできない。教師は開かれた議論をさまざまな相手と行なうべきである。まずは、偉大な古来の憲法が党派政治からわれわれを守ってくれたのと同じように、子どもは政治の知識から保護されるべきだ、と考える自由主義者である。政治の知識なしでもやっていける、と考えている実業家とも議論すべきである。「政治的要因」は合理的な経済予測を損ねると実業家は考えるけれども、企業の重大決定のおそらく九割がたは、原価計算の論理よりも誰に権力や影響力を持たせるかの配慮から生じているという意味で、政治的であることを忘れているのである。

政治教育も教育である以上、何も知らない人に情報を与えなければならないが、しかし、現実に即してである。政治はやはり、性行為と同じように否定できない魅力を持っている（また、性教育と同じように、たんなる解剖学の話ではありえない）。魅力がなく論争的でもないかのようにして、ほとんど関係のない背景や憲法に関わる事実を教えるだけでは、子どもが教師を見すかし退屈しても当然である。また、現実に即した教育に必要なのは、政治について冷静に語ることであって、激高した政治的姿勢を見せることでもない。職杖、一般的法律案[11]に関する審議の諸段階、行政命令の審査に関する貴族院の権限と庶民院の権限との違いについて、延々と授業をする教師は迷惑である。絶対普遍の真理と考えているものを刷り込み教育する［そのように努める］チャンスとしてイギリス憲法の授業を利用する一握りの（一握りとはいえ、広く知れわたってはいる）教師たちも、同じく迷惑である。地方教育局の委員会や学校管理者［それに、マスメディア］が往々にして想像する数に比べれば、罪深い教師はずっと少ないとしても、罪の多様性は想像を上回っていそうである。私の経験では、学校の先生の権威を鵜呑みにして「ウィルソン氏は憲法違反だ」と言い張る大学一年生が多い（これに対し私は、「まずは憲法がどうなっているかをつかまえないとね」と応じている）。「体制全体が労働者を虐げている」という、世間でよく知られている理屈を言う学生も多い（「労働者階級のうち、いつも保守党に投票している三分の一の人たちは、とくにそうだね」と私はコメントすることにしている）。

　多少なりとも客観的な方法で政治を教えることは困難だ、というのは誇張でしかない。したがって、政治の勉強は党派的論争を意味するのではないかといった、お決まりの懸念は不要である。とはいえ、「多少なりとも客観的な」と言ったのには理由がある。実際の意見対立を握りつぶすのではなく寛容の対象とすべしという政治道徳（道義と言ってもよい）は、社会事象に対する自分の見方が、自分の願望にどれほど大きく影響されているかの理解を求めるからである。これは隠された秘密でも何でもないし、そのことで教師は、政治科目が客観性を欠くとか、時折言われることだが、他教科ほど単純明快でない、と心配する必要はない。認知に際して働く主観性の要素は、政治ばかりでなく文学や芸術の基礎でもある。あるやり方だけが正しいと言い張っているのではない。そうではなくて、政治に関する理性的議論や、政治を教える際の理性的議論では、通常はかなり異なった見方をするさまざまな人が、ある争点に限っては実際に見解が一致していると示そうとする、ということである。巧妙な共産主義者は自説を裏

(11) 一般的法律案とは、特定の個人や法人に適用される個別的法律案と異なり、一般的な適用を想定した法律案。

づけるために『タイムズ』紙を引用し、如才のない保守党員は『モーニングスター』紙を引用する。[12]
どの段階の教育でも、教師の仕事は何よりもまず概念を教えることであって、誰からも異論の出ない事実データを伝えることではない。教師は、われわれが世界を認知する際に用い、世界に影響を与えるために使っている概念の初心者向けリストを構築し拡充すべきである。[13] とりわけ、ある意見について論ずることと、その意見を信奉することの違いを示さねばならない。そうすればさらに、政治的出来事について、同じ大人であるのに、なぜどのように各人が異なった仕方で解釈するのかも教えられる。この点でイギリスの大衆紙は、辛らつな皮肉など交えずに言うのだが、手に入れやすくすばらしい教材を提供している。だとすれば、教師に必要なのは、風変わりで不人気な主張をあえて例に取り上げながら、諸々の政治的な主義主張の納得できそうな点の想像的理解（ハロルド・ラスキの口癖では、内在的理解）を伝える能力である。教師は相違点に照明をあてるべきである。誰でも実際には根本的な点で意見が一致している、と教えてはならない。思考能力や思考への興味を失わない限り、そうならないことは明らかだからである。

さらに教師は、大方の教科書に逆ってでも、制度と理念は切り離して検討できるという考え方を少なくとも避けるべきである。この考え方は、理論と実践の相違として表現される場合もあるが、政治を考察する際の誤りの中で最も有害でありふれた誤りである。すべての制度にはめざすべき目的があり、制度は目的を達成したかどうかで評価されねばならないし、また、何らかの制度に実現されるよう追求しない理念は政治的理念ではまったくない、と教えるべきである。抽象観念抜きで実践的姿勢のみで行動していると言い張る人も、実は一般的観念を持っている。それを探り当てることに慣れるよう教えるのは、政治教育の最終到達点ではなく出発点の一つである。理論に割く時間などないと言い張る人も、たいていは、物事はどう動くか動くべきかについて一般論を持っていて、しかもその一般論たるや実に興味深く、恣意的な場合もあるにせよ、意表を衝くことが非常に多い。ルソーやノース卿やダイシー[14]がいずれも、連邦制という施策を不可能と考えたのとまったく同様に、イギリスがヨーロッパ連合に加わったら「主権」はいったいどうなるのかと心配している人々のことを考えてみるとよい。「あの人たちは本当のところ何を信じているのか」という問いと、「あの人たちは本当のところ自分が何をしていると考えているのか」という問いは、一般人すなわち「民衆」が政府諸機関とあらゆる形で交渉できるようになるために、知っておくべき二つの問いである。

教師自身は、あれこれ主義主張を弁じないほうがよい。「イギリスの針路と目的」は第二次世界大戦中の陸軍教育部による有名な手引書の書名だが、教師が自分なりに考えた「イギリスの針路と目的」も言わないほうがよい。教師はひたすら、特定の理念と相性がよさそうな条件や、そうした理念の信奉と両立しそうな帰結を指摘すればよい。なぜなら、どれほど初歩的な見方であれ、社会を諸関係のシステムないしパターンとして見るよう、生徒を着実に指導する必要があるからである。保守主義者にもそう

(12) 『タイムズ』紙は保守的論調で知られる新聞で、『モーニングスター』紙は左翼系の新聞。
(13) 概念を教えるというテーマについて、クリックは本書第四章で詳しく論じている。
(14) ノース卿（一七三二―一九二年）はアメリカ独立戦争時代のイギリス首相。ダイシー（一八三五―一九二二年）はイギリスの憲法学者。

した見方があるからこそ、その典型的な言い方は、「いじくりまわすんじゃない。予想外の反作用でどうにもならなくなるぞ」となる。革命的社会主義者であれば、「全部か無か、ということだ。部分的改革など不可能だ」となる。また、限定的な目的を追求する他の多くの人々ならば、自分たちの施策の意図せぬ反作用は些細なものだ、あるいは、あらかじめ適切に配慮しておけば回避できる、と得心しようとする。当然のことながら、教師はまず最初に、イギリス社会で受け入れられている政治理念は何か、それらは社会制度とどう関連しているのかを教えなければならない。ただし、地域的特殊性のきわめて高い伝統的なイギリスの仕組は優秀で完璧だ、という思い込みへ誘導してはならない。そうした思い込みを防ぐには、最初であっても、いや最初だからこそ、たとえ概説的にでも外国の仕組を見ておくのがよい。複雑に入り組んだ議会手続についてまで、生徒が知識を持つべきだとは私は思わない。必要だと私が確信しているのは、ロシアやアメリカや中国、それにいくつかの第三世界やヨーロッパの国々について、生徒が概略でよいから多少の知識を持つことである。各国の制度に序列をつけるためではない。イギリスに都合のよい序列のためでも、島国根性的な思い上がりの矯正を狙った序列のためでもない。そうではなくて、さまざまな関係のあり方のいずれにおいても、制度の政治的理念は社会的な背景や国民的な背景と切り離しては考えられない、と教えるためにである。「憲法一辺倒」の教え方が否定しているのは、まさにこれである。この点は最後に取り上げることにしよう。

ただし、先に進む前に、補足や説明が必要であろう。制度の構造や形式化された慣習のルールに関する抽象的モデル（モデルは必然的に抽象的である）を学習する必要はない、と主張したいわけではない。この種の学習は、現実政治の争点や伝統に関して一通り学んだ後でも遅くはなく、最初に学ぶ必要はない、と言っているのである。抽象的モデルをことさら強調したり最初に教えてしまうと、私の見るところ、ほぼ修復不可能なまでに政府や政治の理解を歪めかねない。なぜなら、くり返し言うが、慣習のルールは政治的な行動や経験から生じるのであって、その逆ではないからである。また、政府の仕組は、自らの目的を追求する人々によって作られ作り直されるのであって、人の手を寄せつけない障害物などではないからである。

現代の言語教育になぞらえてみるとよい。文法から学習に入るやり方は廃れているとはえ、学んできた知識を強化し拡充するための枠組として、文法は学習が進んだ段階で組み入れられている。現在では、直接教授法(15)だけで十分と考える人はほとんどいない。さらに、文法(憲法)と呼ばれるにせよ、構造言語学(政治行動の諸カテゴリー)と呼ばれるにせよ、何らかの構造論を学ぶ必要もある。ただし、現状はと言えば、本末転倒になっていて、まったく間違った方向に大きく傾いてる状態からバランスを回復するには、何をやってもやりすぎでない、という有様である。

政治の授業と偽ったりこじつけるやり方としてよくあるのは、「健全な市民のあり方」教育を大義名分にして、さまざまな参加を促すために公民科や一般教養科目を利用することである。これは往々にして、生硬な道徳主義、しかも、きわめて非現実的で細々と口うるさい説教に成り下がる。「人民vs政治家」とか、「自分の娘は政治家と絶対に結婚させない」といった類いのものである。公民科の一種とし

(15) 直接教授法とは、母語を使わず、学習対象の言語で教える方法。

て、一九世紀初頭型リベラリズム一辺倒という代物もある。その教えというか説教によれば、個人は(一介の市民であれ選挙で選ばれた代表であれ)諸事に直接の影響力を行使すべきであり、誇り高い自立的な孤独の中で自ら決心すべきであって、政党や圧力団体や組合や、その他一切の「組織的利益」は疫病のごとく忌避すべきである(まるで、秩序だっていない利益のほうがよいかのようだが)。これは明らかに非現実的であり、とことん反社会的で社会学的でないという意味で個人主義的であり、きわめて党派的な場合も多い。穏やかにだがきっぱりと、こう言わねばならない。政治とはいったい何なのかについて、自分たちは十分適切に説明しているのかどうかあやふやだという点で、新旧いずれの自由主義者も、保守主義者や社会主義者とほとんど変わるところがない。

「よい子になりなさい、そして参加しなさい」式の教育の危険は、目につきにくく潜伏性が高い。参加自体がよいものであり、しかも、できることの中で最善の行動だ、という思い込みがある。投票以外で国政に自ら参加することは、生活のためにたくさん稼がなければならない社会では、ほとんどの人にとって明らかに不可能である。したがって、参加自体が目的だと教えても、現実への幻滅を生むだけである。たとえ、教室で参加のお題目を唱えるだけに終わらず、地域活動［それに、さまざまなボランティア活動］への参加を促せたとしてもである。

参加がよいものだというのは重要な半真理ではあるが、それだけを前面に出しても不十分である。政府は何をどう決定しているか、何が起こっているかを、人々は多少なりとも知るべきだという、もう片方の補完的な半面もきわめて重要である。十分な情報に裏づけられたコミュニケーションが広く行なわれることは、民主政治にとって、直接参加と同じく重要である。実際に直接参加している人は少なく、たいていは直接参加を提唱している人だけである。どの政府機関もとかく参加を促すが、それは、実際には大規模な参加にならないとわかっているからである。もっと開かれた隠し立てのない統治方法を検討しよう、と望んでいるわけではない。イギリスのような社会で政府を根本から制約し統制するのは、参加者としての代表者ではなく（彼ら議員は、主に、政府要員の供給源である）、自らの行状はほぼすべて世間に知れわたっているという、政府側の自覚である。政府からすれば、議会の支持は通常あてにできるが、選挙の際に政府が支持されるかは定かでない。また、国民代表である議員も、大胆な経済関連法案を可決はできても、その実施に関しては、説明を担当し勤労者層から何がしかの反応を引き出せる政府等の諸機関に、ほぼ丸投げである。

何がどう起きているのかを知るのは、理屈の上で参加の機会があるのと同様に、きわめて重要である。したがって、ゲームや討論、模擬議会やクラス選挙などを使って教室で行なわれるアメリカ流の民主主義教育に対しては、科目のあり方としても授業の実際の成果としても、私はいささか懐疑的である。楽しいだろうし、ある程度の政治的マナー［と寛容］を教え、表現や提案の技能を上達させ、型通りの授業の退屈さを和らげるだろう。しかし、あくまでも補完的役割でしかなく、現実の仕組がどう動いているかの実態に関する知識に取って代わるものではない。政府は自らの行状が広く公表されるとわかると、参加の仕組と同じぐらい強く抑制される。政治的検閲がなく独立性を保った報道機関の存在は、自由な選挙と同様にきわめて重要である。この点は力説を要する。アリストテレスは、政治的正義について論じた際に二つの基本的な判断基準を用いた。一つは、交替で支配し支配されること、つまり参加である。もう一つは、ステントル(16)や伝達吏の声が届かないほど国家が大きくないことである。近代の政治思想や政治理論は、ほとんど第一の基準しか強調しなかった。第二の基準は、小規模社会ばかりでなくマスコミュニケーションのおかげで巨大国家がこの基準を満たせるようになった時点で、逆説的にも、まるで非現実的であるかのように扱われた。参加とコミュニケーションは、要するに、いずれも不可欠なのである。

授業方法を優先して授業内容を犠牲にしてはならない。模擬「国連」を開くのでさえ、さまざまな国の役をそれぞれ演じる生徒全員が、ニューヨークの国連本部と母国でどう振る舞うか、簡単にでも多少は事前に知っていなければ、難しいはずである。漫画『ピーナッツ』[17]が描いている通りである。——「チャーリー・ブラウン、チャーリー・ブラウンったら。ねえ、きみ、今日は学校でまぬけだったね」「うまくやってたと思うけど」「ちがうさ、本当にまぬけだったよ。何もかもだめだったよ」「勘違いしてたみたい。真面目にしてるだけでいいと思ってたんだよ」

この難点は、結局、「世の中をどう改革したらよいか」だけをひたすら生徒に議論させて、政治教育を活性化しようとする試みすべてに共通する。この問いかけは、世の中が実際にどうなっているのかについての現実的知識から出てこなければ、無政府主義的革命論者以外の人にとって（生粋のマルクス主義者にとっても）無意味である。政治的に望ましいものとなりうるのは、社会学的に見て可能なものだけである（ただし、何が政治的に可能かについても、何をなすべきかとほぼ同程度に、政治的意見ごとに大きな相違がある。これを否定するつもりは毛頭ない）。

かつてイギリス人は、国内外の人々がイギリスの政治制度や政治理念について学んだり関心を持つのは当たり前だと思えたが、現在のイギリス人には無理である。政策や理念に関する庶民や生徒の知識は、どん底状態にある。イギリス人は政治的な能力や知識で名高かった。今のイギリス人は、若い世代が進んで政治と距離を置き不機嫌な表情で政治制度に無関心なのを憂慮している。たしかに、国際的に見てイギリスはもはやローマのような大国ではなく、さりとて、アテネのような模範とも言えなくなっている。一七世紀の共和制支持者や一八・一九世紀の急進主義者と同じように、一切を最初からやり直し、別の伝統を掘り起こして可能性を再考しなければならないのであろう。それを始めるのに早すぎることはない。ただし、刺激的で現実的でもあるやり方でなければ、確実に失敗するか的外れとなる。成否を大きく左右するのは学校である。議会手続のひからびた骨組や「憲法」の高邁な抽象論の代わりに、政治制度がどう機能し何をめぐって政治的対立が生じているかの現状を生徒に教えても、幻滅や冷笑的態度を助長することにはならない。正反対である。若い一般市民が、解決すべき共通の問題という観点から考え、相互理解が不可能な障壁を築き上げるのではなく共通の言語で共通の問題について語るよう促すことなのである（きれいごとを言っているのではなく、有権者の年齢資格が生徒の年齢近くまで引き下げられたために、実際に必要になっている議論である）。さらに、教師や政治家も同じ方向に促すことになる。「何をなすべきか」を、道徳的かつ現実的に考え、可能性のある何をなすべきか、矛盾や困難や伝統に対する別の見方もある状況下で何をなすべきか、考えるよう促すことにもなる。

このように論ずると、一〇代の若者たちは、「また自分たちが槍玉にあげられている」と言う。校長

(16)『イーリアス』に登場する大きな声の伝令。
(17) スヌーピーとチャーリー・ブラウンが登場する漫画。

や学校理事長や試験機関の長は、「これは危険地帯であり要注意だ。明瞭な事実に即し、憲法に忠実でなければならない。……政治という科目は、教育の伝統には実在しないのだ」と言う（こんなことを言う人の無知を叱りつけようと、アリストテレスや、偉大なるわれらがイングランドのホッブズとロック、アイルランド出身イギリス人のバーク、それにミルの亡霊が、恐ろしい形相で現われるはずである）。また、政治家たちは、「きわめて困難な状況でわれわれが民衆のためにしようとする物事を民衆は理解せず、しかも、自分たちの分裂や不信や移り気をわれわれがそっくり真似ているだけだと非難する」と言う。

政治について批判的に、しかも希望を持って議論するという一般国民の伝統を再興する仕事は、まず学校から、教師の手で始めなければならない。当然ながら、この仕事を先にしなければ、それにふさわしい書物も出てこない。政治を取り上げた学校向けの書物（と呼べるものがあるとして）を論評するのは、私の務めではないし、その能力もない。「呼べるものがあるとして」と言ったのは、大半が政府の制度的構造や憲法の規則や慣行に関する書物だからである。さながら、人類との神々しい接触を待つプロメテウスの鈍重な彫像、といった有様である。[18] 私の知る限りでは、一般に使われている書物のほぼどれも、政治教育の二つの必須要件を満たしていない。政府や政党がどう機能しているかを現実に即して説明していない。あるいは、政治的理念や、何をどうすべきかについて、批判的に議論していない。人々が必ず、ただし通常は無自覚に、実践活動の中に持ち込んでいる道徳的な前提や予断について、批判的な議論がない。例を挙げよう。『肌の色とシティズンシップ』（Rose *et al.*, 1969）という、未来を先取りしていた重要な書物がある。教師がこの書物の議論にならって、共通の道徳的要素を同化主義的に強調せず、社会的な相違に寛容な認識を重視するようになったとしよう。そうなると教師は、多数者であるイングランド人を主題とした書物に比べて、マイノリティ集団に関する書物で、もっと質が高くて現実に即したものがあると、すぐ気づくであろう。しかし、供給には多少なりとも金銭的配慮が絡むし、あからさまに金銭的配慮が絡むものが多いので、需要の大小に合わせざるをえない。ただしこれも、ともかく需要が先にあっての話である。とはいえ、需要が生じ始めた兆候はたくさんある。私のこのエッセイを収めた編著（生徒向けの本ではまったくなかったが）が最初に刊行されたときも、そうであった[今では幸いにも、需要と供給の両方がある]。

われわれは皆、政治科目に愛情を持つべきである。そうでなければ、慈悲深い独裁者と同じように、われわれは場違いな存在になり、いずれはお払い箱になってしまうであろう。とはいえ、政治を教える教師は、困難と重要性と魅力を兼ね備えた独特の科目だと主張できる根拠を多少は持っているし、誇り高くそう言ってよいのである。

---

(18) 人類に火を与え知恵と技術を与えることになるプロメテウスが、まだその偉業に着手していないことにたとえて、政治を取り上げた学校向けの書物が、まだ登場していないことを指している。

第3章　偏向について

本章の元になったのは、一九七一年の政治学協会[1]年次大会での会長講演と、その後の質疑応答である。『政治を教える』（一九七二年五月）[2]に収められ公刊されているが、ここでは、クリックおよびヒーター編『政治教育論集』（一九七七年）に再録した修正版を載せ、刷り込み教育[3]をテーマに同時期に刊行された重要な二冊の本の書評を、補論として章末に加えた。

多くの地方議会議員や行政担当者や親たちは、原則論としては、政治教育はきわめて重要であるから学校の授業科目に取り入れるべきだと考えているが、いざ実施するとなると、偏向のない政治教育など

（1）政治学協会（the Politics Association）は、主に政治関連の教科を教える学校教員を会員とした団体。本書第六章で言及されているように、クリックが初代会長を務めた（一三七頁）。なお、研究者の学会としては別に、政治学会（the Political Studies Association）がある。
（2）『政治を教える』（*Teaching Politics*）は、政治学協会の紀要。
（3）「刷り込み教育」（indoctorination）という訳語を選択した事情については、本書冒頭の凡例を参照。

不可能だとも考えているので、反対したり妨害したりする。これは、実践的にも哲学的にも重要で興味深い問いを提起する。答えるのは簡単ではない。政治教育は事実だけを客観的に伝えるべきだと答えると、私がすでに批判したような的外れの退屈な教科になってしまうからである。そのように教えても、教師が「事実」を軽蔑して語ったり好意的にうっとりと話したりしない、という確実な保証はない。また、政治に完璧な客観性などありそうもないという懐疑は、歴史という、同じように疑いを持ってもよい（不思議なことに実際には疑いが持たれていないが）科目にまで広がっていきかねない。私がたとえばアイルランド（北アイルランドであれ、南のアイルランド共和国であれ）に住んでいる親だとしたら、学校で歴史を教えるのを認めたりしないであろう。また、私がたとえば［ソ連時代の］ハンガリー、ポーランド、あるいはチェコスロバキアの生徒だとしたら、個人的な自尊心や信念から、教えられたことは一片たりとも信じないであろう。ただし、よその家の子と同じように、試験では、望まれている解答をそのまま書いてよい点を取ることはできるであろうが。

問題はむしろ、二種類の偏向を区別することであろう。一つは人間として避けられない偏向である。この場合、他者からは、本人の偏りは見て取れるものの、本人の説明は誠実で理解可能である。もう一つは極度の偏向である。この場合は、本人以外から見て、本音がどこにあるのかつかめず、嘘をついているか少なくとも極度の歪曲があるように感じられる。ごく普通の政治的偏向と極度の政治的偏向を区別するためには、政治という言葉のそもそもの意味に立ち戻らなければならない。

政治とは、相異なる利益の創造的調停である。利益を主に物質的なものとみなすか、精神的なものとみなすかは問わない。実際には、両者が混じり合っているのが普通である。歴史上知られているどの社会にも、何らかの利益の相違が存在する。それは、ごく小さな政府しかない部族社会にもあるし、きわめて複雑で抑圧的な全体主義体制にもある。しかし、政治は胡散臭い余計なものと見られることもあるし、独裁国では実際には政治の営みがたくさんあるのに、軽蔑され冷遇されるのが普通である。この見方が変わるのは、人々の利益や理念は違って当然とみなされる場合だけである。さらに好運に恵まれた歴史環境が加われば、政治は公的なもの、名誉あるものとみなされることにもなる。政治は社会を組織化する原理にもなる。こうした社会では、多様性（自由の第一条件）と万人の幸福の増進（社会安定のとりわけ近代的な条件）を与件として、代表制の合議体や議会といった現行の政治制度が、秩序と正義の維持（政府の第一の任務）の役割を果たしている。

ごく具体的な主張をするために、かなり抽象的な話から始めなければならない。イギリス特有の議会制の基本的前提を見すえる必要がある。政治が多様性を認め許容することであるならば、政治教育や公民教育もそうでなければならない。ますます複雑になる社会で、若者がときに反抗するのも不思議ではない。社会の価値観、コンセンサス、議会制度や憲法をただ擁護するだけの教育を軽蔑する若者はもっと多い。実際、われわれは、非常に多様な価値が並存する社会に暮らしている。キリスト教の主な教派を考えてみるだけでよい。各派に多くの共通点はあるにしても、大きな違いを無視すると、それぞれの信者を正しく理解できない。自分としては賛同できない物事に過剰反応せず、自制し、排斥せず迫害せずに、相手をどう説得するかを知るには、認められないものを寛容の対象として扱い理解すべきだ――これはよく耳にする主張である。しかし、教義の一切の違いを取り去り全教派が一つになるべきだ、という主張は実際にはめったに耳にしない。以上の議論は、世俗道徳や政治道徳にも同様にあてはまる。

それらも、一つではなく多種多様だからである。「われわれが共通して持っているもの」を故意に強調して相違を薄めてしまうのは、政治の説明として誤っているし、政治教育の基礎としても有害と言えるほど不出来である。

コンセンサスは強要されかねないし、そうなれば間違いなく抑圧的となる。とはいえ、強要は特定の政治的な主義主張には役立っても、秩序の維持自体には役立たない。コンセンサスは、手続規則の遵守という最も狭い意味でしか、秩序の必要条件ではない。他とは異なる一つの道徳体系というこの言葉の広義に即すと、実に多様な道徳規範が並存する中で、それにもかかわらず長く存続した政治体制は数多くある。自由な体制の場合もそうでない場合もあった(たとえば、われらが大英帝国、さらに、ローマ帝国、ハプスブルク帝国、オスマン帝国である)。どこまでをこうした政治体制に含めるかの境界線が存在するのはたしかだが、それが何かは難しい問題であり、興味深くはあるが別の問題である。とはいえ、多くの点でコンセンサスがあればあるほど、国家は安定し正当性を持つというのは、端的に誤りである。多くの証拠は逆を示しており、コンセンサスがあれこれと強要されるのに比例して、国家は抑圧的で脆弱になる(国家は動かずじっとしている限りでは頑丈だが、予想外の圧力を受けると壊れやすいという意味で、脆弱になる)。

「コンセンサス」は、放っておくとばらけてしまう何かをくっつける精神的な接着剤のようには使えない。その逆であって、すでに共同生活している人々の持続的共存を円滑にするために生じてくるものである。コンセンサスは政治社会の経験以前には存在せず、政治社会の経験から生じる。したがって、現実の政治問題や社会の論争を、どれほど大雑把で単純にであろうと理解していなければ、コンセンサスを教えても無意味である。たしかに「議会制」や「憲法」は価値ではあるけれども、一次的な価値のように扱うべきではない。一次的な価値は、正義、権利、平等、自由、愛、真理、福祉、友愛、共感、責任などである。「議会制」や「憲法」は二次的な手段的価値であって、多様な枠組や状況の中で一次的な価値を高めたり実現するのに役立つだけである。「わが国の議会」や「憲法」といった二次的な手段的価値を、一次的価値であるかのように尊重しなさい、民主主義的な目的のための手段ではなく、それ自体が目的であるかのように尊重しなさい、と教えるだけだとどうなるか。個人的心情や市民精神から、誰もがマルクス主義者のように、こうした概念の裏には価値が隠されていて、隠している以上、抑圧的で不当な価値なのだ、と考えても不思議はない。私の経験で言っても、自分が仮面をはぎ取りたいと思っている隠された価値が実際には無害なことが多く、望ましい価値の場合すらある、と納得させるのが難しい学生もいた。意図的な刷り込み教育だという印象は、議会や憲法の規則や手続を延々と教えることから生じやすく、たいていは不適切な教え方であって、隠然たる政治的作為であることも少なくない。

一般教養教育の一環として学校で政治を教えることの根拠は、明白だと思う。しかし、現実に即した教え方をすべきである。さもないと、何も教えない以上に、冷笑的態度や幻滅が生じかねない。現実に即した教え方とは、どんなものか。憲法やイギリスの議会制度は、利益や価値の対立を調停するための仕掛けであって、この仕掛けで対立が解決される場合もあるが、対立が本格的でしばしば根源にまで及ぶこともあり、その場合、抑え込んでおくのがせいぜいだと具体的に認識させ、その認識を深める教え方である。意見の相違という言い方では、表現として弱すぎる。対立は必ずしも暴力をともなわないが、絶対ないというわけでもない。説得と投票で片づく対立が多いだろうが、しかし、経済的社会的な利害対立は、政治的な意志や技能が欠ければ、容易に暴力的になりうる。これこそが、政治教育が大いに重要な理由であり、われわれの社会で何が根源的対立なのかを、生徒の年齢や能力が上がるにつれて、より複雑な仕方で教えなければならない理由である。そうした政治教育があってはじめて、生徒は、たんなる手続原則の重要性を理解できるようになる。憲法がよいのは当たり前と思っているだけでは、生徒はただのでくの坊でしかない。その生徒が、たんなる被治者ではなく市民として自由社会に必要とされている人間であれば、憲法は実際にはどう機能しているのか、どの問題を解決し、どの問題をもみ消し無視しているのか、知りたいと思うものである。公民教育の難しさは、市民の創出をめざさなければならないところにある。受け身の人間を望むのであれば、放置しておくだけで十分である。

公民教育に関して早急に策を講じなければ、議会制度は完全に失敗し崩壊する、と言いたがる人もいる。私はと言えば、十分説得力のある警鐘をイギリスで鳴らせる能力はない。「崩壊に警戒せよ」という言葉は刺激的に響くとしても、それと完全に息を合わせて、反対の立場の人が革命調の警鐘を鳴らすこともできる。体制はいずれにせよ崩壊するから、地下室に急いで逃げ込み座って待っていよう、といった具合にである。警鐘を鳴らせば、何らかの活力がどこかに湧いてくるかもしれないので、私としてもそうできたらと多少は思ったりもする。しかし、私の見るところ、どちらの側にせよ警鐘を鳴らしている人たちは、それ相応の行動をしていない。光の祭典運動（the Festival of Light）(4)のリーダーたち「その一人がロングフォード卿(5)」にせよ、『オズ』(6)誌の編集者たち「典型的な一九六〇年代ヒッピー」にせよ、いずれも劣らず芝居がかっていた。

体制崩壊よりもはるかに可能性が高いのは、イギリスの公民精神が徐々に衰退していくことである。私が危惧するのは左右の過激派の増大よりも、むしろ、引きこもりや物質主義的・消費者的な自我への退行であり、自己中心主義、だらしのない態度、負け組意識、無気力、無関心、斜に構えた姿勢などが文字通り強まることである。正真正銘の無差別的許容《パーミッシブネス》の増長もそうである。教育関係の現状告発本の著者［あるいは、真の教育追求運動］(7)の感情ばかりでなく、急進派の感情まで逆撫でする意味での無差別的許容である。説得は強要と同様に不当であるかのようにして、道徳・不道徳のどのような区別にも無頓着を決めこむ、ふやけきったリベラリズムである。物質的な刺激だけを気にかけ、他者への配慮には関心を持たない。これはもちろん、真の社会主義や急進派の倫理ではなく、貴族主義的倫理であって、無政府主義の論理的帰結ですらなくて、虚無主義の倫理である。その効果的普及という点では、反体制出版や非常識な教師たち（そうした教師がいると一部の人たちが断言している）よりも、放縦を嫌う分

(4) イギリス社会における無差別的許容（パーミッシブネス）の進行に対する反対運動。無差別的許容とは、社会規範とりわけ性に関係する規範が極度に弱まっていることを指す。一九六〇年代以降の先進諸国の状況について言われるようになった。肯定的に用いる場合もあるが、クリックのように否定的な意味で用いることが多い。
(5) ロングフォード卿（一九〇五―二〇〇一年）は労働党の政治家で、同性愛者への権利付与に反対する活動を行なったことで知られている。
(6) 一九六七年から七三年にかけてロンドンで公刊されたサイケデリック・ヒッピー調の雑誌。
(7) 真の教育追求運動（the Campaign for Real Education）は、教育の水準向上や親の選択肢の拡大を求める運動で、一九七八年に始まった。

別くさいミドルクラスのピューリタン的先入見を打ち壊そうとしている広告業者の方が格段に上手である。抑圧的社会の対極にあるのは、無差別的許容の社会ではなく寛容な社会であり、価値の不在ではなく価値の多元性である。だからこそ、真のシティズンシップ教育が必要なのである。ともかく、仮に社会の崩壊が本当に切迫しているとしても、学校にそれを止める力はない。解決の道は、政党や政府の公的活動の領域にしかありえない。

公民教育への過大な期待は、いやそれどころか教育全般への過大な期待も、過小な期待と同様に危険である。とはいえ、真に懸念されるのが、公民精神の衰退や凋落、目的の喪失であるならば、授業を増やし教師の水準向上を図って公民教育を増強することが、決定的な役割を果たす。政治教育を擁護する根拠は明白である。何か重要な事柄を学ぶべきであるならば、政治も学ぶ必要がある。個人が自らの権利を守り充実させる点で向上するためにも必要である。強要や買収による服従ではなく自発的な参加から得られる力強さと柔軟性を、社会全体にもたらすためにも必要である。他者の観点を尊重しつつも受け入れない、という経験を与え伝承するためにも必要である。それが寛容の基盤であり、寛容が自由の条件となるのである（Crick, 1971）。

それでは、一般論として、どう教えたらよいのか。私はすでに、より現実に即した教え方をすべきだと主張し、時事問題や現代史を素材に教え始めるべきだとも論じた。憲法の規則や議会手続ではなく、まず最初に、政治論争の主題が何かをはっきりさせなければならない。先にすべきことを、先にしなければならない。政治家なら誰でもわかっていることである。理にかなっているからである。とはいえ、政治家は教師の客観性も疑っていて、こう言いかねない。目的は結構だが、実際に可能なのかね。争点を教えると言うが、意図的な刷り込み教育になりはしないか、この提案でもそうならないか。宗教教育を教会が学校に丸投げするのは、いかがなものかと思われたし、教会も同じ考えであった。公民教育も、学校よりは政党やマスメディアの方が上手にやれるのではないか［政党やマスメディアに加えて、「家庭」もそうだ、と愚かなことを言う人もいる。家庭そのものが政治問題となりうるし、しかも、家庭は通常、政治的社会的争点を論ずる場というよりも、それらについては沈黙する場である］。

こう言ったからといって、教師の側に問題がある可能性を否定するわけではない。小中高すべての段階で、教師が時折、教育方法を磨き直す、ということがあってもよい。私はもちろん、教師自身の政治的見解に関する一定の（絶対的でないことはたしかだが）権利を擁護する気はあるけれども、あまり自分勝手になったり立場を利用しないよう説得したいとも思っている。それに、きわめて粗悪な教師と思える場合には、おそらく私は、その人を昇進させないであろう。教師が権威全般の危険性について論じ続けるのは結構だが、自分の権威をもっと自覚し、何らかの権威なしで社会は動かないと理解しておくべきである。権威自体が問題なのではなく、その使い方の適不適が問題なのである。職務担当者は、職務権限があるから、尊敬され注目され多少は服従してもらえる。権威の濫用が生ずるのは、個人や機関が自らの職務権限を超える、まさにその時点である。たとえば、どれほど重要でも本題とは無関係な事柄について法を定める場合である。私自身の例を言えば、私も政治学の教師として何がしかの権威を主張するし、権威があると素直に認めておこう。私が話し始めると、人々は進んでこちらに顔を向けてくれるし、それがたいていは続く。必ずしも完全な尊敬という待遇ではないが、その方がかえってありがたい。とはいえ、少なくとも私にほどほどに注目してくれ、あからさまに話を遮ることはほとんどない。

私が政治のさまざまな主義主張や政策の妥当性を伝え、基本的な問題が何かを明らかにし、ある政策の代わりに別の政策を実施する際の代価が何かや、矛盾が形式的ではなく実質的となるのはどの時点かを分析する際には、そこそこに政治理論の専門家である。権威者たちの間で見解は異なるかもしれないが、それでも、相当数の同業者が権威者とみなされていることも私は知っている。それ以上のことも言える。政治的見解が対立する中でどんな原理や規則や基準に訴えるのが適切かを私が分析するときには（そうした原理や規則や基準は対立自体とは無関係である）、もっと控えめで暫定的ではあれ、政治哲学者の権威をそなえているかもしれない。しかし、これこれをすべきだと高圧的に命令するために政治的な主義主張を宣伝するときには、教師の私には何の権威もない。私はそういう話し方をしているかもしれない。いや、頻繁にしてしまっている。しかし、公式の場や学問的な場であるのにそうした言い方をすることで、私は権威を濫用しているのである。あるいは、当然だと思うが、私の権威が場違いなので無視される。これはよくある［私はたいてい、どんな主張をするにも、ユーモアや皮肉や見え透いた誇張でくるむよう、かなり気をつけている］。

極度の偏向には、すぐに見て取れる典型が三つある。最もよく知られているのは社会主義者の例である。社会主義者と言っても五七種類（私を勘定に入れれば五八種類）あるが、総じて「まったくもって不当な」物事に「どう対処すべきか」と説き続けている[8]。ただし、この一例だけを取り上げるのはいささか不公平である。なぜなら、［旧トーリーの］保守派にしても、政治問題に関する議論一切を回避して憲法に固執しながら、伝統的秩序はすばらしく変革は危険だといった偏見を、憲法の規則と称するものの中に忍び込ませているからである。自由主義者も同様で、制度改革と選挙改革だけが万事を解決すると説き、過去をありがたがるべきではないという見方と、未来を夢見てもろくなことはないという主張を合体させた珍奇でおそろしく退屈な代物を創作して、これが公民科でございますと言っている。もちろん、皆、よかれと思ってのことなのである。実際のところ、極度の偏向が「一部の新聞が自分のことは棚に上げて、嬉々として指摘するほどまで」大々的に広がっているとは私は思わない。むしろ、自分勝手で我が身を省みることのない少数の人たちが、分別ある多くの教師の信用を失墜させているのである。

極度の偏向という問題があると認める人々の間では、二種類の反応が最も一般的である。一つは、スウィンバーン派あるいは偏向奨励派と私が呼んでいるものである。この派は、スウィンバーン(9)と同じように、必要ならば罪を犯さねばならないのであって、そのときは堂々と包み隠さずに「誠実に」罪を犯すべきだ、と考える。偏向は不可避である（ただし、自分が正しく他人は間違っていると頑強に信じ込む人も若干はいる）。だから、堂々と語るべきだ。公然と情熱的に「これしかない」と言えば、聞き手は主題を真剣に受けとめて自分の意見や反論を持つよう刺激されるのだ、というわけである「ソクラテスの対話《ダイアレクティック》とマルクス主義者の弁証法《ダイアレクティック》とが合流する」。これは、ハロルド・ラスキのいつもの教え方であった。彼の講義はすばらしかった。とてもひたむきで、偏向はしていたけれども寛容な人であった。

（8）「旧トーリー」とは、小さな政府とナショナリズムを強調する新保守主義者のサッチャーが保守党の党首になる以前の、旧来型の保守党政治家や保守党支持者を指している。

（9）アルジャーノン・スウィンバーン（一八三七―一九〇七年）、詩人。

彼は講義中でも、たまに反論を受けると大喜びした。一九六〇年代に新式の授業が取り入れられる以前の伝説的な遠い昔だったのにである。まだ、規律正しい時代であった。ウェッジウッド・ベン氏(10)や自主参加の学生が授業に出ていた。ラスキが授業中に学生の反論を歓迎したのには、わけがあった。それだけが、彼流の授業方法の正しさを証明できたからである。実際には、同じように情熱的で内容のある反論をしようとする学生は、ほとんどいなかった。このやり方を好まなかった学生たちは受信スイッチを切ってしまうだけで、権威に対して以前以上に懐疑的になった。彼らにとってラスキは権威であって、しかも、典型的な権威の濫用をしていたからである。試験では、教師の期待に沿った答案を書いて出した(ロンドン・スクール・オブ・エコノミクスには、ラスキの受け売りをする連中がいた。ラスキの死後二年もしないうちに、オークショットを受け売りする連中が現われたのと同じである)。大学生でもこの一方通行的対話に創造的な反論をしなかったのだから、高校生以下の生徒がそうする可能性はどれほど低いだろうか。生徒は、こうした教え方ばかりでなく、問題や主題そのものも、受け入れたり拒んだりする。なかなか難しい仕事である。

中学校では懐疑が自然に育まれ生徒を保護している。偏向奨励派の教え方は実践道徳のどの分野にも打撃を与えうるが、この懐疑がそれを緩和している。すばらしいことだと思う［私自身、懐疑の姿勢を身につけたのは、有害図書からではなく、国教会系の小学校においてであった］。とはいえ問題点もある。この懐疑は消極的なもので、災いを防いではくれる(イギリス議会政治の現状とよく似ている)。しかし、実際に政治の中で個人が決定し関与する点では、妨げになっているように思われる。

もう一つの一般的な反応は、憲法アプローチである。行政や地方政治に関する事実だけの一覧表が付録につくこともある。私は、最初に「憲法」を教えるのは不適切だとは主張したが、憲法の規則に明確な意味で重要性があることを否定したわけではない。とはいえ、賢明な人から見れば、そうした規則は現在や過去の基本的政治問題への応答という意味でしかないとすれば、主要な政治問題が何であり何であったのかを知る以前に、憲法の規則だけを学校で教えても、どれほど意味があり興味を喚起できるだろうか。憲法アプローチのおそろしく退屈な象徴は、「網羅的教科書」である。なぜなら、いったんこのアプローチに決まってしまえば、何であれ同じように、政治ぬきの退屈な話に変わりうるからである。憲法改革の主立った提案は何であったか、という設問をAレベルの試験委員会がすれば、横並びで「庶民院議長の任務は何か」に設問が変わってしまう［どんな設問でもつねに、ただの事実問題に変わってしまう］。これとは対照的に、「議会改革を求める動きは、なぜ一九六〇年代に起きたのか」と問えば、格段に興味深く広がりのある政治的な設問になる。ところが、議長の任務に関する模範解答は、参考書を調べればわかるし、それで済んでしまうのである。

学校で政治を法律関連の事実に矮小化したり、まるごと避けるようにしている最大の元凶は何か。教え方が悪いのか、科目の組み方がよくないのか、それとも用心のしすぎなのか、判然としない。しかし、憲法や事実だけを教えて生徒を退屈させ、現実の問題を教わっていないと思わせてしまうのは、「偏向を正直に隠し立てしない教え方」以上に、弊害はおそらく大きい。このことは、学校で政治やシティズンシップを教えることに神経質になっている地方政治家でも、現実感覚でわかるはずである。私として

---

(10) ウェッジウッド・ベン（一八七七―一九六〇年）は、自由党の政治家として出発したが、後に労働党に転じた。

も、そうした教え方には賛同しない。誤った教育論だと思うし、たいていは教師側の無責任なわがままで、自分の教育姿勢の真意を伝える力がないだけのこともあるように思う。あくまでも推測だが、偏向を隠さない教え方であれば、少なくともシティズンシップの感覚と政治への関心を生き生きと保つことにはなるだろう。しかし、憲法や事実に限定した教え方では、どれほど善意であっても、退屈で及び腰だと政治家は思うであろう（退屈で及び腰という姿勢は、政治家という人間類型にはまったく無縁であり、そういう政治家はまずいない。ほとんどは風変わりな個性の強い人物で、頼まれれば手放しに喜んで話そうとするものである）。

それでは、政治を具体的にどう教えたらよいのか。憲法アプローチや偏向奨励派アプローチを喧伝する人には事欠かないが、別の可能性がないわけではない。代替策はある。私がここでごく手短かに論じたい点は（また、その含蓄を探るのに何年も費やしているのは）、さほど目新しくはないが、明確に語った人もほとんどいない。それはおそらく、普通のまともな教師の常識である。政治や道徳では何が最善かは証明できない――この前提から出発せよ、ということである。ただし、理にかなった議論の仕方はあり、それによって、可能な答のいくつかは少なくとも排除される。すべての可能な答が同等に望ましい、とはならない。それでも最終的に、人は意見を異にするものである。とはいえ、自分と意見を異にする人々の生活や動機や信条について知ることが多ければ、対立の激しさは、たいていは和らぐ。知ることが多くなれば偏見は必ずなくなるというわけではないが、通常は減少し抑制できるようになる。それに私の個人的な考えでは、価値と価値の間では本当の意味で対立があるとしても、偏見どうしは、ただすれ違うだけである。

何をすべきか客観的に言えないとしても、政治や道徳の議論における証拠の用い方で、ほどよく客観的で事実に即すことは簡単にできるし、何を論争に関わる証拠とみなすのかについて、論争相手とおおよその合意に達することとすら可能である。政治教育は、コモン・ローの伝統における司法手続と似てなくもない。証拠を提示するのは裁判官や役人ではなく、弁護士である。しかし、証拠や弁護は、裁判官や陪審員を納得させるものでなければならない。弁護士は係争がなければ仕事のしようはないが、証拠を客観的に扱えなければ争う力量はゼロである。このたとえは正確ではない。このたとえがあてはまるのは、法廷や学校における権威の仕組ではなく、偏向と客観性との関係である。教師はただ中立的であればよく、いつでも、あるいはたいていは、生徒どうしの討論や探究的議論の判定役をして授業を進めればよい、と言っているわけではない。そうしようとしても、生徒の先入見を正当化する理屈を教えるはめになる。少なくとも授業の最初の段階では、教師が裁判官と検察官と弁護士を一人三役でこなさなければならない。ただし、何が証拠かを教えるばかりでなく、理にかなった証拠の解釈がさまざまな仕方でできることも教えなければならない。典型的な解釈パターンは、たいていは保守主義的、自由主義的、社会主義的のいずれかだが、それらも教えなければならない。さらに、それぞれの解釈で使われている概念ばかりでなく、概念の使い方も教える必要がある。教師本人の意見を言うのは（教師にも意見はあり、そうでなければひどく退屈な教師だと思うので）、生徒が求めるのであれば、最後の段階が適切だろう。本心から答えないと逃避になってしまう。とりわけ、沈黙していると、価値は客観的なものだという神話の補強につながる場合は、そうである。ただし、結論を急ぎすぎてはいけない。同じ事実についてのさまざまな典型的解釈を示した後で、しかるべき機会にしかるべき程度で自説を述べるのであれば、他人が懸念するほどの害を与えずに済むし、自分ではよいと思っているが軽率かもしれない考えを、押しつけないで済む。とはいえ、生徒にもう少し自分で考えさせ、結果について認識を深めてもらい、それで授業が終わってもよい［起こりそうな結果を考えることは、責任ある態度を確立する上で大きな役割を果たす］。

どこから教え始めるのか。私は政治理論家として、素人ながら常識的な提案はできる。イギリスの教師は、たとえばドイツやアメリカとは違って、出発点の問題をほとんど考えてこなかったからである。時事的な問題から始めて、その実態を的確で平明に説明する、という教え方には十分な根拠があると思う（もちろん、どの学習段階でもつねに時事的問題に立ち戻るべきである）。次の学習段階や学年では、時事的な問題や論争をその歴史的文脈に置きながら、引き続き取り上げる（現代史はほとんどの書物で無視され死角になっている）。何らかの出発点は必要である。「イギリス政治に対する第二次世界大戦の影響は何であったか」、「戦後、労働党は何をしたか、それはなぜか」「保守党はどのようにして政権に復帰し、どんな変化をもたらしたか」といった具合にである［実例はもっと新しいものに代えていただきたい］。歴史家は（例が新しすぎると言って）心配するかもしれないし、意欲的な一部の教師は（例が古すぎると言って）がっかりするかもしれない。しかし、どの段階の学習目標から見ても詳しい教え方ではないにせよ、時事問題をおおよその歴史的文脈の中に置く以外に、イギリス政治の目標と限界の両方をどう理解させられるのか、私には見当がつかない（両方の理解が必要なのは、目標がないために生じる無関心と、目標が非現実主義的なために生じる幻滅との間で、人はつねに右往左往するからである）（念のために言えば、今論じているのは全生徒向けの政治教育であって、Aレベルや進学コース高校の政治教育ではない)。

さて、次の三番目の段階では、二つの課業が必要である。第一に、政府や議会や政党といった機関が政治的な争点や課題にどう対処しているのかを理解するために、それらの争点や課題に関する十分な一般的知見が必要である。この知見から、憲法上のかなり重要な慣行にも興味が湧くことにもなる。第二に、政府と議会という舞台での出来事を通じて各政党の見解の相違がどう生じているのかや、その理由を整理することも必要である。言いかえれば、各政党の主義主張は、目標が異なるばかりでなく、政治問題の受け止め方や、ときには問題関心すら異なっている、という高度な理解に導く必要がある。以上の二つは、二年間ではなく一年間で教えるとなると、かなり無理な注文に聞こえるであろう［これを書いていた二〇年前は、ずいぶん低い目標設定だったことか］。しかし、制度を理念に関連づけ、制度は理念に必然的に関わっていると教えることは、内容や範囲は大幅に犠牲にしなければならないとしても、きわめて重要であるし、政治教育の最終段階にあるこれら二つの課業は不可分だ、と主張したい。生徒が政治的思考を学ぶことは、地区会計検査官(11)の権限を説明できたり世界各国の議会の呼び方を知ることよりも、はるかに重要である［批判的思考は、移転可能なスキル(12)である］。

教師は、各学習段階での基礎作りとして、権力、権威、自由といった基本的な政治概念の簡単なリス

---

(11) 地方自治体の収支計算書の監査を行なう役人。

(12) 「移転可能なスキル」は教育学用語で、いったん習得すると特定の分野に限らずさまざまな分野で活用できるスキル(技能)のことを指す。

トをあらかじめ作成しておくべきだし、用例も挙げておくとよい。それらの概念をそのものずばり教えて議論させても、本格的な上級レベルを除けば、役に立ちそうもない。つねに具体的問題から出発し、概念を説明するためにそれを利用すべきである。さもないと、現実に即した姿勢が方向性をまったく失い、印象論になってしまう。どんな科目もこぢんまりした概念用語集に要約できると考える教師がいるが、私はそう思わない。他の道徳科目や人文学関係の科目と同じように、政治科目にも独特の難しさがある。とはいえ、ある程度の単純化は、生徒自身による気づきを促すために認めてもよい。枠組が何もないよりは、あるいはないふりをするよりは、何かしら枠組がある方がましである。枠組がないふりをすることは、概念とは暗黙の無意識的な隠れたものだ、と言っているに等しい。

しかし、どの学習段階でも、主要な仕事は他者の感情を理解する力を育成することである。生徒が人生において出会うであろうさまざまな見方を理解させ、それらの見方が目標ばかりでなく問題もどう規定しているか理解させることである。コールリッジが詩的信仰の成立要因として論じた「不信の意志的停止(13)」は、政治にも政治教育にも、つねに必要である。政治的思考は、敵を愛せとか、それと同じぐらいに極端で風変わりなことを命じているわけでもない。敵を理解せよ、と命じているだけである。ことによると、より効果的に敵に対抗するためにでもある。政治的思考によって相互の尊敬は深まるかもしれないが、相違が消滅するわけではない。大学生や一部の教師に関して私がしばしば憂慮するのは、まさに、感情を理解するこうした力の欠如である。私なりに自分の強い意見はある。しかし、私は民主社会主義者でありながら、たとえば保守主義の説得力がいつも気になる。保守主義は一つの統治理論だ、と私は教えている。それによれば、最善の統治者とは最も経験を積んだ人々であるから、社会の盛衰は統治階級の特性で説明すべきである。保守主義は変化の理論でもあって、事を起こそうとするよりも、起きてしまったことに（ともかくも起きてしまったことは抑えようがないので）柔軟に対応する緩やかな変化を最善とみなす。そこで、伝統が重要になる［以上はもちろん、サッチャーが市場自由主義に味方して旧トーリー派を一掃する前の話である］。他にも説明の仕方はたくさんあるだろうが、私の説明は、多くの保守主義者が受け入れそうなので、公平だと思う。ということで、私は「そう教えている」わけだが、机上の理論としてではなく、歴史と政治に関するかなりの説得力を持つ使える理論としてである。一八六七年の第二次選挙法改正後、保守党によるイギリス統治は、たしかにおおむね成功していたし、その大半は、計画的で意図的に動いたというよりも、歴史の先例にならったと理解すべきなのもたしかである。自由主義者であれば、個人の創意工夫に応じて社会は栄枯盛衰する、と言うであろう。個人の権利と能力の観点で、政治を見ているのである。社会主義者は、生産様式と労働者の関係を社会の基盤と見る。個人は社会集団内の自らの位置に規定され制約されるが、結局は、経済競争によって形成された集団よりも、協同によって形成された集団が力強く生産的となるであろう。

これはもちろん、ばかばかしいほど過度に単純化したモデルである［それに、おそらく情けないほど時代遅れになっている］。細かく分ければさらに多様になるし、ナショナリズムや専門家崇拝など、どの政党イデオロギーにも共通する政治的教義もある。私はただ、この単純な三類型がそれなりに有益に

---

(13) コールリッジ（一七七二―一八三四年）は、イギリスのロマン派詩人、引用句は『文学的自伝』（一八一七年）第一四章からのもの。

使えることがわかったし、どの学習段階でも使えそうだ、と伝えたいだけである。ごく単純化すれば、保守主義者は十分な理由がなければ権力と財の配分の現状は変わらないと考え、自由主義者は能力相応に配分はもっと公正にできるし公正にすべきだと考え、社会主義者は配分はもっと徹底的に平等化できるし平等化すべきだと考えている、と言ってよいだろう。ところが、もう一つ伝えたい点だが、大学一年生になっても、支持政党以外の政党の主義主張となると、行動原則としてどこに説得力があるのか、あるいは社会の説明理論としてどこに説得力があるのか、明確に答えられないのが実態である。こうしたことは、もっと早い段階で学べる。現在必要なのは、たんなる自己表現ではなく、知識や他者の感情を理解する力を刺激することである。それは教師が挑戦すべき課題である。しかも、どこまで挑戦しているかは測定できる。

以上をふまえて私は、政治教育の価値自由的アプローチと、偏向を率直に認めるアプローチのいずれも退けたい。いたって簡単な話で、価値からは自由になれないのである。道徳的にどっちつかずのこの気楽な状態にたどり着くには、かなりの退屈さや自己欺瞞がともなうことになる。偏向を認めるアプローチの方はどうか。社会の中に数多く並存している政治的な主義主張や道徳規範を人々が信じ、信じるよう鼓舞されている現実に、何がしかの共感をそそることにはなる。あくまでもその限りでだが、能動的シティズンシップに対する関心の刺激にも役立つ可能性すらある。偏向した意見そのものが害を与えるわけではない。問題は、どんな姿勢で意見を抱いているかである。寛容で分別ある姿勢か、他者への尊敬をともなっているか、信念にもとづいて行動する際に、反対証拠を検討し、多少なりとも結果に配慮する姿勢があるかどうかである。

単純な偏向はほとんど避けられないが、他のあらゆる点で穏当な判断を損ねるほど度を超さなければ、食べ物、飲み物、音楽、ファッションの好みと同様、無害である。嫌いな食べ物というだけで、「ぞっとする」「むかつく」と言う子どもと同じである。どんな場合に度を超すのか。好悪や党派性から、自分と対立する立場をけなすばかりでなく、対立する立場について説明させても、ほとんど意味不明な場合である。単純な偏向では、本人の偏見ははっきりしているが、判断は筋道が通っている。極度の偏向では、偏見の対象となっている問題や人物に本人が政治的に向き合おうにも、本人の知覚が大きく歪んでいて使い物にならない。言いかえれば、極度の偏向は知覚の正確さを損ね、知覚対象の説明も何を言っているのか、他人にはまったくわからない。

実際にやってみるのが何よりの証拠である。われわれが提唱している政治教育のやり方に即して、生徒に試験を受けさせ成績評価してみるとよい。首相の権限だとか一般的法律案(14)の審理手順についての記憶テストよりも、はるかに適切な試験のやり方だとわかるはずである。試験で評価すべきなのは、ある提案について生徒が賛成論と反対論を出せるかどうかである。設問に示した政策のうちどれをどの政党や圧力団体が支持しているのか、設問に示した争点に対し種々異なった政治的立場の人がどう反応するか、という問いに明確に答えられるかどうかである。授業目的の達成度は明確に測定できる。授業によって、現実の政治的争点やそれに対する人々の反応について、生徒の知識が増えたかどうか、測定すればよいのである。したがって、偏向への懸念は、教育現場の見地から言って無用である。

(14) 一般的法律案については、本書第二章の注(11)(四五頁)を参照。

知識を与え、他者の感情を理解する力をつける教育をした後ならば、生徒に対して教師が特定の立場をとったり、「本音を語る」ことがあってもよい。ただし、後であって前ではない。後先の順序はとても重要である。ここをしっかりさせるために、授業科目を現実に即したものに変える必要がある。プロとしての教師の基準を厳しくする必要もあろう。政治教育は、せめて開放的に行なうべきである。この点では少なくとも、「偏向を率直に認める」派は正しい。教師といってもさまざまな面を持つ一個の人間であり、その点で、政党員や学校理事や地方議員とまったく変わらない。文明国に暮らすわれわれは、場面が変わるごとに別の役割を演ずるのに慣れているけれども、ある役割が別の役割を完全に押しのけることはめったになく、あってもごく特殊な場合に限られる。何らかの偏向や役割をめぐる混乱は避けられないし、避けようとして極端に走っても、たいていは、軽度の病気以上にずっとたちの悪い治療法になってしまう。自制すべき場合もあるだろうが、退屈で無内容でも困る。極度の偏向があっても、授業科目がもっと現実に即していて、深い理解につながる共感的な教え方であれば、さほど深刻ではない。よい授業は、誠実さとか、やる気の問題だけではない。プロ意識の強さの問題でもある。学校は経費削減を意識したり、おどおどしながら、政治の授業をせいぜいよくて他科目の付録扱いにする習慣をやめるべきである。とはいえ、もちろん最終的には、万事は教師次第である。どれほど教師にプロ意識があっても政治の授業を任せられないのであれば、行き着く先、幾何学の授業も教師に任せられなくなる。というのも、私は、幾何学を教えてくれた先生たちをよく覚えているからである。一人の教師は、神が宇宙を設計した証拠として幾何学を教え、もう一人の教師は、幾何学は唯物論を明白に証明すると見ていた。いずれも立派な教師であった。

補論

本章の元になった原稿を書いて最初に公表した頃、刷り込み教育に関する二冊の重要な著書が刊行された。I・A・スヌーク編『刷り込み教育の諸概念――哲学論集』と、I・A・スヌーク『刷り込み教育と教育』である。(15) 両書に対する私の書評をここに加えることにした(初出は、雑誌『政治を教える *Teaching Politics*』、一九七四年五月号)〔現在では残念ながら、誌名は『政治を語る *Talking Politcs*』になって編集方針も変わり、もっぱらAレベルとGCSEの試験対策向け雑誌である〕。

スヌーク博士編の論文集が入っている教育哲学国際叢書の総括編集者、ピーター・リチャーズ教授によれば、哲学研究者ばかりでなく専門家や実務家として教育に関心を持つ人々の間でも、教育哲学への注目が高まっている。リチャーズ教授のこの言い方は、事情は多少斟酌できるのだが、自画自賛と思う人もいるかもしれない。しかし、私としては、他人に称賛してもらおうとするよりも謙虚な姿勢だと前々から思っている。分析哲学の伝統の下にある哲学者は、倫理や教育や政治への関心を強めるどころか、純然たる仮想事例の世界が持つ退屈さを歓迎している有様である。彼らは、他の学問のことを知ろうとしないし、哲学的にも実践的にも興味深い問いかけをしている問題分野についても知ろうとしない。

こうした問題の中でも、「刷り込み教育」は最も興味深く重要な一つである。今日では、宗教教育や道徳教育や政治教育を論じる人はある種の刷り込み教育を提唱しているのではないか、刷り込み教育はよくないのではないか、という疑念が広まっている。しかし、つい先頃までは、これらの分野での刷り

(15) 両書の書誌情報は、巻末の参照文献リストを参照。

込み教育は当たり前と見られていたのである。主な論争点は、直接的にすべきか、間接的にすべきかであった。われわれの受け止め方が変わったのだろうか、それとも、概念の意味が変わったのだろうか。受け止め方が変わったのは、まず間違いないと思う。宗教的信条や政治的信条を子どもに押しつけることはよくない、考えられている。それとともに経験的事実に対する考え方も変わった。いまや大半の社会科学者は、整然とした道徳的教義が社会秩序の維持に不可欠だとは信じていない。以前は自明視されていたのにである。政治的に組織された社会は複数の価値体系を内包できるし、それが普通だと理解されている。私も、秩序がどう維持されるかを説明するのに、「コンセンサス」を持ち出すことに懐疑的である。とりわけ、そう説明した舌の根の乾かぬうちに、今度はコンセンサスを秩序の原因ではなく結果として扱うことが多いので、懐疑的なのである。コンセンサスが何らかの意味を持つとすれば、明らかに規範や規則や手続といった抽象的次元でのことで、道徳的教義や政治的教義の実質的内容の次元ではない。

今では誰も彼もが、刷り込み教育をいかがわしく思っているらしい。伝統主義者は、政治教育は必然的に刷り込み教育になるのではと心配する。革命主義者は御親切にも、教育システム全般が刷り込み教育になっていると言う。したがって、誰もが刷り込み教育に反感を持つのであれば、受け止め方ばかりでなく、語法や意味もおそらく変化しているのであろう。「あなたは言いなりの御用教師で、あの人は刷り込み教育をするけれども、私はイデオロギー的に問題ありません」といった具合にである。

ここで取り上げる二冊は、ほぼ同じ分野を対象にしており、条件付きの仮説としてではあるが、ほぼ同じ主旨のきわめて明確な結論に達している。ただし、複雑さの度合は異なっている。論文集の方には、この今日的問題を取り上げた論文の中で絶えず引き合いに出される最重要論文が、二篇を除いて、すべて収められている。著作権の都合で収められなかった二篇、ジョン・ウィルソン「刷り込み教育と教育」とR・M・ヘア「青年から成人へ」は、いずれも、T・H・B・ホリンズ編『教育の諸目的――哲学的接近(16)』に掲載されている。

刷り込み教育の概念が実際には何を意味するのか、どの意味で理解するのが最も役立つか、という論争の中心問題は、刷り込み教育の方法、内容、および意図である。どんな信条でも刷り込み教育できるという主張もあれば、刷り込み教育と言えるのは、虚偽ないし疑わしい信条の場合だけだという主張もある。いや、刷り込み教育と言えるのは、「教義」と呼ぶにふさわしい洗練された（すなわち、体系的で重要度の高い）形式の信条の場合だけだ、という議論もある。困難は山ほどある。刷り込み教育の方法が要点だとすれば、刷り込み効果のある方法でなければならないのか。手元の統計資料は故意に歪曲されているにもかかわらず、生徒が正しい結論にたどり着いた場合はどうか。あるいは、方法を欠いた教え方はすべて、（教育社会学の信奉者たちがよく言うように）世間で認められている社会的価値を無批判的に代弁するという意味で、刷り込み教育なのだろうか。他方、内容が要点だとすれば、内容が虚偽だらけであるのが条件となるのか。しかし、刷り込み教育が真理の押しつけを意味することも間違いなく多い。しかも、虚偽かもしれない内容を巧妙に刷り込み教育したのに、なぜか信じてもらえず逆効果となることもある。ある人が科学的に間違った考えを教えているとしよう。たとえば、地球は平らで

(16) この本の書誌情報は、巻末の参照文献リストを参照。

あるという考えや、宇宙は有限にちがいないという独断などである。反証が見当たらないのであれば、本人が真理と信じて教えることを、刷り込み教育と呼ぶのはばかげていよう。理屈の上で証拠は入手可能だと言えたとしても、問題の当事者が誰かを忘れてはならない。学校の教師は科学の研究者ではない。厳密に言えば、教える内容の真偽に関して教師に責任はない。責任があるのは、使用教材を権威あるものとみなしてよいかどうかに関してだけである。念のために言っておけば、権威はすべて疑ってかかるべきだし、信頼できる権威ならばなぜそうなのか、説明なしで済ませるべきではない［しかも、よく知られている反証を紹介せずに済ませるのは、明らかに刷り込み教育である］。そうは言えても、ともかく教師自身は権威になれないのである。

一二篇の論文はほぼすべて水準が高く力作である。とりわけ、アンソニー・フルー、R・F・アトキンソン、ジョン・ウィルソンの論文が興味深い。ただし、最優秀の教育学部生ならば容易に理解できそうな論文、というわけではない。むしろ、教育のいくつかの側面に関心を持っている哲学者の興味を惹きそうな論文だと注意しておくべきだろう。したがって、同じテーマの簡潔な入門書を、名高い教育学学生叢書の一冊として同時期に出版したのは、大変すばらしいアイデアであった。政治を教えるすべての教師は、このスヌークの単著を読んでじっくり考えてもらいたい。非常によい文献リストもついている。

スヌークは、論文集で自分が示した区別について、わかりやすく解説している。

◇明白な刷り込み教育の事例

a　あるイデオロギーを、合理的なのはこれだけであるかのように教える。

b　教師本人が不確実と気づいている命題を、確実であるかのように教える。
c　虚偽であり、教師本人も虚偽だとわかっている命題を教える。
◇刷り込み教育のように見えるが、いかなる社会でも避けられないので、刷り込み教育ではない事例
a　慣習的に正しいとみなされている行動を、子どもに教える（何らかの慣習はつねに存在するのであり、真理ではなく慣習として教えるのであれば、刷り込み教育にはならない。ジョン・ウィルソンが主張するように、子どもは、多様な道徳規範を知る必要がある）。
b　事実を丸暗記式させる（たとえば九九の表。どの段から始めても、ただの丸暗記でしかない）。
c　気づかないまま、ある方向へと子どもに影響を与える（ただし、副作用が具体的にわかってからも抑制したり改めなければ、刷り込み教育となりうる）。
◇判定が難しい事例
a　教師本人は疑いないと思っているが、かなり異論のある学説を教える（判定が難しいのは、教科書執筆者が怠慢で時代遅れなだけか、新説を受け入れようとしない確信犯的反動家であるのか、多くの場合、教師の側ではわからないからである）。
b　批判的思考を促す当然の配慮をせずに教える（たとえば、化学のような教科でも、そうした配慮は必要である）。
スヌークによれば、教育と刷り込み教育とを分かつのは、理解と合理性と証拠である。単著では、彼は次のように論点を要約している。

すでに論じたように、刷り込み教育の狙いは、証拠とは無関係に命題Pを生徒に信じさせることである。狙いがはっきりしている事例では、ここが、教育者と刷り込み教育をする人の違いである。教育者は、信念よりも証拠をつねに優先させる。生徒が最後にどんな信念にたどり着くにせよ、証拠に即してであるよう望まれている。データを評価する方法、正確さの基準、推論の有効性に関心が向けられる。答よりも、答を得る方法が重要なのである。ところが、刷り込み教育を行なう者は、概して、信念の伝授に大きな関心を寄せ……証拠は二の次にする。

このようにスヌークは、刷り込み教育とは証拠に関係なく何かを信じるよう教えることだ、という説得力のある主張をしている。もちろん、証拠を真っ向から軽蔑する場合は多くない。スヌークも、本物の教条主義者は手の込んだ「証拠」を暗記させる授業をくり返すことがある、と指摘している。スヌークのすぐれた分析に対する私の批判は一つだけである。「証拠」のこうした扱い方とは別に、本物の洗練された懐疑や寛容の精神から疑う姿勢で「証拠」を扱う場合もあるのではないか。しかし、スヌークは、両者を区別する手順をまったく検討していない［遺伝子組み換え食品に対する反対派がかき立てた感情や、代替医療の提唱者の提示する証拠は、興味深い時事的な例である］。この点で、ジョン・ウィルソン(17)の道徳教育に関する論文は、きわめて有益である。道徳教育や政治教育では、特定の見解と実際に競合すると認められている見解や、競合しそうな見解は、たいていはごくわずかだ、と私はスヌークに言いたい。ウィルソンは、そうした競合する見解を生徒は学ぶべきだと論じている。生徒が見解に共感できず、分別ある人がどうして保守主義者や社会主義者になれるのか、何であれ一定の立場をとれるのか理解できないときは、教師は生徒の感情に揺さぶりをかけるべきである。その場合、目的が寛容と理解であって先入観的な信条ではないという点は別として、刷り込み教育と非常によく似た手法が使われるであろう［表現を変えれば、生徒は、大人になってから出会う主義主張の予告編を見ておく必要がある、ということである］。

二冊はいずれも、さらに深い問いかけもしている。刷り込み教育が正当と言える場合はあるか、である。第二次世界大戦後のドイツの民主化は、間違いなくそう言えるのではないか。嫌悪療法[18]はどうか。民主主義を刷り込み教育するのはいけないのか。不思議なことに、この問いに真正面から取り組んだ議論はない。執筆陣には政治哲学者が含まれていない。スヌークは、ジョン・ウィルソンやジェイコブ・ブルーナー[19]と同様に、間接的には政治によく言及しているものの、応用倫理学上の最も困難で重要なこの分野を（少なくともアリストテレス以降の理性と自然をめぐる思想的伝統にとって重要な分野を）、なぜか避けている。つまり、政治のあり方自体（創造的妥協という中間の道[20]）に向き合っていない。形式論で答えれば、かなり簡単だと思う。「民主主義」が本当に民主的であるならば、「民主主義の刷り込

(17) 通常医療とは別の、伝統医療や民間療法などを指す。
(18) 悪癖や反社会行動を、嫌悪感を誘発させる刺激と結びつけてやめさせる療法。
(19) クリックは Jacob Bruner と表記しているが、アメリカの認知心理学者・教育心理学者である Jerome Bruner（ジェローム・ブルーナー、一九一五生まれ）の誤記の可能性がある。
(20) クリックの政治観を反映した表現。クリックによれば、政治とは、たんなる権力行使でもなければ、利害の自然的調和でもなく、その中間、つまり、多様な利害の創造的妥協の営みである。本章の五八頁を参照。

み教育」は矛盾した表現である。この問題は、ドイツの学校に（最新式の）政治教育を導入するために、あるいはもっと一般的に、ともかく子どもを学校に通わせ続けるために（現状では、専門家が秘術を尽くして取り組みたい課題であろう）、強制が必要かどうかとは、別問題である。とはいえ、民主的な政治の手順、本物の政治教育、科学的方法の三者の間には、多くの共通点がある。科学的方法では、自らの仮説は真理探究の方法に関する一つの見方にすぎないとされ、仮説は反証にさらされる（しかも、科学的方法は、疑念と懐疑を投げかけながら探究を進め、それでいて、驚くべき正確さで一般化できる）。なぜわれわれは、多くの共通点がある、と言い切るのをためらうのか［ポパー流の言い方に聞こえるとすれば、たしかにそうだが］。

宗教教育や政治教育という、刷り込み教育が最も懸念されている分野では、考えてみると不思議だが、複数の観点はとうの昔から存在していて、教師の仕事をずいぶん楽にしてくれている。信条をめぐる議論を避けるのではなく、身近にある諸々の信条の違いを理解し説明するのが自分の仕事だと気づいてしまえば、教師の仕事は楽である。むしろ、心理学や経済学のように、当事者が（疑似）科学的な雰囲気をふりまきながら、教えているのは真理だけと思い込んでいる分野の方が、刷り込み教育を避けるのはずっと難しい。［教師による］完全な刷り込み教育や極度の偏向は、おそらく、多くの人が考える以上にまれである。単純な偏向は、もっと日常的でありふれているが、さして問題にならない。はるかに深刻で故意の歪曲的な偏向が見られる場所は、新聞を開けば日々目に入ってくる。しかし奇妙なことに、人々はそれをさほど憂慮していないようである。

第4章　政治リテラシー

本章はイアン・リスターとの共著である（Crick and Porter, 1978）。私たちは、ハンサード協会[1]の政治教育プログラムを共同主宰した。その成果が本章である。冒頭のいくつかのパラグラフは、このプログラムの「趣旨説明書」から転載している。

ハンサード協会の作業部会は、政治教育の目標となりうるものとして次の三点を挙げている。これらは並立できず一つしか選べない、と見られがちである。

a　現在の政治体制の機能状況に関する知識、および、政治体制の一部とみなされている信条についての知識の水準を十分適切に保つこと。

b　能動的シティズンシップに必要な知識・態度・技能を、自由社会や参加型社会にふさわしい水準にまで育成すること。

c　以上の二つの水準を超えて、現実に論争されている問題領域に踏み込み、統治方針や体制を変革する可能性を考察すること。

（1）　ハンサード協会については、本書序言の注（6）（三頁）を参照。

前述したように、cの教育もまったく妥当なものであって、極度の偏向なしで実施できる。ただし、可能なのは、aとbにも配慮する場合だけである。極端な意見やマイノリティの威勢のよい意見から教育を始めると学習刺激効果があるという主張もあるが、疑わしい。第三の目標をめざして教育を進めると、生徒は、現実世界でやがては出会う党派的に偏った情報源を批判的に利用する習慣を身につける。これこそが、こうした教育を正当化する根拠である。他方、第二の目標では、せいぜいよくても、価値を対立するものとみなす習慣が身につくだけで、たいていは、すでに生徒自身が持っている信念との関わりでしか物事を理解できないままである。

かつてわれわれは、三つの目標が段階あるいは水準として順番に並んでいて、中学校の政治教育の課程はその順番通りに進めていくべきだ、と提言した。しかし現在では、三つすべての目標が政治教育の授業に含まれていれば、順序にこだわらなくてよいと考えている。多くの教師の経験が示すように、これから学ぶことを生徒に重要と思わせ興味を持たせるために、現状をどう変えるかを考えることから始める教え方もある。通常の（第一の目的に含まれる）制度は、生徒には当たり前で退屈に思えるものだが、この教え方で生徒が刺激され、そうした制度がどれほど特別で重要であるかの理解につながることもある。とはいえ、制度や社会をどう変えるか時間をかけて考えるというのであれば、その前にやるべきことがあるのも、同様に明らかである。まずは、十分に機能している既存の制度や社会を保守するにはどうするか、これに関連する事実や意見を学ばなければならない。また、参加にどんな機会があり限界があるのかについても、じっくり考える必要がある。無難に一般化して言うと、三つの目標は授業の中で並行して追求すべきで、切り離してばらばらに教えるべきではない。

というわけで、冒頭に示したように、政治教育の各目標に関する議論は、政治に関する主立った理論的考察、つまり保守・参加・改革のそれぞれに関する理論的考察と、必然的に相似形となる。とすれば、われわれの教育構想は「政治教育」ではなく「政治リテラシー」の向上をめざしている、と考えた方がよいであろう。厳密に言うと、政治教育は［専制国家や独裁国家の場合のように］あらかじめ用意された特定の政治目的を実現するための手段だ、という見方もできる。政治リテラシーを身につけた人の場合は、（個人的にどう行動するにせよ）これら三つの理論的考察の妥当性を正しく理解し、それぞれの性質や含意を適宜説明できる。実際、政治をめぐる議論はさまざまな事情からさまざまな目的で行なわれるけれども、どの議論にしても、これら三つの理論的考察に依拠しなければ、およそ説得力を持たない。

そこで次に、本プロジェクトの中心概念について論ずることにしよう。政治リテラシーとは、知識・技能・態度の複合体である。この三つは一緒に発達していくもので、それぞれが残り二つの条件となる。大多数の若者のニーズを満たす基本的な政治リテラシーとは、日常生活や日常言語から取り出された概念を現実に即して理解できることである。政治リテラシーが身についたと言えるのは、主立った政治論争が何をめぐってなされ、それについて主立った論者たちがどう考え、論争がわれわれにどう影響するかを習得したときである。また、政治リテラシーが身につくと、特定の争点をめぐって自分で何かをしようとするとき、効果的に、かつ他人の誠意や信条を尊重しながら事に当たるようにもなる。

一つの方法だけで何かが獲得できるわけではない、と強調しておきたい。普遍的な役割やモデルは想定していない。あらゆる技能と同様に、政治リテラシーを獲得するにはさまざまな方法がある。とはいえ、政治リテラシーを身につけた人の事例やタイプには、知識、知識に向き合う態度、知識を用いる際の技能において、共通点がある。

政治リテラシーを身につけた人は、どのような知識を持っているのか。まず、①争点に関する基本的な情報。誰が権力を持ち、どこから資金が流れ、制度がどう機能しているか、などである(これは、国の議会、地方議会の委員会、工場、学校、労働組合、ボランティア団体、クラブ、さらに家族についても言える)。②争点の性質に関する知識や理解を活用して、能動的に参加する方法。③最も効果的な問題解決策を判断する方法。④問題が解決された場合、政策目標がどれくらい達成されたのかを評価する方法。⑤他者が物事をどう見ているか、自らの行動をどう正当化しているかを理解する方法、および、正当化の理由をつねに提示するよう他者を促す方法である。

こうした知識は、さまざまな人により、さまざまな水準で用いられる。高度な政治リテラシーを身につけた人であれば、洗練された政治概念を駆使できる。自分が何を知らないかを自覚し、それでいて、どこで知識を得たらよいかを知っている。大方の人々の基本的な政治リテラシーとは、誰もが経験する状況から生じる概念を理解することである。

政治リテラシーを身につけた人の態度は、どのようなものか。これは当然のことながら多様である。本プロジェクトでは、西欧リベラリズムの諸価値が全面的に受け入れられるとは期待していないし、そうした価値が普遍的に通用すると考えてもいない。伝統の一環としてわれわれが受け継いできたものは批判にさらされるべきだし、ときには懐疑の対象にすべきである。政治リテラシーの一部として教え込むべき正しい態度などない。それでもやはり、政治リテラシーの習得は、意識するかしないかにかかわらず、何らかの価値を前提とした態度につながらざるをえない。「自由」、「寛容」、「公正」、「真実の尊重」、「理由を示す議論の尊重」を、いわゆる「手続的な価値」とみなす論者もいるが、いずれも、政治リテラシーが前提とする価値である。

政治リテラシーを身につけた人は、どのような技能を持つのか。こうした人は、たんなる事情通の観客ではない。能動的に参加しコミュニケーションをとることができ、参加を拒否する場合には明確で筋の通った説明ができる。他者のさまざまな見解に寛容でありながら、改革やその達成方法について考えることもできる。政治リテラシーを教える際の大きな問題は、生徒の偏向や教師の刷り込み教育を助長するおそれではない。むしろ、政治リテラシーが行動を促すのは当然で避けられない、という点である。ただし、知識や理解にもとづく政治行動ならば、促す価値は間違いなくあると言える。ここで言う知識や理解の対象には、対立を生んでいる事実だけでなく、論争している人々のさまざまな見解も含まれる。異なる視点への共感は、大いに奨励すべきである。

以上の議論全体の要約が、本章の一〇二頁に掲げた「政治リテラシーの樹形図」である。

最後に、政治に関する必要な情報の多くは、当然ながら学校ではなくメディアが提供していることを強調しておきたい。学校の役割は、生徒がこうした情報を批判的に扱うのを手助けし、また、生徒が自分の意見を持ち、他者の意見を尊重し、責任ある仕方で効果的に参加する意思と手段を持つよう手助けすることである。自分たちの暮らす社会とその国民、歴史、信条、さらには社会を特徴づけ制約している広汎な経済的地理的要因について言えば、それらの概略を生徒に教えるのは一般教育の役割だと、われわれは考える。

これまでは、ごく一般的な観点から政治リテラシーの概念を特徴づけてきた。今度はもっと具体的に論じることにしよう。ただし、政治リテラシーの概念は具体的に論じるとなると、一つの文化的理想の性質を帯びてくる、と明言しておかねばならない。ほとんどの人にとって、政治リテラシーという概念は、実際の経験の要約ではなく、到達すべき目標なのである。われわれが定義する意味での政治リテラシーのない人であっても、政治的な影響を及ぼす可能性はある。政治リテラシーと政治的影響とは別物である。無意識の習慣や激しい熱狂が政治的影響を及ぼす状況もある。自分は能動的な市民ではなく健全な臣民だと思っている人や、政治について何も考えない消極的で従順な人が、何らかの目的のために政府に実行を迫るような問題提起をすることもありうる。しかし、「政治リテラシー」には、所与の状況における問題点をきちんと理解し、多少の柔軟性を持ち、何がしかの行動力を発揮することが含まれている。

とはいえ、どんな行動でも他者に影響を与えるのであるから、やはり、行動がどう影響を与えるのか自覚すべきであるし、行動の正当性を示せるようでなければならない。起こりうる結果の説明と正当化は、いずれも一貫していなければならない。つまり、政治リテラシーを身につけた人であれば、政治的な概念を用いる際に、その程度の（もっと高度ではないとしても）自覚と一貫性は示す、ということである。ただし、政治的概念は、たいていは日常生活や日常言語から派生しているので、政治リテラシーを身につけた人でも、社会科学の専門用語についてはまったく知らない場合もある。たしかに、社会科学に由来する、いわば「高度なリテラシー」を思い浮かべることはできる。そうした場合、現実状況に即した理解よりも、理論的説明に重きが置かれがちである。しかし、これはどうでもよいことである。

学校教育における大多数の若者のニーズには無関係な話だからである。

政治リテラシーを身につけた人は、自分自身にも影響する現代政治の主要な争点を知るとともに、主立った主張に関する詳細な知識の獲得方法や、それぞれの論拠の妥当性や価値を批判する方法にも通じている。さらに、争点を理解し、競い合う政策のそれぞれの説得力を把握するために、制度的な構造についても、詳しすぎる必要はないが、ある程度は知っておくべきだと思うであろう。このようにして、政治リテラシーを身につけた人は、主立った政治論争のテーマや、主立った論者たちの信条や論争が、自分にどう影響しそうかを知る。また、効果的な仕方で、かつ他者の誠意を尊重しながら、論争に対処しようとする。

政治的なものが生じている場

議論をさらに進める前に、いったん立ち止まって念押ししておこう。政治教育の理論や政治リテラシーの理想は、政治理論を基礎としなければならない。ここで言う政治理論は、従来の政治学の見方よりも、二つの点で守備範囲がはるかに広い。

第一に政治理論は、政治は利害や理想の対立に関わらざるをえず、政治を理解するには既存の対立状況、および論争者たちの論拠や利害の理解から始めなければならない、と強調する。政治理論は、憲法上の秩序やコンセンサスの必要性を最初から前提にして考えるのをよしとしない。政治リテラシーを身につけた人は、見解の相違や困難を一挙に解決しようとは思わない。むしろ、それらは政治につきものと考える。第二に政治理論は、どの社会にもそれぞれ固有の権力配分の仕方があり資源利用の仕方もさまざまだ、と強調する。したがって、われわれの関心は、人間の経験の中で政治の特徴を帯びたものすべてに及ぶ（政治リテラシーを身につけた人には、グリーム・ムーディ[2]をはじめ多くの人が述べたように、「人間のどんな状況にもある政治的局面を認識する能力」がある）。

政治的なものの実例はどこにあるか。それは、①職業政治家や政治活動家の演説や行動、②政治学者の著作や講義、③いわゆる日常生活の政治、つまり、家族、地域、教育制度、クラブ、結社、それにあらゆる種類の非公式な集団で観察され経験される中にある。

一般の人が必ず関わるのは、③のカテゴリーだけである。①と②のカテゴリーに関わる人は、非常に少ない。しかし、（とりわけこのプロジェクトの）政治教育を行なう目的の一つは、職業政治家や専門の政治研究者が持つさまざまな情報や技能を、多くの人々に開放し触れられるようにすることである。

政治リテラシーの諸類型

われわれはいまや、美辞麗句を並べて政治リテラシーの理想を語る段階を通り過ぎ、理想を具体化しなければならない第二段階に達している。政治リテラシーの習熟度をどう測定するか、政治リテラシーを向上させる教育戦略をどう探究するかを考えねばならないのである。われわれは、政治リテラシーが「政治教育プログラム」の鍵であると確認した。政治リテラシーは（われわれが用いているように）、「政治的能力」や「政治的理解」といった言葉よりもはるかに広義の概念だからである。そればかりではない。政治リテラシーの習熟度は多くの人が有意味と思える仕方で測定可能であるし、情報や技能の領域でも政治リテラシーを教え学習することができる。また、政治リテラシーをより具体的に捉えていけば、あらゆる教育段階で、すぐれた授業を展開するための枠組も提供できる。

政治リテラシーは能力のあり方であって、多様な方法で到達できるという強みがある（言語や言語に関係する社会活動を学ぶ方法が多様であるのとまったく同じである）。政治リテラシーの見方は社会ごとに異なっている。政治リテラシーは絶対的な状態ではない（「政治リテラシーの習熟度測定」にともなう政治的な危険は、多くの人を十把一絡げに「政治リテラシーがなく、政治生活へ能動的に参加する価値がない」と単純に決めつけてしまうことである）。むしろ、政治リテラシーにはさまざまな理解の水準があって、必要最低限の水準もあれば高度な水準もあり、基礎的な水準もあれば洗練された水準もある。両者の水準の間に決定的な境界が存在するかどうかは、後の段階で探求すべきである。

こういうわけで、われわれは、「政治リテラシーを身につけた人」について語るとき、普遍的な役割やモデルといったものを前提にしない。こうした人にもさまざまあり、それぞれ異なる特徴がたくさんあろう。とはいえ、われわれが関心を寄せている類いの政治リテラシーを身につけた人の場合、典型的な共通要素もある。

ただし、その点に立ち入る前に、注意点を一つ挙げておきたい。（首相や合衆国大統領の名前を知っ

（2） グリーム・ムーディ（一九二四―二〇〇七年）は、ヨーク大学の初代政治学教授。

ている など）ある種の知識は、政治リテラシーを示す特性かもしれないが、それだけでは政治リテラシーの十分条件にはならない。また、知識があるだけでは政治リテラシーの指標として不十分だが、他方で、知識がないことはたいてい政治リテラシーの低さを示している、とは言えよう。このように、政治に関する情報を知っているかどうかのテストは、知識があることよりも、知識がないことを探り当てる点で有意義な場合が多い。

どのような知識が必要か

最も一般的なレベルで言うと、政治リテラシーを身につけた人は、所与の文脈に含まれるさまざまな政治的局面を理解するのに欠かせない基本情報を手に入れている。つまり、（たとえ文脈が厳密には絞り込まれていなくても）必要な知識が文脈の中で関連しあっている、とわかっている。たとえば、議会、工場、学校、家族において、能動的な参加者は、ある程度の基本的事実を知る必要がある。制度の権力構造や資金源、制度を動かす手段や方法などである。こうした人は、所与の文脈や状況について高度な理解を持つだけでなく、そうした文脈や状況の中で効果的に行動することができる。たとえば、政策や政策目標に関して自分なりの見解を持ち、どの程度、政策目標が達成されたのかを認識でき、同時に、他者の見解も把握できるであろう。政治リテラシーは、たんに啓発された自己利益(3)を追求する能力にとどまらない。他者や他者の視点に与える影響を把握し、他者に向かって道徳的に応答しなければならないのである。

何か、また、それをどう見つけ出せばよいかも知っている。逆説的な言い方だが、こうした人は、自分が何を知らないのかを知っている。

政治リテラシーを身につけた人は、さらに、所与の状況で必要なのにまだ手に入れていない知識とは

政治リテラシーを身につけた人は、簡単な抽象的議論や分析枠組を構築するのに最低限必要な概念についても知っている。そうした概念を表わす言葉は、「高度な政治言語」(政治学者が用いる難解な言葉)から取り入れられたものでなくてよいし、実際そうでない場合が多い。むしろ、日常生活で使われているものであって、ただ、通常よりも体系的で厳密に用いられている。特定の場に限定された政治リテラシーもありうる。政治学の教授は、ハルの港湾施設[4]や社交クラブでの政治については、まったく何も知らないかもしれない。一定の概念によって特定の場での能動的参加が理解でき可能にすらなるのであれば、そうした概念が特定の時点や場所でしか通用しなくてもかまわない。限定的にしか通用しない概念と普遍的な概念の両方を使いこなせるのは、高度な政治リテラシーを身につけた人だけである。政治教育プログラムはいずれの概念も意識すべきだし、両者の関連づけができなければならない。政治教育プログラムは、どちらかと言えば普遍的概念寄りになるだろうが、しかし、その素材や実例は、おそらく地元の身近な場所から引き出されるであろう。

(3) 目先の直接的利益にとらわれない冷静で幅広い長期的な自己利益の捉え方を指す。トクヴィルが『アメリカのデモクラシー』の中で用いた言葉として有名。
(4) イングランド北東部の港湾都市。一八九三年に港湾労働者のストライキがあったことで知られる。

どのような態度や価値が必要か

政治リテラシーを身につけた人は西欧リベラリズムのすべての価値を必ず共有している、と決めつけるのは誤りであろう。それは、現在の政治教育に、ウィッグ史観(5)の奇妙な現代版を押しつけることにほかならない。西欧リベラリズムは、われわれの伝統の一部として教えるべきではあるが、批判すべきものでもある。いかなる市民にせよ意義ある教育にせよ、懐疑の姿勢を多少は持つべきである。最大限の自覚、自己批判、結果への配慮なしに、西欧リベラリズムを普遍化してはならない。とはいえ、自分の毛色とは違った政治リテラシーの可能性をひたすらつぶしてまわる政治的影響力があるのもたしかである。他者の動機、信条、態度に関する真の知識と矛盾しない偏向がある一方で、矛盾する偏向もある。政治リテラシーが実用一本槍で押しつけられ、狭量になってしまうことも当然ある。すべての価値は同等だ、とも言えない。

態度の問題は無視できない。われわれが拒否するのは、右派であれ左派であれ、正しい態度だけを教えているという思い上がりであり(これは政治リテラシーを狭量にしてしまう)、すべての価値や態度は「社会的に刷り込まれた」ものだ、いや、どれも伝統の重要な要素だ(だから、わざわざ教育する必要はない)といった理屈である。たしかに、すべての価値はそれぞれの社会的文脈に沿って解釈すべきではある。しかし、そこからせいぜい言えるのは、社会的に規定されている度合が高い価値もあれば低い価値もある、ということでしかない。真理と自由という価値を重視するのであれば、価値からは自由になれない。教師が凝りに凝った仕方で、価値からの自由という不可能事に乗り出すのは、悪い見本である。

教師は基本的な実質的価値に影響を与えようとすべきではないし、どのみち、正面からそう試みても成功しそうにない。ただし、一定の手続的価値を育成し強化しようとするのは、適切であり可能でもある。すでに示したように、われわれは、「自由、寛容、公正、真実の尊重、理由を示す議論の尊重」を手続的価値と認定した。誰にでもわかることだが、現実の生活や政治では、手続的価値の扱いを手加減せざるをえない機会は数多くある。手続的価値どうしの衝突や、宗教、倫理規範、政治的教養に体現されたさまざまな実質的価値との衝突が起こりうるからである。政治教育は、まさにそうした衝突の吟味でもある。だからといって、本物の政治教育である限り、手続的価値の優位が揺らぐことはない。実際、手続的価値への反対論で多いのは、刷り込み教育につながる概念だという主張よりも、漠然とした陳腐な概念だという主張である。これこそ、われわれが「基本的な政治的諸概念」を論ずる際に解決しようとする点である。(6)

(5) 一九世紀のウィッグ党（自由党の前身）に典型的な歴史観。現在を望ましい到達点（たとえば、自由が実現した社会）と位置づけた上で、歴史をこの到達点へと向かっていく進歩の過程と捉える見方を指す。
(6) 「基本的な政治的諸概念」は、本書第五章（次章）で取り上げられる。

どのような技能が必要か

政治教育で本当に難しいのは、偏向や刷り込み教育ではなく、行動するよう促すことである。市民がいれば生じる面倒は棚上げにして、「健全な市民のあり方《シティズンシップ》」を望む人がいまだにいる。読み書き能力という意味でのリテラシーと政治リテラシーとの大きな違いは、読み書き能力は一人で学習できるが、政治リテラシーには集団行動や集団の相互作用が欠かせないところである。たしかに、重要な技能の中には、（批判や評価など）「知的な」技能で、読書のように一人で学べるものもある。しかし、これでは政治リテラシーの見方として狭すぎる。それは、大半の人々にとっての政治をスポーツ観戦にとどめる見方である。イングランドの多くの哲学者たちは自分の役割はたんなる下働きだと進んで認めているが、そうした第二級の仕事を政治リテラシーを持つ人に押しつける見方である（たとえば、サー・エドワード・ボイル[7]はこう言っている。「わが国で政治的態度の大きな違いがどこで見られるかと言えば、それは政府と野党との間にではなく、政府とその他大勢との間にある。政府は〈仕事〉をやり、その他大勢はおしゃべりをする、ということだ」）。

政治リテラシーの有無は、結局のところ、行動への意欲が生じているかどうかで測られる。高度な理論的分析ができるかどうかではない。政治リテラシーを身につけた人は、能動的な参加（ないし参加の明確な拒否）ができるのだから、必須の知識や技能を持たないことだけを理由に、参加の機会を奪われるべきでない。高度な政治リテラシーを身につけた人の場合は、対案を想像し思い浮かべるだけではなく、実際に対案の提示ができるはずである。目標は、全員一致の最終決着に到達することではない。現に存在している考え方や態度に対する力強い寛容を育むことである。政治リテラシーを身につけた人は、影響を及ぼす戦略や改革をもたらす戦略を考案できなければならない。また、正しいと主張できる目的を達成するために、適正な手段を見つけなければならない。行動すれば何か変革が生じる、というわけではない。とはいえ、他者に影響を与え何らかの変化をもたらすことは間違いない。

政治リテラシーの樹形図

「政治リテラシーの樹形図」は、政治リテラシーに何が最低限含まれるかを多少詳しく示そうとしている。このように詳細に列挙すると仰々しく見えるかもしれない。しかし、われわれの考えでは、政治リテラシーとして（最低限を少しでも上回る水準ともなれば）把握すべき諸関係が膨大な数にのぼるという事実、政治を過度に単純化するのは危険だという事実、さらに、教育面で努力が大いに求められているという事実に、たじろいではいられない。ただし、後に明らかになるように、必要な知識の量は意外に少ない。政治に関する必要な情報を数多く提供しているのは、当然ながら学校ではなくメディアである。学校の役割は、生徒がこうした情報を批判的に扱い、自分の意見を持ち、他者の意見を尊重し、

（7） ボイル（一九二三―一九八一年）は、イギリス保守党の政治家で教育相などを歴任した。

図 4-1　政治リテラシーの樹形図

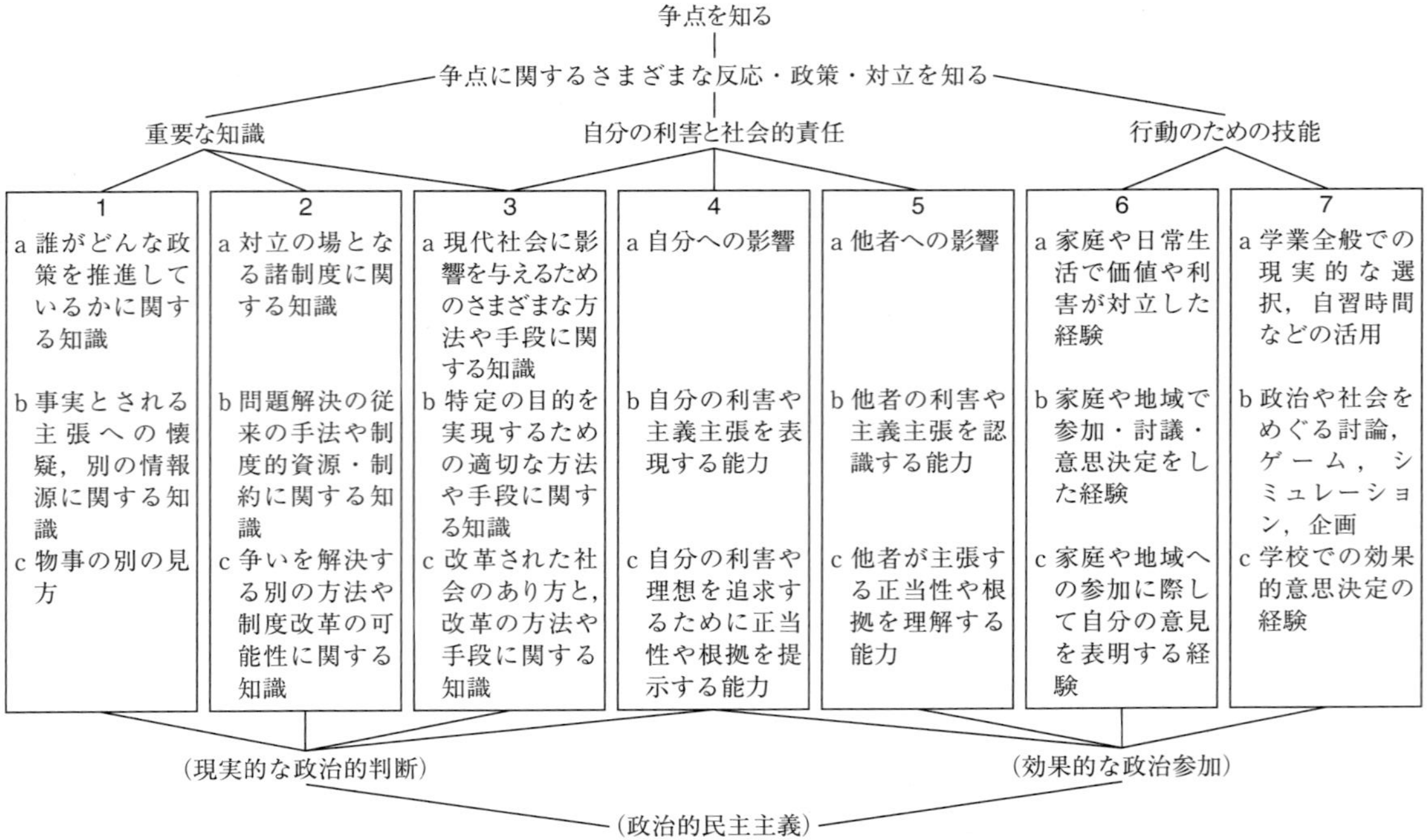
争点を知る
争点に関するさまざまな反応・政策・対立を知る
重要な知識
自分の利害と社会的責任
行動のための技能
1
a 誰がどんな政策を推進しているかに関する知識
b 事実とされる主張への懐疑，別の情報源に関する知識
c 物事の別の見方
2
a 対立の場となる諸制度に関する知識
b 問題解決の従来の手法や制度的資源・制約に関する知識
c 争いを解決する別の方法や制度改革の可能性に関する知識
3
a 現代社会に影響を与えるためのさまざまな方法や手段に関する知識
b 特定の目的を実現するための適切な方法や手段に関する知識
c 改革された社会のあり方と，改革の方法や手段に関する知識
4
a 自分への影響
b 自分の利害や主義主張を表現する能力
c 自分の利害や理想を追求するために正当性や根拠を提示する能力
5
a 他者への影響
b 他者の利害や主義主張を認識する能力
c 他者が主張する正当性や根拠を理解する能力
6
a 家庭や日常生活で価値や利害が対立した経験
b 家庭や地域で参加・討議・意思決定をした経験
c 家庭や地域への参加に際して自分の意見を表明する経験
7
a 学業全般での現実的な選択，自習時間などの活用
b 政治や社会をめぐる討論，ゲーム，シミュレーション，企画
c 学校での効果的意思決定の経験
（現実的な政治的判断）
（効果的な政治参加）
（政治的民主主義）

効果的で責任ある参加をする意志と方法を身につけるよう、手助けすることである。政治リテラシーを身につけた人は、自分の信条と行動の理由や正当性の根拠を示し、他者のそれらも理解できなければならない。とはいえ、判断の妥当性の基準まで議論できるのは、実際のところ、より高度なリテラシーであろう。それは専門的な政治哲学である。ここで言う理由の尊重とは、主張をする際には理由を示し相手にも同じことを求める、という意味にとどまる。学校の授業で望ましいのは、政治的信条の妥当性の吟味ではなく、その意味や含意の吟味である。

こうした基本的な点を念押しするのは、現実に人々が政治性を帯びた争点や問題に直面しているからである。教育理論は、市民にとっての必要と切り離せない。政治を主題とする教育や学習は、争点や経験から出発すべきである。制度の知識から始めるべきだ、という主張は賛成できない。政治リテラシーを身につけた人が制度について知る必要があるのは、争点がどんな文脈で発生し影響を受け解決に至るのかを理解するためにだけである。もちろん、制度運営に携わっている人は、制度に関する幅広い知識を持たねばならない。これはAレベルの勉学や職業学習や大学での学習では、適切で興味を惹く科目となるであろう。しかし、その種の知識しかなく政治リテラシーを持たない人がいるのは、樹形図をひと目見れば、さほど珍しくもないことがわかる。

くり返して言えば、政治リテラシーは知識・技能・態度の複合体である。政治リテラシーに含まれる態度をどう定義すれば適切かについては、すでに詳しく述べてきた。とはいえ、樹形図で示しているように、態度を直接に教えるべきだと言いたかったわけではない。直接に教え学ばれるべきなのは、技能と知識に関連するものだけである。樹形図の1と2は、直接に教えられる知識であり、たとえば「イギリス憲法」や「イギリスの制度」の授業によくある従来の教え方が可能である。ただし、1で求められているように、そうした教え方で学ぶ知識には、他の情報源から得た知識も含めなければならない（さもないと、刷り込み教育になってしまう）。また、実例はほとんどないが、3も直接に教えることができる。特定の政治目的を実現するのに適した戦術や戦略に関する知識である。4と5は別種の知識であって、影響や責任に関する知識、他者に与えた何らかの影響を正当化する議論や、他者の議論についての知識である。これは政治生活の核心部分であるが、現在では通常、道徳科目で教えていて、不思議なことに政治とほとんど関連づけられていない。6と7は、現実ないし仮想の経験や活動に関わっており、何らかの形で学校での意思決定に参加することが欠かせない。どの程度の参加が必要かは、理論的には大いに議論の余地があり、実際にもかなり相対的である。とはいえ、そうした機会が皆無あるいはほとんどないか、形だけしかない学校の場合、子どもの発達段階のどこかで、われわれの政治リテラシーの理念を明らかに否定していることになる。

樹形図を横方向に読むと、論理的な意味で各段階が並んでいるのがわかる。aは通常bに先行しなければならず、cが効果的で責任をともなうべきならば、bが通常cに先行しなければならない。これらはまた、授業展開の順序ともなりうる。ただし、通常のやり方と言っても、非常に短い授業時間枠に合わせる場合の話である。すでに述べたように、政治組織や社会組織の改革像に関する知識は、政治教育に欠かせない部分であるが、ここから教え始めるのは最善と言えない。改革像について考え始めるのは、保守すべき要素と参加の機会を探求した後にすべきである。生徒の政治リテラシーがどれほどわずかであっても、政治教育に割ける授業時間がどれほど短くても、政治教育には、現在の主要な争点と思われるものの学習を取り入れなければならない。われわれが勧めたい情報源（世論調査、政党のマニフェスト、新聞）は、どの時点でも主要な政治的争点を六つ以上も提示することはまずない。しかし、われわれが提案している一二前後の工程で探究するには、これでも数が多すぎる。わずかなコマ数の授業で政治を教える場合は、扱える争点はせいぜい一つか二つであろう。とはいえ、こうした授業で育成強化される技能や知識は広く応用できるし、身についた技能は移転可能であろう(8)。

高度な政治リテラシーに関しては、以下の四点で定義されると言えよう。①政治の現状モデルとそれを単純平明にしたものに関する忌憚のない批判的な研究、②政治組織や社会組織の改革像へと研究を広げること、③判断と正当化の基準、および政治的義務や不服従の基準、④これらの諸要素との関連で政治学が論ずべき事柄を知ること。

言うまでもないだろうが、われわれが政治リテラシーの社会的・教育的重要性はきわめて大きいと主張するにあたって、リテラシーの内容をとくに政治的なものに絞ろうとしたのは、他教科と統合できるようにするためであった。実際、政治は究極の目的ではなく、他の諸々の事柄との関係、あるいは他の諸々の事柄の中での関係である。というわけで、自明なことはいちいち具体的に述べてこなかった。政治リテラシーを身につけた人は、計算や読み書きができ、自分の住む社会、社会に生きる人々、歴史、そしてわれわれを規定し制約する広汎な経済的・地理的要素などに関して、概略的な知識を持っている

（8） 移転可能な技能（スキル）については、本書第三章の注（12）（七三頁）を参照。

であろう。これらを教えるのは、一般教育の役割である。

以上を踏まえて、われわれが掲げた樹形図には、はっきりした目的が二つ与えられている。①この樹形図は、政治リテラシーを身につけているか、政治リテラシーを高める授業か、を評価する基準となる。さらに、②この樹形図は、すべての政治教育に対して、何を盛り込むべきかを示す明確な概略や一般的なモデルとなる。

本章ではさしあたり、態度や価値という重要な問題を脇に置いている。これについてのわれわれの見方は、はっきりしている。教育や学習が可能な態度や価値もあるが、いずれも直接には教えられない。「基本的な概念」を論じる次章では、樹形図の各要素の結びつきが、特定の基本的な「手続的価値」（自由、寛容、公正、真実の尊重、理由を示す議論の尊重）に最も深く関連していることを明らかする。基本的な概念は、かなり広がりのある政治的概念であるが必要最小限に絞られている。それぞれをどの教育段階で導入するのが最善かも、次章で示すことにしよう。

第5章　政治教育における基本的な概念

本章の元になった論文は、ハンサード協会の政治教育プログラムの成果として刊行された著書（Crick and Porter, 1978）において、本書第四章「政治リテラシー」に次いで収められた。

前章で、「政治リテラシーを身につけた人は、簡単な抽象的議論や分析枠組を構築するのに最低限必要な概念についても知っている」と述べた。そうした概念を表わす言葉は必ずしも、「政治学の高級言語」（プロの政治学者の秘義的な言語）から持ってこなくてもよいし、実際、大方はそうではない。むしろ、日常生活から持ち込まれたものである。ただし、用い方は普段よりも体系的で厳密である。

ここで提示するのは、一つのありうる基本的概念群と、教師がどんな教材を使用するにせよ、教材での応用に役立つ概念の定義にすぎない。どの概念が最低限必要で基本的か（他の諸概念の合成でないか）については、見解が最終的に一致する可能性はない。したがって、本プログラムの他の論文よりも個人的な議論となるのは避けられない。作業部会としても、本論文を議論に役立つものと認めているだけで、政策文書であるとか作業部会の合意点すべてを示す文書と認めているわけではない。

われわれは、概念によって認識し思考する。概念は言わば建築用のレンガであり、われわれは概念を用いて、想像上の世界や待望している世界も含めて外界の像を構成している。だから、概念自体は真でも偽でもなく、われわれの認識や伝達を手助けするにすぎない。このアプローチの妥当性を詳述した旧稿を引用しておく。

概念アプローチに賛成する議論をしたい。私の考えでは、教育とは、学校教育であれ学校以外の教育であれ、外界の関係や事象に対し適応しつつ選択の幅を広げ影響を及ぼすために、言語の理解を深め概念を用いる能力を高めることである。われわれはつねに、自分の暮らす世界についておおよそのイメージを持ち、たとえ暫定的で素朴で間違っていても、ともかく何がしかの理解を持っている。だから、本来の教育は最低限のものでも、何らかの議論や証拠に訴えて、そのイメージを説明する。あるいは、代わりのイメージや修正版の概略を、どれほど単純であろうが示す。イメージは諸々の概念で構成されている。われわれは否応なしに、概念から出発し、概念を明確化しようとし、意味を拡張しようとし、概念間の結びつきを見出そうとするのであり、さらには、新しい問題との関わりで特別な概念群を発明したり受け入れようとする（Crick, 1974）。

「概念アプローチ」と言っても、概念自体を直接に教えるべきだというのではない。このアプローチは教師向けであって、必ずしも授業向けではない。教える際の前提ではあるが、概念を概説する授業にしなさい、というのではない。「概念アプローチ」は、思考や認識が概念の中でなされる点を強調し、われわれは直接に「制度」や「ルール」を認識しているわけではない、と指摘するだけである。「制度」や「ルール」は、われわれに押しつけられ教え込まれる。あるいは、行動パターンや特定の概念の複合体として姿が見えてくるものである。

以下に示す概念群は、上級レベルの教育を除けば、教科の骨格ではない。教師が念頭に置き、必要なときに詳しく説明し解説するためのものである。教師が少なくとも基本的な概念の見取図を持っていれば、生徒が現実の政治世界のそれぞれまったく異なった問題や争点を整理し関係づけるのを、より適切に補助できる。以下で具体的に列挙する概念の大半は、世間一般の人々が政治について語る際に、語句表現としては異同があるにせよ、頻繁に登場している。概念は、言語の多様な規則や慣用に翻訳可能である。しかし、翻訳可能でなければ本物の政治的概念ではない（政治的に無意味である）とは、私は思わない。日常生活の政治やそれに影響する事柄すべてを理解し関与するのに、日常生活の言語以上のものは必要ない。

というわけで、政治リテラシーを高めるには、日常言語を使いこなし、あるときは意味を限定して研ぎ澄まし、あるときは曖昧な意味を解きほぐさねばならない。一般化と説明を目標とする専門的学問としての政治学の場合は、別のもっと専門的な語彙を必要とするかもしれない。しかし、政治学はまさにこの理由で、普通の生徒の政治リテラシー向上とは直接に関連しない。さらに、個人的意見だが、専門的学問としての政治学が教員養成や進学コース高校の授業に役立つかどうかも、いささか疑わしい。社会学者が学校で体系的な社会学を教えようとし、もっと適切な目的のために自らの技能を活用していないと知って、私は驚いている。政治学者は真似をせずに、政治リテラシーという別の舞台のことを、と
くと考えるべきである。

私が提示する諸概念、というよりは諸概念の説明は、政治科学や政治社会学からよりも、政治哲学の伝統から持ってきたものがはるかに多い。政治について論ずる際、哲学者はたいてい、政治的出来事の只中にある行為者の日常言語を用いてきた。たとえば、印象的なのは、ジョン・ロールズの独創的な著書『正義論』（Rawls, 1972）における「公正《フェアネス》」としての正義に関する最新の説明である。この説明が非常に強く肯定しているというか、この説明に非常によく似ているのは、サッカーが話題になったときの（そう、もちろんサッカーなのだが）八歳から一一歳ぐらいの子どもの話し方である。子どもは「何がルールか」を話すのではなく、決まり事が「公正《フェア》なのか」、正義にかなっているか、を話すのである（実際、子どもはルール集を読んだことがなくても、適切な「公正」概念を持てる）。とはいえ、政治哲学が語法上や意味上の定義を扱うのにとどまらず、さらに判断の真理性に関する基準を打ち立てようとするのであれば、もちろん専門的になる。そうした基準を体系的に教えるのは、学校向きではない。教員養成向けにはよいかもしれないが。「政治リテラシー」は、概念を明確かつ賢明に使い、他者の概念の使い方を理解することにとどまる。問題を解決し正しく処理することは意味しない。意味しているのは、問題を理解し何らかの影響を及ぼそうと試みることだけである。したがって、政治教育への概念アプローチは、政治哲学の学習やその実際的応用を意味しない。「国語応用編」や「コミュニケーション・スキル」といった科目での専門的語彙でしかない。とはいえ、この接近法は、省察のほんの出発点でしかないとはいえ、必須の出発点である。だから、目標は高くしすぎてはいけない。目標とすべきなのは、概念を用いた命題や主張の真偽を判断することではなく、概念の用法や意味理解を改善することである。しかも、最も優秀な生徒たちの場合ですら、教師と一緒に考察できるのは政治的道徳的主張の形式的妥当性であって、真偽の考察は無理である。

上級レベルであれば、教科の基礎として、概念を明示的に取り上げることも可能かもしれない。ただし、大いに強調しておきたいが、大勢の年少の生徒を教える教師の場合は、概念を明示的に一定の順序を踏んで教えてもよいとは言えない。そうした教え方を私自身はできないし、体系的な教え方が望ましいのか、可能なのかも疑問である。他のほとんどすべての教科に比べて、なるほどと思える賢明なアプローチが数多くありうるのは（ついでに言えば、賢明でないアプローチも多そうだが）、政治科目の本来的性格である。一つの方法だけが最善であるとか、概念の一つの使い方だけが正しいという考えは、ほとんど専制的な押しつけである。期待できるのは、せいぜいのところ、概念認識や明晰さや一貫性が高まって、各教育段階での教育が改善されること、概念化と概念を識別する能力が真に説得力のある道徳的政治的技能となること、日常言語から概念を引き出せるようになることとである。

最後に重要な留保が一つある。本章では、正真正銘の基本的・根本的な概念しか提示しない。他の概念の前提となり、理論や一般化や説明や道徳的判断の基礎となりうる概念だけである。ただし、基本的な概念だからといって、必ずしも最重要というわけではなく、政治において最も広く用いられているわけでもない。この留保は重要であって、ぜひとも理解していただきたい。たとえば、「民主主義」は政治用語で使われている最も重要な概念の一つである。しかし、それは明らかに、基本的な概念の複合体である。たとえば、自由、福祉、代表、ときには「権利」も加わってくる。「正義」すら定義に入り込んでいる。「平等」も、「伝統」や「習慣」も、同様の複合体である。

民主主義や平等などの定義を問うことがほとんど無意味なのは、はっきりしている。そう問いかけても即座に、何をすべきか、どうすべきかに関して、説得力のあるさまざまな理論や教義がぞろぞろ出てくるからである。そのような問いかけは大いに重要ではあるけれども、それについて合理的に議論できるのは、言いかえれば、議論に用いる語句の意味と手続に関する何がしかの合意を前提に議論ができるのは、最初から、構成要素である基本的な概念の意味に関して見方が広く一致している場合だけである。というわけで、いちばん肝心なことを先にやっておくべきなのである。政治リテラシーを身につけた人であれば、自分がどんな意味で「民主主義」や「平等」と言っているのか、明確にわかっていなければならない。しかし、そのためには、政治教育で基本的語彙を学んでいる必要がある。上級レベルの生徒が相手であれば、「民主主義」のような複雑な複合概念から始めて、それを「解きほぐす」こと、その基本的な構成要素へとさかのぼることも、可能かもしれない。しかし、上級以前の年齢や能力の場合は間違いなく、基本から始める方がよい。

概念に関する総論

支配者と被支配者、多数者と少数者、政府と被治者、国家と市民といった関係に絡むのが政治である。これが、政治の最もすっきりした捉え方である。政治はこうあってほしくないと思う人もいるだろうが、しかし、政治はこうしたものである。政治は、他者への権力行使や権力への距離という点で、人々の間に格差があることに絡んでいる。政治は、統治という事実から始まる。

とはいえ、統治を担う人間は、砂の城に座って波に命令する狂人ではない。他の人々を指揮し統制し説得する人間である。政府が同意に（時間的あるいは論理的に）先行するのか、同意が政府に先行するのかは、おそらくニワトリが先か卵が先かの問題であろう。その回答に取り組む前に、われわれがまず知りたいのは、なぜ、どちらが先かという話になるのかである。すべての指導者が服従を必要としているのは明らかだが、しかし、すべての大規模な集団が指導者を必要とし指導者を生み出しているのも、同様に明らかである。政府のない社会を理論の上で考えることはできるだろうが、しかしそれは、普通の政治では問題にならない（政治はすべて、個人の幸福を目的とすべきだ、と論じる人もいるかもしれない。しかし、個人の権利とその獲得方法を確定することから始まる「政治」の説明は、周知のように非現実的になりがちである。昔の市民的自由アプローチがそうであり、今日では、かなりの偏狭さが潜んだ「コミュニティ政治」アプローチにも同じ可能性がある）。

図 5-1

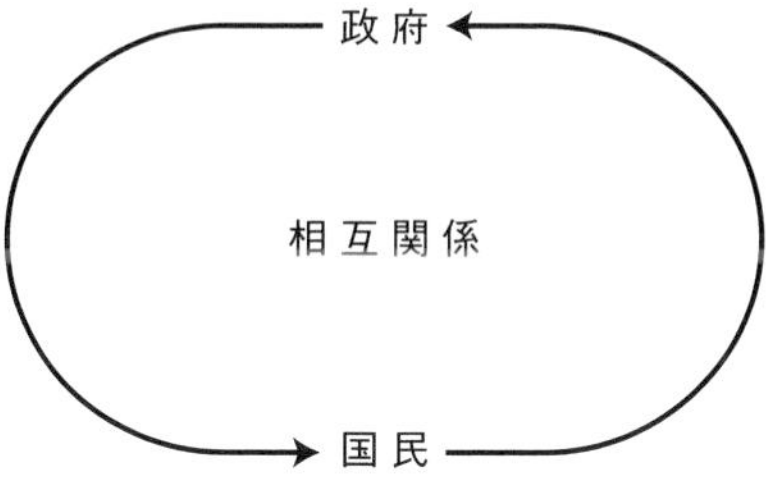

　というわけで、われわれは二つの点から同時に出発しなければならない。第一に、政府や外部の諸勢力がわれわれに対して何をしているかの認知の仕方である。第二に、自分のアイデンティティ、自分を何者と考えるのか、われわれのために何がなされるべきで、何がなされるべきでないかの認知の仕方である。次いで検討対象となるのは、支配者と被支配者との間で可能なすべての諸関係の認知の仕方である。以上の単純だが有益な図式化が、図5-1である。ここでの関係は、最初から相互依存的と見るべきである。指導者は、自らの安全安心のために、ある程度安定した何らかの組織を持たねばならない。政府がより多くのこと（とりわけ、戦争遂行や産業振

図5-2

	政　府		
権力	実力	権威	秩序
	相互関係		
法	正義	代表	圧力
	国　民		
自然権	個人性	自由	福祉

興）を行なおうとすればするほど、より多くの手下や味方が必要になる。国民の方も、集団としてより多くのことを行なおうとすれば、国民自身の利益や保護のためにではあれ、より多くの政府機関を創り出すことになる。

図5-2に示す詳細な図式化も似た形になる。列挙する基本的な概念が、ここで総論的に取り上げた認知の仕方のそれぞれに結びついているためである。

この図は、一見おそろしく単純である。とはいえ、①単純さにも強みがいくつかある。②同じ用語でもさまざまな使い方があるのを説明し、さらに、たとえば（前章の政治リテラシーの樹形図が示すように）、同じ用語でもさまざまな社会集団や政治的な主義主張によってどれほど異なる解釈があるかを説明すれば、単純とは言えなくなる。政治に関わるこれらの概念の使い方や働き方を理解すれば、大きく前進でき、別のより精緻な概念を容易に導き出せるようになる。くり返して言うが、飛ぼうとする前に、まず歩こうではないか。飛ぼうとするのもよいが、最初は歩き方を学ぶべきである。

例を二つ挙げておく。「政治は階級構造の問題に尽きる」とか「政治は伝統の問題に尽きる」と言いたがる人にとって、このモデルはいったいどんな関わりがあるのか。一言で言えば、どう見ても「階級」は、非常に複雑で入り組んだ社会学的概念である。それは、秩序認識の一形式として（別の認識形式もあるが）政治と関わっている。さらには、何を代表しているかを示す形式、大きな社会勢力ともみなせる。極端な場合には、個人性の定義ともみなせる。いやむしろ、個人性の否定と言うべきか。「階級」は実に複雑な概念であり、見かけほど単純ではない。基本的な概念がともなわなければ理解できない。政治的行動の説明理論として正しいかどうか評価するなど、なおさらである。「階級」を最初に教えることは（同志たる少年諸君、何事も理解できるようになるには、まず「階級」の概念を理解せねばならない、といった具合に）、知識の押しつけにすぎず、急進的な教師が最も反対しているはずの、意図的な刷り込みになってしまう。

「伝統」も、同様に、権威の主張の一種（経験ある者が支配すべきだ、経験ある者が現に支配している）とみなせる。また、何を代表しているかを示す形式（歴史および賢明なるわれらこそが、祖先を代表している）や、さらには、福祉の一つの見方ともみなせる（社会の幸福は、所与の時点における人々の豊かさ・貧しさによってではなく、歴史的連続性の観点で判断すべきであり、そうでないと、最高値をつける連中に自分を身売りするはめになる）。これは、もっと上級になってから考えさせるべき理論であって、基本的な概念ではない。

以下では、それぞれの用語と隣接概念を順番に見ていく。ただし、どの概念を、何を素材に使って、どの能力水準の生徒に向け、授業のどの場面で説明するのが最適かを、私がここで具体的に示すことはできない。それができるのは、各教育段階で授業を展開する現場の教師が、実際の授業を観察するときだけである。以下の「定義」は、有益なたたき台となることしか意図していない。「定義には警戒せよ」とカール・ポパーは言っているが、たしかにその通りである。定義は、用語の使い方を提案するか概説するだけである。定義で「真理」は証明できない。そこで私としては、教師や生徒（とりわけ教師志望の学生）のために、種々多くの論争を要約し、各用語の持つさまざまな意味が重なり交差する点となっているような「作業上の定義」を提示することにした。同業の大勢の学者が異論を唱えたがるだろうが、私はひるまない。そろそろ、誰かが試しにやってみて、謙虚にこう言うべきなのである。「政治哲学の伝統、および、政治をめぐる公的議論の伝統に照らしてみると、私の意見では、必須の概念は……であり、各概念の意味の基軸は……である」。

個々の概念について――(1)政府に関わる諸概念

◆権　力

権力は、最も強い意味では、事前の計画を達成する能力である。したがって、ある人に対する権力を持つと、その人に明確な形で影響を及ぼすことができる。ただし、語義をどう狭めても、ハンナ・アレント流に言えば、あらゆる政治権力は共同性を帯びており、実力によってにせよ、虚偽ないし真正の権威（説得はその一形態にすぎない）によってにせよ、他の人々との共同を必要としている[1]。ネロやカリグラのような人でも親衛隊の機嫌をとっておく必要はあるし、北欧の英雄でも睡眠中は誰かを信頼せざるをえない。

「明示された意図の達成」という強い意味での権力は、バートランド・ラッセルの示唆によれば、「一般人による権力者への挑戦の（たんなる）不可能性」という弱い意味での権力と混同されることが多い。たとえば、一国の首相を除いて他の誰もできない場合と、インフレ防止のように首相でもできない場合との混同である。

「一般人による権力者への挑戦の不可能性」という意味での「権力」は、広い意味での「権力」と誤解されることが多い。少数者に権力がいくら集中しても、必ずしも意図は達成できない。むしろ権力の委譲によって、たとえば軍隊の戦いぶりがよくなったり、労働者がもっと熱心に働くようになることもあろう。そういう場合もあれば、そうでない場合もある。

権力は善悪いずれの目的にも使えるし、個人の善にとって過大なときもあれば、過少なときもありうる（ただし、権力の概念がなかったり権力が行使されない社会など、ありえない）。また、「権力」が「実力」を必要とする場合もあれば、実力の行使が不可能あるいは不適切な場合もある。

◆実　力

実力あるいは強制とは、実際に物理的な力や武器が使われたり、使われる恐れが脅迫によって生じている事態である。どの政府にしても、「実力」や暴力（ほぼ同じ意味である）を行使する一定程度の能力や潜在力は必要であろう。しかし、政府が長期に存続するには、要所要所での攻撃や防御に頼っても

(1) アレントはたとえば、「権力は、人びとが共同で活動するとき人びとの間に生まれる」と論じている。ハンナ・アレント『人間の条件』志水速雄訳、ちくま学芸文庫、一九九四年、三二二―三頁。

無理で、政府が何らかの方法で正統性を獲得して、愛され尊敬される必要がある。せめて、仕方なくでも受け入れられていなければならない。そうでないと、公然たる暴力に絶えず訴えなければならないが、実際にはありえないことである。再びアレントの興味深い指摘によれば、暴力が極大化するのは政治権力が集中しているときではなく、崩壊するときである。政府が崩壊するとき暴力が横行する。

「実力」そのものは中立的である。それは手段であって、明確な目的のためにも不明確な目的のためにも、正邪いずれの目的のためにも使われる。少数の邪悪な連中（ファシストや種々のアナーキスト）が暴力を崇拝しているからといって、一切の暴力を悪と考えるのは愚かで偽善的である。少数派の平和主義者の議論は斟酌し尊重すべきではあるけれども、大方の人々の意見は、犯罪者を捕らえ拘束したり、より大きな暴力を防ぐために、自己防衛として暴力を使うのは正当だと考える点で一致するだろう。権力がつねに暴力であるわけではないし、暴力がつねに正当化できないというわけでもない。「あらゆる権力は腐敗する」と信じ込むのは、危険であろう。そうした神経質な見方が、たとえば、民衆のより多くの参加、民衆のより多くの権力を求める人たちの間で広まっているのは奇妙である。マックス・ウェーバーの定義では、「国家」（近代国家を指す）は暴力（実力と呼ばれることもある）の独占者ではなく、「正統な暴力」の独占者である。ウェーバーの議論によれば、近代国家は、少なくとも私的暴力の廃絶に取り組むことで、法と秩序を確保するのである。さらに、ミルトンもこう言っている。

力により制覇する者は
敵を半ばしか制覇していない

◆権　威

権威とは、必要と思われる役割を立派に果たせると衆目の一致する人物に与えられる、尊敬や服従である。これはわかりづらい表現かもしれないが、実際には、「彼は専門家である」（役割の遂行）と、「彼は威張り散らしている」（地位のひけらかし）とを区別しているだけである。こういうわけで、すべての政府は、自衛のための実力ばかりでなく、自らに正統性をもたらす権威も得ようとするのである。ルソーの言葉で言えば、「最強者は権力を同意に変え、力を義務に変えることができなければ、十分な力強さを得ることは決してない」[5]。抑圧的な専制ですら、むき出しの暴力で支配してはいない。むしろ、歴史上よく見られる定石は、宗教や教育を利用して、必要と思われる役割を果たせるのは自分たちだけだという信条を人々に押しつけて支配することである（押しつけられる信条の例は以下の通り。支配者は神々の命令を体現している――そうした神々は存在しないかもしれないが。支配者は蛮族の大群から国を守っている――その蛮族はまったく好戦的でないかもしれないが。支配者は、収穫物を集め穀物を貯蔵し灌漑するよう善処している――農民自身でやれることかもしれないが。支配者だけが秩序を維持

(2)　英語の「平和主義」（パシフィズム）は、日本語の「平和主義」とは異なり、敗北主義的な平和至上主義という否定的ニュアンスをともなうのが普通である。
(3)　マックス・ヴェーバー『職業としての政治』脇圭平訳、岩波文庫、一九八〇年、九頁。
(4)　ミルトン（一六〇八―一六七四年）『失楽園』第一巻の一節。『失楽園（上）』平井正穂訳、岩波文庫、一九八一年、四三頁。
(5)　ルソー（一七一二―一七七八年）『社会契約論』、第三章「最強者の権利について」の冒頭の一節。『社会契約論』桑原武夫・前川貞次郎訳、岩波文庫、一九五四年、一九頁。

できる――善くも悪くも他の秩序に容易に変革できるかもしれないが）。権威は、正統性のあるものにもないものにもなりうるし、偽物にも本物にもなりうる。どちらになるかを左右するのは、人々がどの程度自由に、政府が言っている必要性や役割に異議を唱えられるか、代案を認めてもらえるか、役割をきちんと果たしているかを評価できるかである。言うまでもないだろうが、権威は必ずしも権威主義的ではない。すべての権威が邪悪なわけではないし、権威そのものが善というわけでもない。

通常は、次のような権威に正統性があると考えられている。①権限が一般に認められた手続を経ていること、②何が必要でそのために何をするかについて見直そうとする議論を抑え込んでいないこと、③相応の限定された権限を役割以外に広げようとしていないこと。たとえば、大学教師として私に権威があるのは、学生たちが勉強したいと思っているからであり、私の能力に対して、程度はさまざまだが尊敬の念を抱いているからである。しかし、学生たちの道徳規範を定めることは、私の能力の範囲外である。他方、小学校の教師の役割はずっと広く、特化していない。権威も非常に全般的で、両親の権威に似たところが多い。それだけに困難もいっそう大きくなる。

権威が妥当性を失わない限度を決めるのは非常に難しい。ディラン・トーマス著『ミルクウッドのもとに』には、年老いた盲目のキャット船長が、「お前はダメ、あの女はおれのもんだ。船長は誰だっけな？」と言い張る場面がある。(6) この例を考えてみるとよい。なぜなら、次のような答が織り込まれているからである。誰もが疑うことなく船長の地位をこの男に認めているのは、三月の烈風が吹きすさぶ中で沿岸巡りのボロなイギリス船を沈ませないでおく能力のためである。しかし、この能力と、場末の酒場で女をものにするのに必要な能力とは別である。

◆秩　序

秩序とは、政治的・社会的・経済的関係に関する期待は、筋が通った期待であればほぼ満たされるだろう、という認識が当たり前になっている状態である。無秩序とは、次に何が起こるのか判然としない状態であり、より厳密に言えば、合理的な事前の計画や計算が不可能と思われるほど不確実性が高まっている状態である。急進的哲学者のベンサムですら、人間は無秩序に直面すれば、「どれほど不正な秩序でも、ともかく〈秩序〉を選ぶものである」と言っている。この意味での「秩序」は、どんな統治にとっても、その善し悪しに関わりなく、必須の条件である。正義、権利、福祉はすべて、「秩序」を必要とする。ある程度社会が安定していなければ、自由でさえ（後述するように）ほとんど無意味で実効性がなくなる。

とはいえ、秩序の概念は道徳的には完全に中立である。秩序とは、自分の立ち位置が見える、ということにすぎない。どれほど邪悪で抑圧的な体制でもかまわない（ただし、「少なくとも自分の立ち位置が見える」のは、善良な体制でも同じだから、邪悪な体制を擁護する理由にはならない）。狂気に陥らない限り、秩序そのものを攻撃したり、先々の見通しがまったく立たない状態に適応するのは不可能である。

しかし、「秩序」の最低限の必要性を指摘するのにとどまらず、秩序の存在そのものの正当性を主張する人は、たいていは、あるべき最善形態の「秩序」に関する自分の主観的な見方を、秩序の概念の中

（6）邦訳としては『ミルクウッドのもとに』（宇井英俊訳、池上書店、一九七五年）がある。該当箇所は七六頁。

に密かに持ち込んでいる。また、「秩序のためにこれこれのことを（それが何であろうと）しなければ、秩序全体が崩壊してしまう」といった予言は、人騒がせな誇張で評判が悪い。無秩序の概念については、どう工夫を凝らしてみても、個別具体的な場面で「秩序」が否定されている状態としか言えない。つまり、さまざまな無秩序を最もよく理解できるのは、無秩序一般としてではなく、何に対して異議申し立てがあって無秩序になっているのか、という観点からそれぞれ見るときである。無秩序を何か別の目的のための手段と決め込む必要は必ずしもない。その主目的は、既存の「秩序」に対する抗議かもしれないからである。こうした「秩序」の否定は、世論、圧力、ストライキ、ボイコット、行進、デモ、反乱、クーデタ、独立戦争、内戦、さらに革命にまで至る連続体のようなものと見ることができよう。しかも、これらの概念は、それぞれの特質と限度を持っている。たとえば、暴力が抑えようなく爆発する、ということはめったにない。たいていは目的があって限定的である。「抑えられない怒り」なるものは、計画的なのが普通である。どんな暴力がどの程度「秩序」を脅かすのかは、それぞれの社会、それぞれの時代ごとに見方が異なる。一八世紀であればおそらく大目に見てもらえた（嫌われはしただろうが）程度の街角の暴力沙汰でも、今日であれば「法と秩序の崩壊」だと危ぶむ人もいる。また、イスラム教が始まった頃、アラブ諸王国の一部では、内戦と兄弟殺しは王位継承問題に決着をつけるために広く認められた制度であった。

個々の概念について——(2)国民の側の諸概念

（これまでは、統治する政府の側から、言わば上から見てきたわけだが、今度は国民の側から見ることにしよう。基本的に、われわれが政府に望むのは、自分のために何かしてくれることであり、かつ、自分に干渉しないことである。）

◆自 然 権

自然権（あるいは基本権）とは、人間らしいあり方の最低条件としてわれわれが求めるものである。ロックであれば「生命、自由、および所有権」、トーマス・ジェファーソンであれば「生命、自由、および幸福追求」という言い方になる。トーマス・ホッブズの場合はもっと限定的で、人間の持つ絶対的権利は、「何としてでも自らを防衛する」権利と、「平和を追求し維持する」権利の二つだけである。要するに、生命そのもの、という人間存在の基本である。あらゆる要求、たとえば「一日八時間労働・週休二日の権利」といったものを、この概念に詰め込みたくなる誘惑が大きいのは、「秩序」と同様である。しかし、基本的前提が少ないほど、議論は明晰になる。八時間労働や週休二日制はぜひとも要求してもらいたいが、ただし、こうした要求は福祉の問題であって、基本権や自然権のほかに、できれば上乗せしたい項目と考えるべきである。

いわゆる「われわれの権利」の多くは、正確に言えば、法律がわれわれに享受を許しているものであるか、あるいは、法律が他者に命じてわれわれに提供させているもの（たとえば教育）である。そうした法的権利は数え切れないほどある。また、政治的権利は、市民が政治的な力を持つのに必要な最低条件にすぎない。したがって、政治的権利は、誰が市民であり市民の役割をどう考えるかによって大きく異なる。紀元前五世紀のギリシャ人は、政治的権利に高い価値を与えたために、その行使にふさわしくない者は本当の人間、本来の意味での人間ではなく、生まれながらの奴隷である、とまで言った。しかし、ロバート・バーンズが（ルソーにならって）言ったように、「何と言っても人は人」なのであり[7]、これはアリストテレスよりも適切な見方である[8]。基本的な概念としての「権利」として扱うべきなのは、どんな法的政治的体制でも認めるべきで、強化すべきですらあると考えられる事柄、および、一人の人間だということだけで権利となっている事柄である。

とはいえ、もちろん人間は社会的動物であるから、集団にも「自然権」があるのではないか、と論じる人もいるであろう。権利を要求する最もありふれた集団は、宗教集団、エスニック集団、民族である。こうした集団の権利については見解の隔たりが大きく、私は懐疑的である。集団の法的権利は別の根拠で正当化できるし、そうすべきである。この種の権利の規定や適用は、普遍的ではなく歴史的に限定されている（もし「自然権」であるならば、宗教を持たない権利、国民の一員とならない権利、宗教や国家の帰属を変える権利はないのか？）。家族の権利は、家族一人一人の権利に優先する、という考えもある（しかし、これは、生物学的必要や文化的必要を、道徳的判断と混同しかねない。人は必然的に家族の中で生まれるのであり、家族に対して何がしかの特別な義務を負うべきなのは明らかであるけれども、一定の条件で家族を離脱する権利もあるのではないか？）。集団が、同意にもとづく法的権利ではなく自然権を持つ、という考え方で危ぶまれるのは、個々の構成員、たいていは女性の構成員に不都合な権利につながることである。

◆個　人　性

個人性の概念は、自然権の概念と密接に関連しているとはいえ、個人を相互に比べたり人類全般と対比する際に感じられる独自性のことである。この概念の内容は、社会ごとに大きく異なる。現代社会は、集団への忠誠心が多くの点で個人性よりも重要だった中世や古代の人がほとんど理解できない意味で、「個人主義的」である。われわれは通常、政治活動の目的は「諸個人」の幸福だと考えるし、個人性を真に顕現し人格を偽りなく表現していることだけが、行動や意見を正当化すると考える場合すらある。マルクス主義者によれば、「個人」というのは将来の話であって、すべての抑圧が終焉する無階級社会になってはじめて、個人は真に自由で個性あるものとなる。他方、自由主義者に言わせれば、公的政策の是非の判断基準となりうるのは、現時点での個人の自己利益だけである。保守主義者の場合は、「万物の尺度としての人間」という見方には懐疑的で、個人主義よりも共同社会を重視する意識を一部の社会主義者と共有する傾向がある。

ただし、「汝はあたう限り個性的たるべし」といった個人主義や個性崇拝は、たんに個人性の戯画であったり度を超した誇張にすぎない。「個人性」は生物学上の個体と意味が多少は重なっていて、そう

---

(7)　一七九五年の作品「何と言っても人は人」の一節。邦訳（『ロバート・バーンズ詩集』ロバート・バーンズ研究会編訳、国文社、二〇〇二年）の該当箇所は、四五三―四五四頁。

(8)　アリストテレスは『政治学』の中で、生まれながらの奴隷を是認していた。『政治学』山本光雄訳、岩波文庫、一九六一年、四〇―四三頁（第一巻第五章）。

した個体を構成単位としない社会は想像困難である。しかし、だからといって、構成単位の個人が必ずしも個人主義を信奉するとは限らない。

「個人性」の概念が現在の社会でとくに理解を得にくいのは、攻撃的で自己中心的になりがちな個人主義が、ごく当たり前になっているからである。個人個人の違いは尊重すべきである。しかし、違いが誇張されがちなのを十分に自覚した上でのことである（「他人と違った服装志向」についての議論は、この認識を研ぎ澄ますよい方法である。他人と違った服装をしようとして結局は皆が同じ服装になり、新しい服装が必ずしも他人とは根本的に違った新しい個性にはつながらない、という逆説が見えてくる）。自然界の生物で、人類ほど身体的特徴が似通っていながら、性格や心理が大きく異なるものはない「われわれは皆、共通の人間性を持ちながら、それぞれ唯一無二なのである」。

◆自　由

自由とは、弱い消極的な意味では、恣意的で望ましくない統制や干渉を免れていることである。しかし、強い積極的な意味では、選択し自ら望んだ強制されない仕方で実際に行為することである。近代の自由主義では、個人として放任されるのが望みうる最善のことであるかのように、「……からの自由」を強調しがちであった。しかし、古典的な自由観は、シティズンシップの概念や政治活動そのものと結びついていた。自由人とは、強制されずに公的生活に参加する人であった。「自由」は「必然性の認識」では断じてないから、しなければならない行為を自由な行為と呼ぶのは無理である。「必然性とは暴君の口実である」とミルトンは言っている(9)。消極的な意味での自由ならば、独裁政治の下でも、支配者の無関心や官僚機構の非効率や腐敗から生じる法律の隙間に存在することもある。全体主義社会では、自由は実のところは幻想だと非難され（さもなければ、遠い将来の偉大なる到達点として祭り上げられ）、万事は、理論上、経済や人種といった要因で決定されると考えられている。

真の「自由」が成り立つには、私的生活と公的生活とが区別されつつ、両者が相互作用していなければならない。公的関心事とは別に私的な事柄もあり（何が私的かは社会によって異なるにせよ）、人々は私的生活にひたる自由があると考えねばならない。しかし、大方の人々が公的生活に参加しようと思わなければ、「自由」が危険にさらされるのは目に見えている。自由な社会では参加は任意であるとはいえ、多少は奨励されてもいる。しかも、自由はただ保有するのではなく行使すべきであって人間として自らの権利を活用する義務があるとする社会では、社会が機能するために参加は必須である。もちろん、本当に皆が参加するようになると、統治や管理や教育に従事する人たちは困るかもしれないが。

◆福　祉

福祉とは、たんなる肉体の存続だけでなく社会や個人の繁栄と幸福にも政府は関心を持つべきだ、という考えである。ニーズもほぼ同じ概念であり、いずれも、権利と同じように最低限度はかなり自明でありながら、細部に関しては議論が尽きない問題のようである。国家が（財源や自由の）コストを払って、国民のためにしようと思えばできる望ましい物事のすべてが、福祉の問題に絡んでくるからである。

（9）ミルトン『失楽園』第四巻の一節。邦訳（『失楽園（上）』平井正穂訳、岩波文庫、一九八一年）の該当箇所は、一八二頁。

「共通善」（トマス・アクィナスが人間の統治の目的と定めたもの）は「福祉」に近く、「福祉」と同じく必要不可欠のように見えはするが、非常に曖昧である。個人が国家に対して「パン」（主食となるもの）の支給を要求するのは正当だという点では、ほぼ例外なく見解が一致している。最近では、「健康」も要求されている。昔であれば、疾病や伝染病は、おそらく祈祷や供物で何とかなったとしても、政府の手には負えないのは明らかであった。「雇用」もかなり現代的な要求である。一九三〇年代になって、人々はようやく、失業の周期的発生や突発は何とか防止できるのではないか、と考え始めたのである。ただし、現在でも、防止は無理と考える人はいる。子どもに対する教育と最小限の保護監督については、さすがに今では、無理難題だとして否定はできなくなっている。これらが「福祉」の一部だという認識は、政府と被治者の双方にしっかり根づいている。

誰もがより多くの「福祉」を望んでいる。それは自明の善であるように思える。しかし、この概念には問題点が二つある。①「権利」の中には全人類にとって基本的と言える権利もあろうが、「福祉」はつねに多様な要素の詰め合わせである。福祉に何を盛り込むかは、他の概念や価値や善をどこまで犠牲にするかという観点から、経済的にも道徳的にも考慮しなければならない。われわれの暮らす世界では資源は有限だが、要求は潜在的に際限がないからである。②政府が人々を、おとなしく政治的に受け身にしておくために、「福祉」漬けにする、ということがありうる。アレクシス・ド・トクヴィルが一五〇年前に想像した未来の専制は、人々を福祉と娯楽で飽きるほど満足させ、自治と自由を与えること以外は何でもしてくれる専制であった（「パンとサーカス」の両方というわけである。「消費社会」も同じだという意見もある）。アーネスト・ゲルナーは、最近、われわれの社会を「機嫌取りのためのバラマキ社会」と呼んだ。それ以前にも彼は、現代世界におけるすべての政府の正統性を全面的に左右しているのは、政府が生活水準を向上させる能力だと指摘していた（Ernest Gelner, 'The social contract in search of an idiom: The demise of Danegeld State,' *Political Quarterly*, April-June 1975）。もちろん、「福祉」と「権利」は、連携して前進していくべきである。ただし、これらは概念としては、「個人性」や「自由」とは別のものであり、別なものとして相互の間でつねにバランスをとり妥協し、相互の関係を保ち、総合に達する必要がある（こういう言い回しが気に入らなければ、別の言い方でも結構である）。

概念についての各論――(3)政府と被治者の相互関係に関わる諸概念

（以下の諸概念は、政府と被治者を関係づける広範囲の制度や信条が対象であるが、いずれの概念も、上から見るのと下から見るのでは、見え方が異なる。）

◆法

法は、政府が作成ないし承認した一般的規則、命令、禁止、権利付与規定の集合体であり、政府が公布・施行し、適用対象となりうる人々が（たとえ正当とは認めなくても）拘束力は認めているものである。この定義は複雑である。法とは主権者による特定の命令や意志にほかならない、というのが世間一般の見方だとはとうてい思えないのであって、定義が複雑なのは主にそのためである。主権者の命令云々は見せかけの現実主義でしかない（法は一般的でなければならないし、公布され拘束力が認められていなければならない。たとえば、「あやつの首をちょんぎれ」ではだめである。正しくは、「クロッケーの試合において、ハートの女王のボールを打った者は、偶然や事故か、本人または他者（人間であれ動物であれ）の策略や故意かを問わず、即刻斬首されるべきことを、女王陛下の裁可によりここに定める」とせねばならない。(10)とはいえ、法とは主権者の命令であるとする有名な「法実証主義説」は、少なくとも半分は正しい。人々は通常、「法」をたんなる命令と混同していないが、「法」を正義と混同しているわけでもない。効力はあるが不当な法、という見方は可能である。「あやつの首をちょんぎれ」は、法にまったくなっていない。しかし、先ほどの「クロッケーの試合において……」は、不当だとしても明らかに法ではある。

「憲法」はきわめて複雑な概念であって基本的な概念ではないし、政治を学ぶのにうってつけの出発点でもない。また、「法の支配」について言えば、法は存在すべきだという、当たり前のことを言っているだけである（問題はどんな法かである）。さもなければ、ともかく「法」なのだから従うのが普通だという、政治的にきわめて偏った主張である。他方、法に従うのは正当かどうか検討してからだ、と論じたがる人たちもいる。いずれの立場も、現実の場面では極端なように思われる。

文明人は、「法の支配」という信念、すなわち規則の遵守を必ず前提にして振る舞うものであり、したがって、たとえ規則が不当でも、一般に容認された規則に従って改正を図るべきだ、と多くの人が言う（「法の支配が、「イギリス憲法」や「イギリス政治制度」などの中途半端な政治教育で紹介される唯一の概念ということもある）。しかし、問題点が二つある。①改定できなかったり故意に改定を難しくするように規則が定められている場合はどうなるのか。②あらゆる複雑な活動は法的規則を前提とする、というのは本当か。もう一度、「公正」とサッカーをする子どもについて考えてみよう。子どもはサッカーをしてサッカーを覚えるのであって、ルール集を読んで学ぶのではない（試しに、ルールを勉強してクロッケーのやり方を学んでみればよい！）。実際、規則を知り尽くしていることは、何が公正か（正当か）に関する子どもの概念と無関係であるし、その必須の前提でもない（必要なのは、振る舞いや慣行を見習うことだけである）。なぜなら、規則が不当だったり、曖昧だったり、自己矛盾するということは、ありうるからである。いずれにしても、「法の支配」は「民主主義」と同様に（前者はたいてい保守派好みで、後者は急進派好みだが）、基本的な概念でないことは、ほぼ間違いない。

◆正　義

正義や正しさは、最も重要で複雑な概念であり、誰もが自分の価値観を持ち込む。しかし、大まかに言えば、物事が行なわれる際に、最終結果がどうなるかはわからないが、たとえ自分が不利益を被るにしても公正だと納得できる場合が正義である。「これは公正な決め方なのか？」は、通常、「これは正義にかなった決め方なのか？」と同じ意味である。絶対的な基準や第一原理よりも、類比や比較を用いる場合が多い。正当で公正な扱いとは、つねに、別の事例や状況の変化に照らしながら一貫性を保って扱うことである。絶対的基準や第一原理を持ち出す場合は、具体的な問題に適用しなければならない。

(10)　これは、『不思議の国のアリス』の中でのクロッケーをめぐる騒動を念頭に置いた例である。

したがって、適用に際しては、比較考量や、起こりうる結果の予測、さらに道徳的にきわめて重要な点だが、他の人々の基準や原理への配慮が必須である。「むき出しの自己利益」（さまざまな色合いのイチジクの葉をつけて隠してはいるが）と「理想論」がいつも正面衝突しているのであれば話は実に簡単だが、現実はそうではない。

「慈悲による正義の緩和」は、たいてい、法と「正義」を混同している。一般的規則としての「法」は、慈悲や赦免や道徳的に納得できる正当な例外を必要とするが、そのいずれも、通常は「正義」の概念にすでに含まれているからである。

政治的な主義主張はいずれも、社会的正義、すなわち、あらゆる類いの財や報償や罰の適正配分に関係している。政治的な主義主張は、必然的に、何が可能か可能でありえたか、何をなすべきかに関する説明である。したがって、支配者と被支配者との関係となりうるものは、ほぼすべて、何らかの形で「正義」に関わることがわかる。

◆代　表

代表は、少数者が多数者を支配してよい理由や、多数者による少数者の統制方法を、少数者の外形的特徴を具体的に示すことで、ごく大雑把に正当化する概念である。ただし、正当な代表だという主張を証明する外形的特徴は数多くあって、「国民」の代表に関連するものに限られない。歴史を見ると、大半の政府が神ないし神々の意志を代表していると主張している。政府が権威を主張する際の根拠としては、他に、人種やカースト、部族や家系、階級や民族、理性、伝承や獲得による技能、伝統的分野、財産、利益、「一般意志」、政党、「人民」、諸個人などがある。これらの要求はいずれも、正式な委任を受けた代表とか、責任ある自己判断で引き受けた代表といった体裁をとっている。これは複雑な問題ではあるが、無限に複雑というわけでもない。自分たちの権力はここで挙げたのとは別のものを代表しているると主張されれば、私が見落としたのだろう。ともあれ、ここでの要点は、代表の概念は議会や選挙という意味の「代表制」よりもはるかに広い範囲に適用できる、ということに尽きる。

「国民の代表」が注意すべきなのは、自分は国民の代表として政府に向き合っているが、それとまったく同程度に、政府の代表として国民に向き合うこともある、という点である。実際、「代表制度」は政府に対する統制であるとともに、政府の強化でもある。代表の仕事は双方向的なのである。だから、「代表」は国民の権利にとどまらず、権力にとっての必要物と見ることもできる。フィラデルフィアの憲法制定会議に参加した一人の言葉を借りれば、「われわれは連邦制というピラミッドを非常に高い建造物にしたいので、基礎は深くしなければならない」のである。[11]

◆圧　力

圧力とは、政府と国民が特定の目的のために、実力や法に直接訴える以外のやり方で、互いに政治的影響を及ぼす手段すべてを指す。実力や法は、どちらも脅迫に用いることがある。世論や説得や実例を

(11) クリックは『デモクラシー』(添谷育志・金田耕一訳、岩波書店、八八頁) でも同じ文章を引用し、アメリカの憲法制定会議 (一七八七年) の際にこの発言をしたのは、ペンシルヴェニア州出身のウィルソンという人物であるとしている。

図 **5–3**　基本的な概念の概要

政　府			
権力	実力	権威	秩序
実力によって，より一般的には権威の主張によって，意図された結果を達成する能力.	意図された結果を達成するための物理的な力，あるいはそのための武器の使用．すべての政府に潜在するものであるが，恒常的にではない.	制度・集団・個人が必要性という点で見解一致している役割を果たしていること，あるいは，すぐれた知識や技能を持つという理由で，その制度・集団・個人に与えられる尊敬と服従.	状況や想定のすべてが変わってしまうと恐れることなしに持てる期待が，充足されている状態.
相互関係			
法	正義	代表	圧力
政府によって定められ公布され施行されており，たとえ正当な政府ではないとしても，被治者が拘束力を認めている，一般的規則の集合体.	結果にかかわりなく公正だと一般に認められている何らかの措置を通じて国民にもたらされるもの.	少数者が何らかの外形的特徴を具体的に示しているという理由で，多数者を代表しているという主張．国民全般の同意は，そうした理由の一つにすぎない.	政府と国民が，法や実力以外のやり方で，相互に影響を及ぼすすべての手段.
国　民			
自然権	個人性	自由	福祉
人間本来のあり方のための最低条件．法的権利や政治的権利に対してさえも優先する.	各人および人類全体との関連で独自であるとわれわれがみなしているもの．19世紀的な教義でしかない個人主義とは区別すべきである.	自分自身の意志により，強制されない仕方で，選択を行ない，公的意義のある物事をなすこと.	個人や社会のたんなる存続ではなく，その繁栄と幸福も，政府が配慮すべき事柄であるという信条.

突きつけ、経済的・社会的・心理的な影響力を加えても効果がなかったり力不足だったりすれば、「実力」が次の手段に「ならざるをえない」し、「法」を変え「ざるをえない」こともある。とはいえ、世論や説得や実例、経済的・社会的・心理的な影響力が、通常の「圧力」の形態である。「圧力」を加えるには組織が必要であるから、政党や圧力団体は、「圧力」の制度化された形態として最も重要である。ただし、授業では初めに制度だけを強調することが多いが、代表を最初から選挙制度に限定するのと同じ誤りである。いずれの教え方も、理解と想像力が貧困である。現在の社会では、政治的圧力の大半は政党から生じていると考えたり、文字通りの圧力団体から生じていると考えることですら、たしかに少々非現実的である。代表制を通じた圧力だけではなく、新聞やその他のメディアを通じた圧力もあり、実のところ、書籍も驚くべき力を持っている。また、言葉や身振りだけの密かな圧力のかけ方もある。さまざまな形の無秩序（本章一二二頁参照）も、限定された特定目的のために脅迫として利用すれば、種々の「圧力」となる。さらに、ムチばかりでなくアメという手段もあって、賞賛は、非難や批判や脅迫と同じように、重要な圧力の形態である。圧力の目的が明確で具体的で信頼できそうな場合は、「実力」をはじめ、ほとんどの種類の圧力は、一定の状況では正当化できる。

まとめ

注意すべき点が二つある。概念を理解しても、社会を理解したことにはならない。その予備段階でしかない。社会とその政治体制を理解したと言えるのは、支配的な概念の作用、および、それらの相互関係を理解してからである。

くり返し言えば、上級レベルは別として、概念を直接に教え学習させることを私は提唱していない（いずれにしても、概念の定義は、憲法の規則や慣行と同じように、簡単に丸暗記できる）。私が提唱しているのは、小学校の最も簡易な単元からAレベルに至るまで、政治に関するあらゆる授業で教材を解説する際に、これまでよりもはるかに強く概念を意識すべきだ、ということである。私が提示に努めてきた諸概念や諸々の区別を裏づけ研ぎ澄ますような争点、事例、問題に即して、授業を展開すべきである。政治リテラシーの大部分は、たんなる事実記述と言い張りながら制度やニーズに関してなされている断定的主張の前提を明るみに出す、という特徴をもっている（とはいえ、前提を明るみに出すからといって、かつてマルクーゼが十把一絡げに考えたように、表に出さずに伏せておくことがすべて悪い、という話にはならない。他方、自分が批判の光にさらされることで、行動を改めようと思う人もいれば、そう思わない人もいる）。

本書の第九章では、「手続的価値」として扱うべき五つの概念を取り上げる。各概念は、政治リテラシーの前提条件であり、政治教育がたんなる刷り込み教育や社会化の強制にならないための必須の前提である。

第6章　シティズンシップと教育

本章は、私が初代会長を務めた政治学協会(1)の一九九二年・第二五回年次大会での講演に若干加筆したものである。進学コース高校の入試関連の仕事に没頭しすぎたせいで、敬服すべき協会について批判めいたことを言いはしたが、そのおかげで私は、それまでのエッセイの「政治」教育という狭い考え方を脱して、「政治リテラシー」を取り入れたシティズンシップ教育という広い考え方へと進むことになった。

シティズンシップと言っても、独裁政治に適したものは私の関心外である。また、自由なシティズンシップという理想が、独裁政治の下でどう生き延びられるのかも、私の関心外である（現に生き延びたことは、あらゆる専門家の予測に反して、一九八九年の東欧の出来事によって劇的に明らかになったわけで、このこと自体が自由の意義を裏づけている）。私の関心は真のシティズンシップにある。市民的共同社会において公的な目的のために個人が互いに働きかけあうことを理想とし、市民的自由が確保され自由な市民によって活用される状況に結びついたシティズンシップである。

(1)　政治学協会については、本書第三章の注（1）（五七頁）参照。

歴史的に見ると、市民的自由には二種類の理想があり、それぞれに対応して二種類のシティズンシップの理想があった。一つは、市民的自由とは国家に対して個人を保護する法の枠組だとするもので、「自由主義的」理想と呼ばれることもある。もう一つは、市民的自由とは市民が国家の行為に影響を与えるための積極的手段だとするもので、共和主義的理想と呼ばれることもある。学問の世界では共和主義的伝統への関心の復活が顕著だが (Pocock, 1975; Heater, 1990; Oldfield, 1990; Skinner, 1998)、大半の教育現場では自由主義のパラダイムが支配的である。

サッチャー政権の最後の二年で、シティズンシップの概念が予期せぬ姿でイギリス政治の舞台に登場した。大臣たちは、能動的シティズンシップについての独特な考えを、突如、声高に語り始めた。イギリスで公的立場にある大多数の人々にとって、シティズンシップの性質をめぐる論争は、遅れて突然やってきた正体不明の来客のようなものであった。そうした受け止め方が、イギリスの外から見ると驚きなのは仕方あるまい。しかし、イギリスはアメリカでもなければフランスでもない。アメリカやフランスの国民的アイデンティティの捉え方は、能動的シティズンシップに関する別の発想(お望みならば別の神話と言ってもよい)にもとづいている。両国の国民的アイデンティティは、元来、まさに革命の伝統に根ざしており、ブルジョワ中心の革命であったにせよ、一九八九年の諸革命と同様、ともかくも革命であった。両国では、「能動的シティズンシップ」の「能動的」という聞こえのよい修飾語ですらまったく不要である。公的な事柄に能動的でないとしたら、いったい市民とは何なのか、と普通のアメリカ人やフランス人なら言うであろう。たしかにそうだが、誇張してもいけない。現代のアメリカやフランスの市民は、古代アテネの市民エリートのように非常に能動的というわけではない。それでも彼らには、少なくとも時折は能動的になり、それをとくに不思議に思わないことは、公式に許され憲法でも保障されている、という自覚はある。

ところがイギリスでは、市民という言葉を修飾する形容詞は、「能動的」よりも「健全な」である場合が多い。健全な市民とは、法と秩序を尊重し、税金（人頭税）[2]を納め、自分の社会的な立場（哲学者のブラッドリーが、以前はよく知られていた論文の中で「私の地位と、それにともなう義務」と呼んだもの）をわきまえ、警察の厄介になるような悪事はせず、かくもよく統治されていることにいつでも感謝する人を指す。もっとも、われわれイギリス人が自慢したがるのは、それよりもむしろ、自分の権利をわきまえている（以前はわきまえていた）ことではあるが。そうした権利は市民的自由の一部だとみなされ、さらに、自由は法秩序の一部だと考えられている。本来的には政治的秩序や市民的秩序の一部だ、という見方はない。われわれが訴訟を起こす権利を持つのは、よそ者や隣人や公的機関の不法行為から自分を守るばかりでなく、国家に対抗して自分を守るためでもある。政治的行動や「地域」運動を目的に近隣の人々が団結し始めたのは、環境問題がらみの最近の話にすぎない。

もちろん、国民の権利を守るために急進的改革に反対して、保守の立場から憲法に訴える説得的な主張もありうる。それはちょうど、急進的・共和主義的立場から、能動的な参加型シティズンシップを可能とするための憲法改革の要求がごく最近主張されているのと同じである。言うまでもなく、前者は、

（2）　人頭税は、イギリスでサッチャー政権が一九九〇年に導入したが、強い反発を招き、一九九三年に廃止された。

議会を「選挙を経た専制」と捉えたヘイルシャム卿(3)がかつて示した見解であり、後者は、憲章88運動である(4)。貴族院は、国民の権利を現状のまま基本法に盛り込むのは妥当だと考えているし、憲章88は、国民の権利の維持に加えて多少の改善も提案している。しかし、多くの善良なイギリス人は、国民の権利は裁判所がしかるべく保護していて、国家による深刻な侵害はないと思っている。そう思っている人があまりに多い。まず侵害などあるまいと思っているので、安心して家にいられる。ウェールズや高地地方の別荘にいても安心。恋の歌を歌おうが、テレビを見ていようが、愛の交歓をしていようが大丈夫。夜間に街中を歩いても（女性でない限りは）安全である。その他の暇つぶしも、公的な義務に煩わされず楽しくやれる。

一〇〇年足らず前には、対比がはっきりしていた。一方で、新聞の社説はお決まりのように、アメリカやフランスの強情で極端に民主的な共和主義精神に言及していた（共和主義精神がたんに君主を持たないことを意味しないのは誰もが知っており、実際、君主をいただくオランダなどの国々でも共和主義精神があるのは周知の事実であった）。他方で、第一次大戦前の論説委員たちは、イギリス人読者を「健全な臣民」、「忠実なる臣民」と誉めちぎっていたのである。政府の論調を変えたのは、一九一六年の大量戦死(5)であり、加えて、同年の徴兵制導入という難局であったと考えられる。これで、「国王の臣民」から、「親愛なる市民諸君」とまではいかないにせよ、少なくとも王国の市民、「イギリス市民」へと変わったのである。現在では、憲法の建前では大間違いだが実態を鋭く見抜いて「私の大臣たち」と口癖のように言うサッチャー首相ですら、「私の臣民たち」などとは断じて言いそうにない。まったく信じがたいことに、彼女は突如として、シティズンシップのいっそうの発揮を市民に求め始めた。シティズンシップは、個人的な道徳の美徳として引っ張り出された。これまではときたま選挙で投票する「健全な臣民」にすぎなかった「健全な市民」の理念は、あっという間に、保守党の見解でも不十分になってしまった。ダグラス・ハードやケネス・ベイカーやクリス・パッテン(6)は、個人的な道徳の美徳というシティズンシップ観を演説の中で詳しく説明している。彼らの演説は、少なくとも、政治哲学者が平均的な学生にあらかじめ読んでおくよう出す宿題と見る限りは、なかなかよくできている。

サッチャー首相の言うシティズンシップとは、見ず知らずの他人、とりわけ恵まれない人々を家族同様に支援する義務が各個人にある、という意味であった。道徳的に見れば、権利のあるところ義務もある、という相応関係があるし、相応関係がなければならない。それぞれが互いに必要なのであり、ジョン・スチュアート・ミルもイマニュエル・カントもそう言っている。そこまではよろしい。ただし、そうした義務は個人が自発的に果たすべきであって、そうしてこそ個人は高められる。ここを指摘するのが、ハードの議論の主な目的であった。他方、クリス・パッテンの別の議論では、実際に行なわれてい

(3) ヘイルシャム卿（一九〇七―二〇〇一年）は、貴族院議長などを歴任した保守党の政治家。
(4) 憲章88運動は、イギリスにおける成文憲法の制定や政治制度改革を求めて一九八八年に始まった運動で、クリックも参加者の一人である。
(5) 第一次大戦中のこの年、フランス北部ソンムの戦いでイギリス軍に大量の戦死者が出たことを指す。
(6) いずれも保守党の政治家で、サッチャー政権での閣僚経験者。ダグラス・ハード（一九三〇年生まれ）は北アイルランド担当相や外相を歴任。ケネス・ベイカー（一九三四年生まれ）は一九八六年から一九八九年にかけて教育相。クリス・パッテン（一九四四年生まれ）は一九八九年から一九九〇年にかけて環境相。

る他者への支援が注目され期待されている。とはいえ、両者の見解は、自発性が道徳的シティズンシップの基準だという点では一致している。公的機関は税金を使って支援すべきではないし、支援するにしても最小限にとどめるべきである。また、常軌を逸していて（と彼らは言う）教会が公認してもいない聖書解釈を根拠にした道徳的主張もどきの脅迫に屈して、教会は支援すべきでもない。

ここには重要な半面の真理がある。サッチャー首相の場合よくあることである。彼女を批判する側はいまだに、危険を承知でそうした半面の真理を見てみないふりをしている。半面の真理に対しては、まず、うやうやしく「アーメン」を唱えよう。その後で、われわれの中の罪なき者たちが、市民的不服従の最初の石を投じればよいのである。(7) 労働党（良きにつけ悪しきにつけ、病めるときも健やかなるときも、私の支持政党）は、なぜ、能動的で共和主義的なシティズンシップを提唱してこなかったのか。ごくごく最近になってようやく提唱され始めたものの、なぜ、及び腰で知的に精彩を欠いているのか。おそらくは、貧しく、財産を奪われ、不利益を被り、障碍を持った人々の利益のために、権力中枢を奪取し利用する、という十字軍精神に長い間とりつかれてきたためであろう（今となっては、「もっと効率的に混合経済を運用するため」と言った方がよさそうだが）。仮に、中等教育のレベルが下がっていないとすれば（イギリスのあらゆる政治家にとって、嘘でもいいから信じたいのが現状だが）、ラテン語で端的に、***libido dominandi***（支配欲・権力志向）は労働党にもあったのだ、という言い方もできるだろう。この十字軍精神は、実際には鷹揚な心情から発していたとはいえ、他者にとって何が最善かを自分は知っているという、自信過剰のわけ知り顔を意味することが多かった。「われわれは国民が何を欲しているのかわかっている。なぜなら、われわれは選ばれたのだから。そうでなければ、いったいどうして、われわれは選出されたのか」、と古参の地方議員は語っている。あるいは、詩人オーデンの言い方にならえば、「われわれは地上にあって、たがいに助け合っている。だが、なぜ他者が存在するのか。それは神のみぞ知る」である。かつての労働党は、こうした傾向を示しつつ、政権構想で、中央権力を利用しいっそう強化するという恐るべき方針を掲げていた。この姿勢は、一九七八年と七九年のスコットランド労働党の分裂や、権限移譲の徹底とアイルランド自治に対する曖昧な態度が続いたことにも表われている。

人は力さえあれば他人に助けられるよりも自分で何とかしようとするし、他人を助けるときは、いつ誰を助けるか自分で決めるものだという主張は、人々にとって非常に受け入れやすい。そこを、サッチャー流シティズンシップの半面の真理は衝いている。福祉社会は国家の施し物、という考え方は耳障りになり始めていた。福祉を提供する側や受け取る側から見ても、過剰サービスに思えることもあれば、何度となく積み重ねられた場当たり対応や変則があまりに多く（たとえば各種の付加給付金規定）、一貫性がまったくなくて理解しづらく、妥当性や根拠があると思えなくなってきたのである。

とはいえ、シティズンシップに関するサッチャー流レトリックには、真理ではない半面もある。ボランティア的な努力で穴埋めができるという考えである。穴がどうしてできたかと言えば、社会福祉事業、とりわけ分権化が進む中で地方自治体と提携するようになった事業や、「受益者」が高齢者、年少者、

（7）「われわれの中の罪なき者たち……」は、「ヨハネによる福音書」第八章第七節、他者の罪を責めることのできる罪なき人はいないという言葉を念頭に、その原義を転倒させた表現である。

心身に障碍のある人々、長期失業者などで有力な圧力団体が組織できない事業を狙い撃ちにして、予算を削減したためである。そうして突然、能動的シティズンシップという古典的理念と慈善とがない混ぜにされ、民営化の一環です、ということになった。しかも、民営化は産業分野にとどまらず、大半の社会福祉事業や、芸術・職業訓練・保健・教育といった公共の仕事にまで及んでいる。生き残った公共の福祉機関も、高齢者介護に関する『グリフィス・レポート』[8]に見られるように、ボランティア団体との協働が求められている。しかも、こうした公共機関は、ボランティアの支援がどれほど持続性を欠き、不十分で感情に左右され、常軌を逸したり、営利目的なのが歴然としていても、大幅な予算削減のために選択の余地がほとんどない。

にもかかわらず、必要性の高い分野では、いつでも良質のボランティアの参加があった。臨時のボランティアが役に立たない事態は（学校現場ですら）想像しがたい。ごく控えめに見ても、身寄りのない人に寄り添って語りかけ、心身が弱っている一人暮らしの人のために買い物を代行する、といった仕事は、たとえ訓練を受けていなくても常識と人並みの感情を持つ人ならば十分にこなせる。他人を助けるのは善行であるし、他人への思いやりの心を育むことでもある。社会福祉事業での専門家志向は、不評をかうこともあった。専門性の主張には、熟練技能者の地位を求める旧来の強硬なものもあれば、比較的新しいタイプの（専門職関連の）労働組合に見られるものもあるが、両者が入り交じりながら主張され、受益者側の真のニーズが曖昧になる場合もありうる。しかし、別の問題もある。組合側は国営医療サービスを守れと訴えているのか、それとも、全国公務員組合を守れと訴えているのか、たしかに国民の側から見るとさっぱりわからない。これがきっかけとなって、シティズンシップの間違った意味が登場し、もっともらしく聞こえるようになったのである。

個人のボランティア的な社会事業や慈善事業という、シティズンシップの新しい意味が間違っている理由は二つある。一つは明白な理由であり、もう一つは明白ではないが、われわれの文化におけるジレンマの核心を衝く深刻な理由である。一つ目の明白な理由は、ボランティアを主とするようなシステムでは、ニーズやニーズをふまえた合理的優先順位に資源がとうてい及ばない、ということである。実際、論理的に言って、このシステムはまったく「システム」になりえていない。優先順位は、どちらがどれほどよいかという付け方ではなく、たとえて言えば、アン王女(9)にならうか、それとも、グレンダ・ジャクソン(10)のラジオ番組「今週注目のすばらしい慈善活動」にならうか、といった付け方になる。たしかに、個人の財布からであれ、企業の小切手であれ、貧者の一灯であれ、寄付をするという道徳的市民的な義務は各人にある(「寄付」はアメリカのバスや地下鉄のポスターでは、美徳として賞揚されている)。どれも容易なことである。しかし、財布や思いやりばかりでなく、自らの手足や頭を使い、必要に応じて貴重な時間と体力を常時ボランティア活動に捧げることは、一般人にとっては要求度が高すぎるし、従来型の国家にとってかなりの脅威ともなりうる。

(8)『グリフィス・レポート』は、一九八八年に発表されたコミュニティケア政策についての報告書。
(9) アン王女(一九五〇年生まれ)は、エリザベス二世の長女。慈善団体セーブ・ザ・チルドレン(児童救済基金)の会長を務め、他にも数多くの慈善活動に関与している。
(10) グレンダ・ジャクソン(一九三六年生まれ)は、女優として活躍した後、一九九二年からは労働党所属の国会議員になっている。

なぜ脅威となりうるかと言えば、これまでは遵法的で健全な臣民であった人でも、自分の時間と労力を投入するとなれば、間違いなく批判的なやり方になるからである。人々は、日常業務をこなすのとは違って、自分が何をしているか深く考えるようになるであろう。財布を出して寄付するのとは違って、心と頭を使うとなれば、何をすべきか、どのようにすべきかについて、発言権を要求するであろう。この点で、シティズンシップの新しい見方がきわめて不十分で一貫していないことがはっきりする。なぜなら、「シティズンシップ」の旗印のもとで大勢の人がボランティアとして社会福祉事業に参加することが重要で決定的だとすると、人々は批判的に物事を考えるようになり、批判が活かされる実質的な議論の場を求めるからである。あいにく議論の場がない、あってもほとんど実体がない場合は、そのことも批判の的となって、人々は議論の場を作りたいと思うであろう。個人の努力と経済力をあてにされてボランティアをしている人も、公的支出の増額を要求する有能なロビイストになりかねない。言葉の定義をどういじっても学校の屋根は直らない。要するに、シティズンシップをどう考えるにしても、全部を個人任せにして公的な領域から切り離すことはできないし、公的な仕方でしかやれない事柄もあるという常識を否定できるわけではない。しかも、何らかの公的な効果の産出は、（ハンナ・アレントの明快な表現を借りれば）「共同的な活動」にほかならないのである。ところが、サッチャー首相の口癖はこうであった。はてさて、それはいったい何の話なのでしょう。現実にお戻りなさい。よろしい、さあ始めましょう。「社会なんてものは存在しないのです」。

シティズンシップは、慈善事業と言い換えられるものではない。個人が寄付すること自体は立派であるし、それで善いことをしたと思えたり、うしろめたく感じずにすむというのも悪くはない。しかし、公的政策と私的行為の両方に影響を与えられるのは、能動的シティズンシップを介して人々が団結するときに限られる。自由社会は討論を必須とし、討論によって意見が絶えず変化していく社会なのである。たとえば、何が私的なものと公的なもの、個人的なものと社会的なものの本来の領域かに関する討論である。経済の分野であれば、混合経済では公共と民間のどんなバランスが、最も効率的で最も受け入れやすいかに関する討論である。公的決定は、人々の生活にきわめて重大な影響を及ぼす。したがって、個人の気紛れな判断を集計して公的決定とするわけにはいかないし、市場本来の力が主役で自分は見守り役にすぎないと言っているような政府に、公的決定を任せ切りにもできない。

公的決定はきわめて重要であるので、政府に任せ切りにはできない。とくに任せ切りにできないのは、利益や物資やサービスのうち、公的にしか提供できないか、最も効率的な提供は公的にしかできないものを、政府が最小限に切り詰めようとしている場合である。「社会」など存在しないと言いながら、精神疾患で長期療養している人のたらい回し先として、政府が「コミュニティ」をあてにする場合である。たしかに、個人の責任を回避する口実(「悪いのは私ではなく社会だ、社会のせいでこうなったのだ」等々)として、社会という概念を使うべきではない(これも半面の真理ではある)。個人の社会性の意識、政治家や軍人が使う古めかしい言葉で言えば「同胞愛」は、間違いなく人間の心理的生物学的特徴であるとともに、一つの美徳でもある。個人主義や競争本位でなく利他的行為の本来の場の一つとして、極右の人は家族を挙げたがる。これを理由に、彼らは家族を重視するのである。もちろん、他人を気遣う子どもに育てようとする立派な親もいる。しかし、家族は美徳の学校になりうる一方で、身内びいきや特別扱いを追い求める集団にもなりやすい。

このようなわけで、シティズンシップ教育は、共同行動が公的な問題に与える影響について学ばせ、かつ訓練しなければならない。シティズンシップ教育で育成されるのは市民である。相互に働きかけ、公的な場で能動的な個人である。市民の行為は、すべての自由な行為と同様に予測不可能ではある。市民文化の中では、統治は難しい仕事になる。しかし、人々の支持を必要とし支持が得られる場合には、成果につながる面白い仕事になるだろう。政治でもスポーツと同じように、人々は、結果が初めからわかりきっていない物事に取り組む場合に、いっそう大きな興味を持つのである。もっと政治教育をすればデモクラシーはもっと機能するなどと、もったいぶって言う必要はないであろう。そうなるかどうかはわからない。市民的自由も使い方しだいで、政府は不安定にもなりうる。一筋縄ではいかない。

市民的自由とは、私の考えでは、われわれがふだん自由社会と呼び、J・S・ミルが「代議政治」と呼んだものの維持に必要な物事を、国家の干渉を受けずに行なえる、ということである。注意すべき点であるが、市民的自由に分類される事柄は、人権に比べると具体的で数も多い。人権に分類される事柄は、数が少なく基礎的なものである。そのことを現代の哲学者は誰も疑っていない。ところが、学校の教室では「権利」がどんどん増え、ないまぜになって誤用されている。望ましくて必要で善いと思える一切合切を人権と呼んでしまうと、明晰な思考が妨げられ、道徳的選択には代価がともなうという意識が失われる。人間として存在するためには、十分な支払い能力があってクレジットカード会員になれるような消費社会の一員である必要はないし、民主主義国家の一員である必要すらない。市民的権利と人権を混同すべきでないのとまったく同様に、欲求と基本的必要は区別しなければならない。独裁国家の住民は、政権支持者であれ反体制派であれ、人権を持っている。人権に分類される事柄の数は少なく、道徳において普遍的に絶対不可欠なものである。市民的権利に分類される事柄は、数が多く具体的で、個々の社会との関わりを持っている。一般的な目標や基準をそなえた先進的な市民的権利もあるだろうが、人間の生まれながらの権利ではない。市民的権利は歴史的文化的な成果である。望ましいものや善いと思うものすべてを権利と呼ぶと、知性を混乱させ、解決策を示さない要求につながる。

この抽象的な議論から現実レベルの論点を引き出してみよう。市民的自由とシティズンシップを提唱し教えることで広めようとしているのは、自分が正しいと思っているあらゆる事柄や（哲学者たちの言う）実質的価値ではなく、手続的な価値である。かつて、「市民の自由会議」（現在では「リバティ」と呼ばれている）は、思慮を欠いた論評で問題を紛糾させたことがある。たとえば、ダンカン・キャンベル氏が、かの有名なイギリスの国家安全保障機関による秘密活動を指摘した際[11]、この会議は、真偽はどうあれこうした指摘をする彼の権利や、政府が彼を黙らせようとした方法についてではなく、指摘の信憑性について論評してしまった。鉱山労働者のストライキの正当性について論評したのも軽率であったし、彼らの戦い方や行動は批判せず警察のやり方だけを槍玉に挙げたのは、なおさら浅はかであった。市民としてであれば、国家の政策を大声で論評してよいし論評すべきである。しかし、教育者として市民的自由を擁護するためには、国家や行政機関の手続や方法に厳密に関連づけて議論を始め、しかる後

(11) ダンカン・キャンベル（一九五二年生まれ）は、諜報活動などを関心分野とするフリーランスのジャーナリスト。キャンベルは一九八八年に、冷戦時代から英米などが行なってきた通信の傍受・分析活動が濫用されていると指摘し論争を引き起こした。

に、そうした厳密な関連づけでいっそう説得力の加わった議論をすべきである。市民的自由があればこそ、自由な政治を追求でき、参加型シティズンシップが可能となり、また、非常に難しい事例でも基本的人権を擁護できるのである。

そのためには、よく言われる「法の支配の尊重」だけではなく、政治的な行為を促し、その訓練をする必要がある。「政治的な行為」という言葉はきつすぎる、と思う人もいるかもしれない。なぜそう思うのか、私にはわからない。アリストテレスは、行為に関わるあらゆる分析や批判や演説も、行為の一種とみなしていた。行為そのものが目的だ、とまで言う人はいない。無分別、無思慮、無計画で本能的な行為をよしとする人もいないい（無政府主義者やダダイストを除けば）。とはいえ、若い市民が身につけた知識や技能、いや、強調点をはっきりさせるため、技能と知識と言うべきだが、それらを若い市民がどう使おうとも、教師は責任の取りようがない。われわれの関心がシティズンシップにあるならば（試験で「優」を取らせるための型通りの教育にとどまらないのであれば）、そう言わざるをえない。くり返し言えば、自由な人間の行為は予測不可能なのである（Arendt, 1958）。実質的な意味での正しい態度（「法の支配の尊重」、「適正な個人主義」、「階級なき社会」など何でもよいが）へと誘導する教育は、政治やシティズンシップの教育ではない。教えられているのはせいぜい、権威主義的に認められた何かであり、独裁者に味方するような「健全な市民」のあり方である。いや「健全な臣民」と言うべきか。最悪の場合には、刷り込み教育そのものになる。歴代の大臣は、他者の感情の理解を高める教育が持つ力に本能的な嫌悪感を示してきた。特定の立場への共感的理解が目に見えてともなうためである。たしかに、どの立場からも好まれる言葉は「行為」ではなく、「参加」である。私にも異存はない。ただし、条件付きである。観察は、観察者にどれほど理解力があるにせよ、行為の共有ほど参加的で健全ではないとふまえる限り、という条件である。恵まれた多くの国々の場合のように力への恐れによる制約がなければ、誰もが共有できる重要な行為は多少なりともある。市民の参加はその一つである。

残念ながら［一九八〇年代における］政府の主張は依然として、能動的参加よりも健全さを主要な関心事としており、ヴィクトリア時代後期のシティズンシップ教育観に近かった。ようやく一九八八年になって、［当時の］庶民院議長がシティズンシップ教育委員会を設立し、一九九〇年に報告書が公刊された。報告書の提言は、本章の冒頭で論じた大臣や役所の考え方に非常に近いままであった。提言では、ボランティア活動と地域奉仕を中心とする教育が構想されていた。この見方が前提としている世界では、あらゆる政治的決定は、国民の代表である議員が取りしきる（どんな条約に署名しようと、欧州司法裁判所が何と言おうと、「議会が主権者である」）。立法段階で詰め切れなかった曖昧な点は裁判所で確定され、確定事項は当然、尊重され遵守されなければならない。個人を保護するのは法である。個人が集団で行動する必要はない。以上のような書きぶりで、圧力団体や政党にはまったく言及のない報告書であった。

各国の比較調査を引き合いに出して、委員会は次のように誇らしく述べていた。

> 諸々の責任について、イギリス市民の見方は明確であった。とはいえ、最も頻繁に言及されたイギリス人の義務は、法の遵守であった。……それと結びつく形で、ほとんどの場合、礼儀正しさや、地域社会の規範の遵守が強調されていた（Commission on Citizenship, 1990）。

一九世紀初頭の風刺家たちが描いたジョン・ブル[12]像には、おべっか使いのジョン・ブル、というのもあった。実際の観察によって幸いにも再確認されたというイングランドの国民性なるものは、ごく控えめに言っても問題をはらんでいる。行動を本当に評価する気ならば、うわべの態度ではなく、行動そのものを見なければならない。この委員会がのんきな報告書を練り上げている間に、人頭税反対を掲げたスコットランドの反乱がイングランドへ広がり、ついには首相を引きずり下ろしていたのである。そうは言っても、委員会の見方はやはり当たっているのかもしれない。「イギリス市民」（想像の上で一般化されたイギリス市民）はともかくも、大方の人が法に従うのは、たんにそれが法であるからにすぎない。まるで、ソクラテスをはじめすべての政治哲学者が法と正義を区別し、国家がつねに正しいとは限らない、と勇敢に指摘しなかったかのようにである。ただし、委員会の見方が当たっているとしても、それで鮮明になるのは、イギリスが直面している問題であって、幸運にも代々伝えられてきた問題解決策ではない。ボランティア活動があって、大方の人が法の支配を尊重していれば、それだけで健全な市民《シティズンシップ》のあり方だという、当たり障りのない考え方に揺さぶりをかけることが、真のシティズンシップ教育に課せられた難しい任務である。法の支配の尊重は、なるほど結構である。善き法であればだが。すべての法とその解釈や施行の仕方までは吟味できないから、実用的なやり方として、法の支配の尊重に付した「善き法であれば」という留保とともに、「疑わしきは法律の側の利益に」としておこう。われわれの政治文化に本質的なこの点について、『政治教育と政治リテラシー』の一節[13]を引用させていただきたい。

文明人は、「法の支配」という信念、すなわち規則の遵守を必ず前提にして振る舞うものであり、したがって、たとえ規則が不当でも、一般に容認された規則に従って改正を図るべきだ、と多くの人が言う（「法の支配が、「イギリス憲法」や「イギリス政治制度」などの中途半端な政治教育で紹介される唯一の概念ということもある）。しかし、問題点が二つある。①改定ができなかったり故意に改定を難しくするように規則が定められている場合はどうなるのか。②あらゆる複雑な活動は法的規則を前提とする、というのは本当か。もう一度、「公正」とサッカーをする子どもについて考えてみよう。子どもはサッカーをしてサッカーを覚えるのであって、ルール集を読んで学ぶのではない……。実際、規則を知り尽くしていることは、何が公正か（正当か）に関する子どもの概念と無関係であるし、その必須の前提でもない（必要なのは、振る舞いや慣行を見習うことだけである）。なぜなら、規則が不当だったり、曖昧だったり、自己矛盾するということは、ありうるからである（Crick and Porter, 1978）。

シティズンシップ教育委員会は、法律が正義にかなっているかどうかや、法律の改定は可能かといった思考を刺激する問題については、用心深く議論を避けている。いわく、「すでに述べたように、イギリスには権利付与の根拠に関する包括的な一覧表はない。個人の自由は、議会が制限立法を行なってい

---

(12) 典型的イングランド人のこと。
(13) この一節は、本書第五章一三〇―一三一頁に登場している。

ない範囲で存在する」。こう言われると、市民と呼ばれる人であれば誰でも、次のように指摘せざるをえない。合法的に制定された制限でも、行きすぎとなる可能性はある。また、イギリス以外のヨーロッパ共同体加盟国では、明文の人権立法が実施されているのではないか［イギリスでも現在はそうなった］。こんなことを指摘するのは、口うるさい、形式にとらわれた一握りの人なのだろうか。この問題は、教室で自由に考える方がずっと簡単である。

もっと想像力を働かせ問題を適切に論ずることは、教育大臣でもできそうである。実際、国会議員（で当時の教育政務次官でもあった）のアラン・ホワーズ氏は、政治学協会第二一回大会の講演で、次のように述べている。

教室で政治の問題を取り上げることは、若い人の（最善の意味での）分別や良識や理性的判断力を高めるさまざまな方法のうちの一つだと思われる。……それはけっして簡単ではない。政治教育は、政治についての思索を含んでおり、政治は、市民生活に大きく影響するため感情が高ぶりがちな選択に関わっている。このことに正面から向き合わねばならない（Howarth, 1992）。

全国共通カリキュラムでは、「シティズンシップ」は教科横断的な科目とされている[14]。率直に言わねばならないが、これは曖昧で必要最低限の方針であり、残念ながら、ハンサード協会の報告書『政治教育と政治リテラシー』（Crick and Porter, 1978）からは後退していた（ちなみに、この報告書は議長指名の例の委員会から完全に無視されてしまった）。後に保守党政権の教育相となったケネス・ベイカー氏と一緒に私が、当時の労働党政権のシャーリー・ウィリアムズ教育相[15]にこの報告書を献呈した、ちょうどその頃の話である。ウィリアムズ教育相は、シティズンシップ科目の正式導入に熱心で、少なくとも熱心そうに賛成していたのである。

とはいえ、「シティズンシップ」科目が話題になっただけでも、政治学協会を明らかに刺激し、『シティズンシップ科目――本協会の姿勢』という小冊子の刊行につながった。この小冊子は、「シティズンシップ科目は何を含むべきか」を問いかけ、「知識」と「態度」の見出しのところで、この問いへの適切な答を手短かに記している。ただし、「技能」に関する私の評点は、一ランクか二ランク下がる。「民主的な社会への」真の「参加」は、「態度」の推奨項目に入ってはいるが、技能はすべて、「事実と意見と区別する能力」等々の、当たり障りのない教育目標の内部に埋没してしまっている。そのため、「種々異なった意見や議論を評価する」能力が一つの技能とされながらも、議論し提案し論点を提示する能力は取り上げられず、「行動に関わる技能」について議論する好機を逸している（この技能は、先のハンサード報告では、技能を具体的が例示する際に明らかに一つの分野とされていた）。私は大げさに受けとりすぎているのかもしれない。もしかすると、草稿段階で入れそこねただけなのかもしれない。

---

(14) 教科横断的な科目であるというのは、「シティズンシップ」が一つの独立した授業科目として教えられるのではなく、他のいくつかの教科の一部に組み込まれて実施されることを指す。

(15) シャーリー・ウィリアムズ（一九三〇年生まれ）は労働党の政治家で、一九七六年から一九七九年にかけてキャラハン労働党内閣で教育相を務めた。その後、社会民主党に転進している。クリックとベイカーが一緒に面会したエピソードについては、本書第七章一六〇―一六一頁も参照。

そうだとしても、風向きが厳しいときに、後ろに吹き戻されるように船の帆を加減するのは得策ではない。名称はどうあれ「政治」や「シティズンシップ」は、学校教育で望まれる科目である。ところが、学校教育の科目からはみ出すところもある。そこが難しいのである。この科目は、教室の外の出来事に関与までしてはいけないが、少なくとも教室の外の出来事に目を向けなければならない。シティズンシップという科目は、まさにそういうものなのである。

私が水を差すようなことを言っているのはわかっている。バンクォー[16]のように客人を驚かせ銀の食器セットに難癖をつけたことを、マクベス夫人に謝らなければなるまい。大いに感銘を受けた点もあったのである。たとえば、さまざまな刊行物である。実際の入試で学校の先生方と連携したこともそうである。最新の学問的知見が、中学校の最終年次や進学コース高校で、実に見事に反映されていることにも感じ入った。にもかかわらず、低学年や受験のない学年に関しては、ほとんど教材が作られず配慮もないことが目につき、残念である。こうした生徒は、レディ・プロウデン[17]のわかりやすい有名な言葉を借りれば、「われわれ国民すべての子どもたち」である。政治学協会の紀要『政治を教える』は、最近になって、『政治を語る』へと名称を変えた。これは、特定の読者層にとっては何か得るところがあったのだろうが、一般的には大きな損失だと思う。

私の記憶では、政治学協会の創設者は五つの目標を掲げていた。①逆境にあり非常に孤立していた教師たちを元気づけ相互交流の場を与えること。これはうまくいっている。②教材に関して実務的な支援を提供すること。これもうまくいっているが、ただし、主に大学受験の準備をしている生徒向けである。また、一部の大学の学部は進学コース高校の教師を積極的に支援することも多いが、たいていは学生を確保するためである。また、シティズンシップが、大学の政治学ではなく大学以前の学校で教える科目として、どんな価値を教育目標とすべきかについてほとんど配慮していない。③憲法の条文や制度に関する事実をただ学ぶのではなく、政治的思考を喚起する教材や教育方法にすること。この点の攻防は一進一退である。現実の問題に関する現実に即した設問によって考えさせるという試験委員の戦略に対して、いかにも考え抜いたような答に見せかける暗記用の虎の巻が出版されている（協会の会員ですらこれに加担している）。④中学校教育と職業コース高校の教育、高校教育と大学教育の橋渡しをすること。私の印象では、職業教育との橋渡しに関しては、改善が進んでいない（他に比べて、明らかに改善の機会が少ない）。⑤先頭に立って、学校のシティズンシップ教育を推進する運動を担うこと。私の場合はこれが主な目標であったし、デレック・ヒーターやイアン・リスターやアレックス・ポーターもそうであったと思う。この目標は、現時点ではかなり比重が小さくなっているようである。協会の若手役員［バーナード・ジョーンズ］が、鋭く公共精神に満ちた次のような抗議をしているにもかかわらずである。「われわれの立場の正当性を示し、会員の教師としての役割を助け、未来の学生や教師を育成するために、そしてもちろんのこと、われわれの道徳的目的を達成するためにも、高校教育よりも前の段階

(16) バンクォーは、シェークスピア『マクベス』の登場人物。マクベスの仕向けた刺客によって殺された武将で、後に亡霊となってマクベスの宴席に現われることになる。
(17) レディ・プロウデン（一九一〇—二〇〇〇年）は、初等教育に関する国の審議会座長などを歴任し、一九六七年には初等教育に関する『プロウデン報告書』を出している。

で、もっと多くのことをしなければならない」。

現状は厳しい。一部の公的機関は明らかに冷淡である。ときたまボランティア活動をし、懐柔的な消費者の権利をありがたく頂戴するような遵法的で健全な臣民を意味するよう、シティズンシップを再定義し骨抜きにでもしない限り、その冷淡さは変わらない。詩人オーデンは言った。「われわれは地上にあって、たがいに助け合っている。だが、なぜ他者が存在するのか。それは神のみぞ知る」。たしかに、能動的市民になるために存在しているわけではない。とはいえ、熱気のある真のシティズンシップに対する教育的・国民的な必要は、かつてないほど大きい。

第7章　二〇〇〇年シティズンシップ教育施行令を擁護する

われわれの目的は、まさに、国全体および各地域において、この国の政治文化を変革することである。人々が、自らを能動的な市民とみなすことである。公的生活において影響力を持つことに意欲的で、影響力を持つことができ、そのために、主張し行動するのに先だって証拠を秤量する批判的能力をそなえている市民として、自らをみなすことである。ボランティアと公行政の既存の伝統の中で最善のものを増強し青年層へ徹底的に普及させることであり、伝統の中に新たな形態を見出せるのだという自信を、一人一人が持てるようにすることである。*Education for Citizenship and the Teaching of Democracy in Schools* (Advisory Group on Citizenship, 1998, pp. 7–8)(1)

この一〇年間、シティズンシップの概念と歴史は多くの論争を喚起し、たいていは水準の高い論争だったが、しかし学問の世界での話であった。政治的思考は死滅してはいないものの(2)、無害な象牙の塔に

(1)『一九九八年報告』(クリック・レポート)の一節。本書第一章一二頁でも、すでに引用されている。

閉じこもるか閉じこめられている。それでも、シティズンシップ概念に関する学問的論争はほとんどつねに、民主主義の原理や制度という枠組と自由な市民の実践を前提にしている（専制国家や軍事独裁国家における法的意味での「シティズンシップ」は、ここでは取り上げない）。ところがイギリスでは、自由なシティズンシップの普遍的実践にとって必須条件の一つである教育に関しては、学問的関心が驚くほど欠けている。とりわけ、「われわれ国民すべての子どもたち」[3]が対象の義務教育への関心が見られない。学校におけるシティズンシップ教育の環境整備や、授業方法を扱った教育関連書は数多くある（Heater, 1996; Ichilov, 1998; Hahn 1998; *Oxford Review of Education*, 1999; Torney-Purta *et al.*, 1999; Pierce and Hallgarten, 2000）。しかし、大学で政治学を学ぶ者は、こうした本をめったに読まない。それどころか、教育学部以外ではほとんど知られてすらいない。

一九八六年に、全国共通カリキュラムが導入されすべての公立学校に義務づけられたが、シティズンシップは必修科目ではなかった。教科横断型授業で扱うテーマに関する審議会答申の中には、「シティズンシップのための教育」（NCC, 1990）と題した優れた報告書があった。これに取り組もうとした学校[4]もあったが、組織的で理論的一貫性のある取り組み方ではなかった。シティズンシップ教育施行令の制定が一九九九年と非常に遅く、しかも一九八八年法[5]の一環ではなかったのは驚きである。この一九八八年法には、制定当時の教育相のケネス・ベイカーが熱心だと知られていた。彼は、ハンサード協会の報告書『政治教育と政治リテラシー』が一九七八年に公刊されたときは、同協会の代表を務めていた。その頃、私はベイカーと一緒に、教育相だったシャーリー・ウィリアムズを訪問したことがある[6]。われわれが最優先事項と考えていた教員の現職教育[7]に予算をつけるよう、強く求めるためであった。しかし、総選挙が迫っていたためウィリアムズ大臣は首を縦にふらず、こちらが頼んだわけでもないのに、評価研究なら政治的に異論が少ないので資金を出しましょうと言って、われわれを追い払ったのである。退出の際ベイカーは私に、ぽつりとつぶやいたのだが、何とつぶやいたかは言わない方がよいだろう。

おそらくベイカーは、一九八六年時点では、シティズンシップ科目を導入すると全国共通カリキュラムが一挙に変わりすぎてしまう、と判断したのであろう。ひょっとすると、サッチャー首相が反対したのかもしれない。どちらかははっきりしない。しかし、多くの指導的な政治家や校長が、シティズンシップを教科として教える必要などないと感じていたことの方が、根源的である。必要なものはすべて、よきイングランドの学校エートスの中にあるという見方である。伝統主義の立場からこうした見方をする場合は、言うまでもなく、エリート校が理想像になっている。第一章で論じたように、時代遅れの理想像である。

伝統主義は、健全な市民《シティズンシップ》のあり方（疑うことなく法に従い、地下鉄では高齢者に席を譲る）という理

（2） Peter Laslett (ed.), *Philosophy, Politics and Society*, 1956 の序論の冒頭で、編者のラスレットが「政治哲学は死滅している」と論じて大きな反響を呼び起こしたことが、念頭に置かれている。
（3） 本書の第六章一五六頁で、レディ・プロウデンの言葉として引用されている表現。
（4） シティズンシップ教育施行令は一九九九年に制定されたが、施行は二〇〇〇年である。
（5） 一九八八年に制定された教育改革法を指す。
（6） このエピソードは、本書の第六章一五四―一五五頁でも言及されている。
（7） 教師として就職した後に実施される研修・訓練を指す。

想を強調する。進歩主義は、能動的な市民のあり方を強調する（不当な法は変えようとし、ボランティア団体を民主化しようとし、デモや非暴力的な抗議行動に訴える場合もある）。もちろんこれは茶化した言い方であり、いずれの側にも善意の意図があるのは百も承知である。いずれか一方だけではうまくいかないのであって、両者を適切に結びつける必要がある、と主張したいのである。

シティズンシップ教育は必要だ、という新しいコンセンサスの背景には、既存の制度は有権者である市民の目的に役立っているのかという疑念や、若者が公的価値に無関心になっているという憂慮があった。若者の低い投票率はその一つの表われにすぎない。もっと深刻なのは、私の考えでは、若者がたとえボランティア団体に加入するにしても、参加が能動的でないことである。たしかに、それとは反対の輝かしい実例もあって、勇気づけられるような可能性ではある。しかし、総体として見れば、失望させられることがきわめて多い。この状況はひとりでには変わらない。

一九七〇年代には、一部の人たちが、「政治リテラシー」と上手に命名されたものを強化する目的で、新しい授業を導入しようとした。「政治リテラシー」とは、情報を持ち能動的で責任感のある市民になるのに必要な知識・技能・価値のことである。自分たちで普及させようとする熱意は一九七九年の政権交代で挫かれたが、その頃には、ハンサード協会の「政治リテラシー」の原理は、ある程度広く受け入れられ始めていた。ごく控え目に言っても、最初に応援してくれたサー・キース・ジョーゼフ(8)が死去した頃までには受け入れられていた。ただし、後からふり返ってみれば、政治の意味の捉え方が狭かったと言える。政党の活動、大物や名士たちの活動、議会の活動だけに限定したため、政治的なるものの狭い捉え方を助長しかねなかった。「政治リテラシー」は、ほとんどすべての集団活動で必要なのである

（「鍵となる技能」とでも言うべきか？）。政党や圧力団体の活動に必要な技能が、地域のボランティア団体に参加したり学校で現実問題について自由に議論し実際の責任を負うことで、しっかり身につく場合もある。

諮問委員会[9]への諮問事項は以下の通りであった。「学校における効果的なシティズンシップ教育のあり方について答申すること。シティズンシップ教育には、民主主義における参加の本質と実践、市民としての個人の義務・責任・権利、地域活動が個人や社会に対して持つ価値を含めること」。この文言はまさに、政治教育の概念をシティズンシップ教育の概念へと広げることを意味していた。言葉の政治的なすり替えにすぎない、と思う人もいるかもしれない。保護者はシティズンシップ教育の理念には好意的という調査結果はあるが（Institute for Citizenship Studies, 1998)、「政治教育」だとそうでもなさそうだからである。

しかし、政治教育からシティズンシップ教育へと表現が変わった背景には、古典的な政治哲学がある。自由の基礎は国家と個人を媒介する「団体」ないし自治的集団にある、というのがトクヴィルの有名な議論ではなかっただろうか。エドマンド・バークは、「小集団」を国家の柱として称賛した。近年では、個人と国家を媒介する「市民社会」という、スコットランド啓蒙で使われた一八世紀の古い用語が復活している。市民社会は西欧では活気に満ちているが、旧共産主義諸国ではまったくないか、萎縮してい

（8）　サー・キース・ジョーゼフ（一九一八―一九九四年）は、保守党の政治家。
（9）　クリックが主宰し『一九九八年報告』（クリック・レポート）を答申した委員会を指す。

るか、破壊されている。アリストレスの議論もある。それによれば、僭主が安泰を望むのであれば中間団体をことごとく破壊しなければならない。中間団体はどれほど非政治的であっても、参加することで個人間の相互信頼を創り出すからである。相互信頼がなければ、僭主（あるいは悪政全般と言ってもよいか？）に対する抵抗は失敗に終わる。

さて、教育の現場へ戻ろう。現在では、すべての中学校で「シティズンシップ」という名称の新科目が教えられることになっている。法定の必修科目で、施行令により規定されている。この教科は三つの実践的理念にもとづいている。

第一に、生徒は最初から、教室の内外で、権威ある立場の者に対しても対等な者に対しても、社会的・道徳的に責任ある行動をとるよう学ぶ。……第二に、生徒は、自分が属する地域社会の暮らしや営みを学び、貢献できるような関わりを持つ。これには、地域社会への関与や奉仕で学ぶことも含まれる。……第三に、生徒は、知識・技能・価値のいずれの面からも公的生活を学び、公的生活に影響を与えるにはどうしたらよいかも学ぶ。そうした知識・技能・価値は、「政治リテラシー」と呼ぶことができ、政治的知識だけでなく、もっと広範囲に及ぶものである（Advisory Group on Citizenship, 1998, pp. 11–12）。

小学校では、「人格・社会・健康教育とシティズンシップ」という新しい非法定科目が導入され、その指導要領も作成された。指導要領は強制的ではないが、従わない学校があれば、視学委員の側が重視するであろう。他方、中学校については、諮問委員会は全会一致でシティズンシップ教育を法令で定めるよう求めた。シティズンシップの教科横断型授業向けの手引書の購入はそれまで任意だったのだが、購入率があきれるほど低かったためである。さらに、民主的な市民《シティズンシップ》のあり方は、理念自体が普遍的だからでもある。シティズンシップは、権利の普遍的根拠でなければならない。たしかに、馬を水飲み場に連れていくことができても、馬は水を飲まないかもしれない。とはいえ、そもそも水の供給がなければ、水の飲みようがない。市民の水《シビック・ドリンク》たるシティズンシップは権利の普遍的根拠でなければならず、万人に与えるべきなのは明らかである。このことは政府も認めている。

『一九九八年報告』の勧告を学校に提示するのはよいが必修化はよくない、と考えた大臣もいたかもしれない。しかし、説得力のある理由が三つあった。①憲法改革の目的の一つが、より参加的で持続的な真に民主的な社会を徐々に創造していくことだとすれば、小中学校や職業コース高校でのシティズンシップ教育は、憲法改革が成功を収めるための必要条件である。②小中学校や職業コース高校でのシティズンシップ教育は、より排他的でない社会の必要条件であり、残念ながら若者の間に蔓延している退学、冷笑的態度《シニシズム》、福祉依存、無関心、軽犯罪や公共施設の落書・損壊、投票や公的問題に対する「関係ねえよ」的態度を減らすための必要条件でもある。③イギリスは、民主主義国と言うにはどれほど不完全であるにしても、ともかくも民主主義国である。その法律上の市民が自らの集団的メンタリティを国王の臣民から能動的で健全な市民へと変えるには、社会がどう動き、どう改善できるかを知るべきである。以上はすべて、リベラルな教育の一環である。

シティズンシップ教育施行令は「骨太の骨子」であり、諮問委員会報告書の主旨を直接反映するか、主旨に沿ったものとなっている。シティズンシップ教育施行令は、政令であり法的強制力のある文書ではあるが、中身はシティズンシップ教育の目的の公式表明と、その正当性の根拠の示唆にとどまっている。シティズンシップ教育にふさわしい授業、学習、指導の方法に関する助言はない。そうした助言は資格カリキュラム機構[10]が提供している。ただし、その大半は、シティズンシップ教育関連の主立った非政府組織による手引書の紹介である。そうなっているのは、公式の指導要領自体が助言と手引きにとどまり、施行令と同様、教育の内容や方法を特定していないためである。シティズンシップ教育施行令の長所は、規定が一般的なため、他の法定科目に比べて、学校や教師にかなりの自由や裁量の余地を残している点にある。

これは二つの理由によると考えられる。第一に、政治的・道徳的に微妙な問題に関して、政府（教育・雇用省）や中央の準政府機関（資格カリキュラム機構）が、厳密な指示を与えるのは適切ではなく、細目は国家から一定の距離を置くべきだ、という理由である（偏向や指導力不足の監視は、教育水準局、地方教育局の教育顧問、学校理事の担当となる）。第二に、シティズンシップ本来のあり方（自由の強化と多少なりとも関連がある）からして、地域に裁量の余地を与えるべきだ、という理由である。こういうわけで、シティズンシップ教育施行令は「大枠の施行令[11]」となり、「骨太の骨子」と私が呼ぶものになっているのである。

教育・雇用省や資格カリキュラム機構は、レディ・メイドの授業案を学校側に提供しないし、どのような「出来事、争点、問題」を議論すべきかも指示しない。レディ・メイドの授業案を探している教師には、さまざまな民間団体によるさまざまな提供があるから、それを選択して組み合わせればよい。著名なところでは、シティズンシップ教育財団、地域サービス・ボランティア、世界シティズンシップ教育協議会、シティズンシップ教育研究所がある。[12] 主にこれらの団体が、印刷物やそれぞれのウェブサイト、「全国学習ウェブ」のシティズンシップ教育のサイトから、「骨子の肉付けとなるもの」を提供することになる。その他の団体も、施行令が触れている市民的権利・人権、人種間関係、持続可能な開発、グローバル・シティズンシップ、憲法改革、市民的自由、消費者の権利、財政リテラシーなどに関して、貢献するところがあろう。この施行令は、かなりの柔軟性を許容している。明示的に禁じられていない事柄をどう扱うかは自由である。したがって、施行令の指定する全事項が網羅され、それらに関する理解の基本的水準が確保されるのであれば、特定のトピックを他のトピックよりも重視し、教科全体への導入に用いてもよい。

『一九九八年報告』が勧告の内容や根拠を説明しているのに対して、強制力を持つ施行令は簡潔な指示になっているという違いはあるにせよ、施行令は全般的に『一九九八年報告』に（異例とも言えるほど）即している。両文書は、とりわけ「事件、争点、問題」を授業で取り上げたり議論したりする際には、併せて読んでおくべきである。ただし、『一九九八年報告』では「論争的」な問題と表記している

(10) 資格カリキュラム機構については、本書序言の注（2）（一頁）を参照。
(11) 「大枠の施行令」という呼び方は、本書第八章（一九四頁）で言及されているように、デイビッド・ブランケット教育相の呼び方である。
(12) ここに列挙されている各団体については、本書序言の注（3）（三頁）を参照。

ところを、施行令では「時事的な争点や問題」と、論争性を薄めた表記になってはいる（「クリックさん、気になります？」「いや全然。先生たちはトンマじゃありません」）。

とはいえ、施行令は学校および地域社会への参加という点で、『一九九八年報告』よりも徹底している。『一九九八年報告』は、学校や地域社会への生徒の参加を、望ましい実習として強く推奨してはいたが、政令で規定することまでは求めていなかった。やりたければ「どうぞ」という程度であった。政治的に思慮深く慎重でなければならないと、『一九九八年報告』を書いたわれわれは配慮した。そもそも、私はいつでも自分の著書で、政治的な思慮深さは美徳そのものだ、と言っているのである（Crick, 1962）。授業科目になってくれれば出発点としては十分、という考えであった。なぜなら、過大な負担を多くの教師に課すという印象を与えかねず、たとえば学校の全体会議や学年別会議に関して、その構成や権限を全国一律に定める難しさを、痛感していたからである。

ところが、当時の教育相⑬は、施行令のたたき台を起草中だった諮問委員会の作業部会（行政官、資格カリキュラム機構職員、教師、教育顧問からなる部会）に対して、実際の参加も義務化するよう推奨したいのであれば、そうしてもかまわないと言ってきた。遠慮は無用だったのである。委員会の同僚たちは、今回ばかりは私があまりにも政治的で慎重でありすぎた、とからかった。たしかに、ケーキは全然ないよりも半分でもあった方がまし、という話ではなかった。シティズンシップ教育の体験的・参加的側面を切り捨てて、このすばらしい新科目を、毒にも薬にもならない旧式の暗記型公民科へと骨抜きにする学校も出現しそうだったからである（しかも、視学委員による査察が施行令の目的に沿って規定通りに行なわれなければ、なおさらそうなりかねなかった）。骨抜きになれば、試験に安易に依存できる。

たとえば、地方自治法について覚えなければならないことは、うんざりするほどあるからである。先ごろ出版された参加型教育に関する本の冒頭には「背負われたる子は、その道程《みちのり》を知らず」というヨルバ(14)の諺が引用されていて、編者が賢明な注釈をつけている。いわく、「子どもが能動的市民になるのを支援するためには、教師は、子どもを守ってやることと、子どもに試練を課すこととの間で、絶妙なバランスを保つ必要がある」(Holden and Clough, 1998)。

新科目の目標は、能動的で責任ある市民を創り出すことである。言うまでもなく、『一九九八年報告』の背後には哲学がある。研究者が市民的共和主義と呼んでいるものと、多元主義と呼んでいるものである。いずれもなかなかうまい表現だが、政治や公共の議論ではまだ使われていない。シティズンシップ教育がそうした状況を変えていくであろう。「市民的共和主義」は、必ずしも「非君主制」につながるわけではない。オランダ、デンマーク、スウェーデンは君主国ではあるが、今までのところ、イングランドに比べて市民的共和主義の度合が著しく高い。これらの国々の国民は、自分たちのことを本気で市民と考えているのである。また、「多元主義」は、国家が法的な意味で主権を持つことを必ずしも否定しない。この理論が主張するのは、どの国家の権力であれ、多くの強力で多様な集団的利害に制約され影響されざるをえない、ということである。

生徒に対しては、自分自身の価値や集団的アイデンティティを発見し系統的に整理するよう促さなけ

(13) 当時の教育相は、デイビッド・ブランケット。ブランケットについては、本書序言の注(9)(五頁)を参照。

(14) ヨルバは西アフリカに住む部族の名称。

ればならない（実のところ、大人であってもその点を学ぶのに遅すぎることはない）。しかしそれとともに、ヨーロッパや全世界は言うまでもなく、連合王国であるイギリスでも、国民的、宗教的、地域的、民族的な側面で多様な価値があるという認識を促すべきである。それらの中には、われわれが共有している価値もあれば、共有していない価値もある。われわれは他者の価値を平等に尊重することを学ばなければならない。ただし、尊重は見解の全面的な一致を意味しないし、何でも一律に賞賛することを意味するわけでもない（Rawls, 1972; Runciman, 1966）。教師は、子どもたちを相手にする場合（学生を相手にする場合でさえ）、相手が間違っていれば訂正することは心得ている。偏見があれば反論する心得もある。ただし、反論は穏やかに断固として、断固として穏やかにである。あるジャズ演奏家の言葉を借りれば、「力まず、だが、ちゃんとやれ」である。(15)

シティズンシップ教育施行令が施行されているのは、もちろん、イングランドだけである。しかし、施行令が実施を命じている科目は、連合王国としてのイギリス全体をなす四つの国民《ネーション》の多様性に関する知識を扱っている。イングランドの子どもたちが小さいときから、イングランドは多民族的なイギリスの一部であることを多少でも知っていれば、その他の多様性、宗教的な多様性やエスニックな多様性（人種的多様性と誤って呼ばれることが多いが）を尊重しやすくなるであろう。こうした多様性を束ねるものとしてわれわれが共有しているのが、共通のシティズンシップに関連する諸々の価値と実践にほかならない。というわけで、学校でのシティズンシップ教育は、幅広いテーマを扱わねばならない。

シティズンシップ教育の成果を測るには、何年も待たなければならないであろう。真の測定基準は、筆記試験や口述試験の成績ではなく、社会的行動に与える影響だからである。短期間に絞っての測定や予測は困難である。とはいえ、何とか最大限の努力をするのが良識というものであろう。われわれには何もしないでいる余裕はない。国全体が繁栄の只中にありながら、この国では何かが駄目になっているからである。(16)

たとえ他の人の言葉を借りてきてでも、率直に言うべきであろう。イングランド社会の最も鋭い観察者の一人は、最近、次のように記している。

資本主義本来の衝動を統制し、その衝動を民主主義固有の目的に方向づけることは、開かれた民主主義にとって避けられない大きな仕事である。資本主義を束縛しているものを解き放てば、やがては万人の物質的水準が向上し、社会的コストなしで、万人にとってのより大きな社会的正義がもたらされる、という現代の神話はまさに神話であり、危険で有害である。民主主義は資本主義と共存できるかもしれないが、それは資本主義のおかげではなく、民主主義に必要な条件が満たされる場合である。民主主義は資本主義の友人である必要はない。むしろ用心深い関係にあるべきである(Hoggart, 1999)。

---

(15) ウディ・ガスリー(一九一二—一九六七年)の楽曲のタイトル(Take it easy, but take it)を指していると思われる。ガスリーは正確にはジャズ演奏家ではなく、ボブ・ディランなどに影響を与えた反体制的シンガーソングライターである。

(16) シェイクスピア『ハムレット』の中のせりふ。

私は「用心深い関係」という言葉が気に入っている。シティズンシップ教育は、国家に対する何らかの懐疑（ただし情報に裏打ちされた懐疑）を創り出すべきだと思う。哲学者のジョージ・サンタヤナ[17]はかつて次のように述べた。「懐疑とは知性の貞節である。新奇なアイデアに飛びつかずに済むのである」。ついでに言えば、古いものにも飛びつかなくて済む。なぜなら懐疑とは、ホガート[18]の言葉を借りれば、われわれが読み耳にするあらゆるものを「批判的に思考する」ことだからである。懐疑は冷笑的態度ではない。冷笑的態度は良質な社会にとって最大の敵であり、教育の根幹を腐らせかねない。「あいつら［教師、ソーシャルワーカー、政治家、等々］だって同じじゃないか。みんな自分の利益を求めているだけさ。他に何があるわけ？」。しかし、社会的でない自我は、貧弱で不完全である。そもそも、われわれの自我は、他者がわれわれをどのように見ているか、われわれに対してどう反応しているかで構築されており、さらに、そうした構築の仕方自体は、われわれが他者をどう見ているか、他者に対してどう反応しているかで構築されている。これをわからせるのが、教育の真の目的なのではないか。健全で能動的な市民であることは、自我にとっても有益なのである。

(17) サンタヤナ（一八六三―一九五二年）はアメリカの哲学者、ハーバード大学教授を務めた。
(18) ホガートについては、本書第一章の注（2）（一一頁）を参照。

第8章　好意的立場からの批判的議論

本章は、『一九九八年報告』の主要な側面をめぐって、シティズンシップ教育施行令の諮問期間中に行なったいくつかの講演を抜粋・編集したものである。本書に収めるにあたり加筆修正した。とくに言及しておきたいのは、クック基金が主催した「価値」に関する会議（一九九八年、グラスゴー）での講演で、これが本章の第一節になっている。ただし、同年にバーミンガムで開催された人権に関する会議で、人権を題材としたシティズンシップ教育に関して私が行なった議論も、一部取り入れた。

教えるのは価値と権利で十分か？

私自身の価値観は当然ながら客観的であり、あなたの意見は真摯だが、あちら側の他人は全員、非合理的な偏見を持っている――話がこんな具合に単純なら、なんとわかりやすいことか。たしかに私は、ほとんどの人と同じように、自分の価値観やその通用性に相当の自信を感じている。ところが、その価値観をどんな状況で応用したらよいかについては、ひどく頭を悩ますことが多い。価値の対立が生じている状況では、とくに悩ましい。たとえば、（つい昨日の新聞でも議論されていたように）自然分娩を選択する女性の権利の場合である。医者は、自然分娩では胎児の医学的リスクが高すぎると警告しているのに、女性が帝王切開をかたくなに拒めば、胎児の生命は危険にさらされてしまう。これは、二つの明確な原理（選択の自由と生存の権利）が対立する事例である。しかも、自由と平等の絶え間ない衝突という、故アイザイア・バーリンのおかげで哲学者の間で有名になった事例（Berlin, 1958 and 1997）よりも、身近で具体性がある。道徳哲学者、政治哲学者、神学者の理論的対立とは比べものにならないほど厳しい、現実政治上の対立である。

価値をそのまま直接に教えることが可能だとは、残念ながら私は考えていない。意味ある価値は、実体験か想像上の経験から生じなければならない。そうでなければ、丸暗記すべき一連のルールにすぎなくなってしまう。となると、子どもは利口な小猿のようなもので、規律に従い、理解ある両親と「よい学校」の「よい教育」に恵まれれば、喜んで定義をスラスラ言えるようにはなる。クリスチャンなら十戒から始めて、少なくとも「国連子どもの権利宣言」のヤマ場まで言えそうである。それどころか、価値の意味を尋ねる試験問題が出れば、高い点を取り合格するだろう。しかし、これは正しく言うと「右耳から入って左耳へ出る」式の学習でしかない。いったん成績がついてしまえば、子どもの頭は次の試験準備に向けてカラッポになるからである。

道徳的価値は、性格の一部となり本能のように行動に影響を与えるには、必ず経験から生じなければならない。私は最近、イングランド北部の荒廃しきった地域の小学校を訪ねる機会を得た。多くの子どもの家庭は崩壊しており、ほぼ全員、親が養育を放棄した不安定な家庭の子であった。六割以上が給食費を免除されていた。それなのに、学校は穏やかなオアシスのようだった。校長によれば、乱暴な口をきくのをやめさせようとして娘をたたく父親がいたが、学校はこの問題の解決に尽力したという。崩壊していた地元社会でさえ、支援の手を差しのべてきた。学校は口を出すな、という声は聞かれなくなった。イングランド視学委員会のクリス・ウッドヘッド委員長は、非常によい教育をすれば貧しい環境を埋め合わせることができるのであって、貧困は言い訳にならないと言っているが、これはおそらく正しい（とはいえ、別の論点ではあるが、教師の英雄的行為を前提に政策をたてることも賢明ではない）。たしかに、英雄的と言えそうな少数の教師たちが、社会的な技能や価値ばかりでなく読み書きの教育でも、困難に負けず、すばらしい成果を挙げている。しかし、ウッドヘッドが賛成するようなやり方だったとは思えない。

六歳児クラスのサークルタイム(1)の時間に、一人の少女がわっと泣きだし、もう一人の少女もつられて泣きだしてしまった。そこで、校長室から、子どもが魔法のようにぴたりと泣きやむクマのぬいぐるみが持ってこられた。取り合いになるどころか、少女たちは、それぞれの側からクマを抱きしめた。「メアリー、どうしたの？」。ここには隠し事がない。メアリーがしゃくりあげながら言うには、昨晩、ドラッグ使用の嫌疑で父親がアパートから連行されたのだという。「おかあさんは、メアリーと一緒だったの？」と訊くと返事がない。もう一人の少女が甲高い声で答えた。「ちがうの。メアリーのおかあさんは、男の人を相手に夜のお仕事をしているのよ」。「よい学校」なら、そう答えた子どもを教師は叱り

（1） 生徒が車座になって座り、教師とやりとりをする参加型の授業形式。

つけ、叱られて動転した子を大急ぎで教室の外に連れ出して、予定通りの授業に戻るのであろう。ところが、担任の教師は、この機会をとらえ授業に取り入れたのである。

「ドラッグに手を出すのはよいことなの？」と、教師は教室の子どもたちに訊ねた。いっせいに「ノー」の声があがり、「いけないよ」「ぜったいダメだよ」「とにかく悪いことよ」などと、にぎやかである。世慣れた子どもたちを相手に「うまい教え方だな」と私は皮肉な思いであった。ところが実際には、うまい教え方どころか、非常にうまい教え方だったのである。教師は、いちばん大きな声で叫んだ子どもにたたみかけたからである。「なぜ悪いの、トレイシー？」「だって、ヤバイじゃない」「警察？」「そう、警察。つかまっちゃうから」「じゃあ、つかまらなければいいのかしら？」「ちがう、それでもダメ」「どうして？」「自分がダメになっちゃうからよ」。

私は、なかなかよい答だと思った。この女の子は、ドラッグに手を出すのは悪いと言った（たしかに、誰でもこの価値言明には同意する）。しかし、彼女は二つの実践的な理由を挙げることができたのである。一つは法であり、もう一つは個人の責任である。「そう思うの。だって、そう思うんだもの」（場末のポストモダニズム的言い草！）と彼女は言わなかった。教師は「よい」答だけを求めるのではなく、フランスの学校のように理由も求めたのである。それでも、教師はまだ手を緩めなかった。「ねえ、メアリー。自分をダメにするだけかしら？」。踏み込みすぎになる寸前の質問である。少女は涙をこらえながら、こう言ったからである。「ちがうわ、家族みんなよ」。私は教室に、他者に対する道徳的責任感が芽生えつつあるのを実感した。

「責任」は、学習すべき道徳的・公民的概念のリストがすでに膨大でも、追加してよい言葉である。

シティズンシップ教育を扱ったわれわれの委員会もそうした。その上で、理解を助けるために、道徳的責任と政治的責任のいずれにもあてはまる説明を三つ加えた。責任とは、他者に配慮することである。行為が他者にどんな影響を与えるか予測し計算することである。そして、行為の帰結を理解し、それに関心を向けることである。それでもやはり、責任は経験に根ざすべきであって、授業計画に縛られずに、私が幸運にも遭遇したような機会をつかまえるのが、すぐれた教師なのである。

誤解のないよう願いたいのだが、私は、価値の必要性を、絶望的に恵まれない地域における諸問題と単純に結びつけているわけではない。ただし、貧困層や失業者が反撃に転ずるときを考えあらかじめ彼らを道徳的にしておくべきだと、かつてジョージ・バーナード・ショウは言ったが、その必要性はかなりある。ともかく私が言いたいのは、こうした問題の隠蔽は、お行儀のよい学校ではふつう簡単にできるけれども、恵まれない地域ではそうはいかない、ということだけである。エディンバラ郊外の閑静で美しい高級住宅街にベラーノ高校という学校がある。進学コース高校最終学年の三人が校内で、これまた別の高級住宅街に住むよその学校の男子生徒を酒がらみのケンカで死なせてしまう事件が起きた。どちらの生徒も伝統的な表現では良家の子弟なのに、どうしてそんなことになったのかについて、この高校の教師がクラスで討論をさせたかどうかは疑わしい。物事を甘く見ない私としては、そんな討論はされなかっただろうと思う。おそらく、校長が朝礼で全校生徒向けに、「通り一遍のお題目」を唱えたら「これにて一件落着」となるような道徳的持論を厳かに語ったのであろう。

私が以上の例を取り上げたのに他意はなく、考えるための材料としてにすぎない。子どもはサークルタイムから思春期を経て成人するまでの間、学校や街中で議論して成長し、徐々に一つの事実に向き合うようになる。他人の価値観は異なることがあり、現実問題に直面して価値観どうしが衝突することもある、という事実である。権利の行使がつねに共通善に役立つとは限らない（たとえば、説明の必要もないだろうが、自家用車のパラドックス、つまり、自由対渋滞である）のと同様に、真実を語ることが共感とつねに両立するとは限らない。あえて挑発的な（怒りではなく思考の挑発になるのを期待したいが）例を挙げてみよう。人権侵害の処罰は、必ずしもつねに、その他の価値以上に重要とは限らない。国家の安全のための妥協が、平和、共和国、生命・自由の保障、幸福の追求を意味する場合もありうる。他方、スペイン、南アフリカ、チリといった国でそうした妥協をすると、「人権」や「正義」を唱えるだけでは収拾できないような、価値どうしの本格的衝突を引き起こしてしまう。かつてラインホルド・ニーバー(2)は、「政治におけるキリスト教的リアリズム」を説いたものである（Niebuhr, 1954）。

誤解のないよう願いたい。シティズンシップと人権は連携すべきである。多くの教師が、人権教育の授業でシティズンシップを教えてきたし、たいていの授業は工夫を凝らしている。バーミンガム地方教育局は、このやり方を長年にわたり奨励している。

しかし、ちょっと思い出していただきたい。自由なシティズンシップの理念は、人権の明確な理念よりも前から存在していたのである。まずは自由なシティズンシップの理論と実践がよく知られるようになった。人権の理念は、それからかなりの歳月を経て、一八世紀に入って初めて登場したのである。人権の理念は民主主義の理念と一体となり、シティズンシップの理念を万人に広げた。もはや、市民はエリートに限定されなくなった。他方、人権の理念は民主主義に制約も加えた。民主主義はたんなる多数者による支配ではなくなり、支配する多数者は専制君主や独裁者とまったく同程度に、個人の権利を尊重せよという人権の理念に服さなければならない、と考えられるようになったのである。もう一つ思い出すべきことがある。権利は書物で論じられ、法律で規定され、哲学の議論で扱われてはいるが、いずれにせよ、自然に存在しているわけではない。権利はあくまでも人為の産物であり、したがって、つねに論争や解釈の的となる。「自然権」に比べれば、「人権」の恣意性は低い。とはいえ、自分が望ましいと思うほぼすべてのものや、誰もが望ましいと思うべきだと自分が考えているものを含むよう、権利の観念を拡大したがる人もいる。そんなことをすれば、人権の価値が下落するのは目に見えている。基本とみなす権利が少なければ少ないほど、後ろ盾となる法律や世論は強固になれるのである。さらに言うと、集団の権利を論じ始めることで、厄介な問題が生じる場合もある。ある集団が個々の構成員に対して、どの程度まで権利を主張するのか、典型例としては、構成員がその集団を離脱したり、他の集団の構成員と結婚して集団を離れたりするのを、どの程度まで制約するのか、という問題である。権利は諸々の価値の中で最も強力であるとはいえ、いついかなる場合にも決定的だとは限らない。

『一九九八年報告』は、権利をつねに義務や責任と結びつけることで、こうした複雑な問題が極力生じないようにした。道徳的見地から事態を明確に見分ける論法として、多少の危険はともなうけれども私自身が気に入っているのは、こうである。「もちろん、サルマン・ラシュディ(3)には、イスラム教を冒瀆していると受け止められかねない本を出版する権利があった。しかし、彼が出版したことは、道徳的

（2）ラインホルド・ニーバー（一八九二―一九七一年）は、アメリカの神学者・政治思想家。

に責任ある行為だったのだろうか？」。責任は、言論や行為が引き起こしうる結果を考え抜くことを意味する。

『一九九八年報告』は、シティズンシップの観念の歴史を論じた上で、「議会制民主主義国のシティズンシップ教育に関するわれわれの理解からすれば、その三大要素は、社会的・道徳的責任、地域社会への参加、政治リテラシーである」と締めくくっている。そして、社会的・道徳的責任に関して次のように述べている。

これは学校でだけではなく、学校の外でも学ぶべきである。いつどこでも、子どもが集団でボランティア活動をし、働き、遊ぶときに学ぶべきである。シティズンシップ教育のこの側面については言及するまでもない、と考える人もいるかもしれないが、われわれの考えでは問題の核心に触れる事柄である。道徳的価値と人格的発達に関わる指導は、シティズンシップ教育にとって不可欠の前提条件である。小学校でシティズンシップや政治を教えるのは早すぎるという考えもあろうが、これは間違っている。子どもはすでに、公正についての考え方や、法・規則・意思決定・権威・地域環境・社会的責任などに関するイメージを持っている。また、学校や家庭などで、自分が民主主義国に暮らしているのかいないのか、どんな社会問題が影響を及ぼしているのかに関して、さらには、そうした問題に対して種々の圧力団体や政党がどう発言すべきかに関してさえ、知識を拾い上げているところでもある。こうした知識はいずれも、指導して向上させることができる（Advisory Group on Citizenship, 1998, pp. 11–12）。

というわけで、望ましいシティズンシップ教育は、「価値を教える」だけでは不十分である。十分だと主張する人はたいてい、前提条件を派生的なものと混同し、必要条件を十分条件と混同しているのである。価値だけでなく、知識と技能も必要である。知識や技能は、教えなくても価値から自動的に得られる、というものではない。どちらか一方が欠けても無益である。とはいえ、不可欠の共通基盤となるのは、小学校で人格・社会教育やシティズンシップ教育を目的として実践されている「サークル教授法」や双方向的・体験的教授法である。こうした手法は、道徳教育とシティズンシップ教育のいずれの目的を達成するためにも不可欠である。たしかに、読み書き計算能力の向上には、伝統的な直接的教授法が最善であろう。人格・社会教育の教師もシティズンシップ教育の教師も、これについて、さしあたり疑義を差し挟むべきではないし、その必要もない。両科目の担当教師が断固として主張すべきなのは、適切な指導の下に早い段階から現実的・論争的問題について議論し、参加し責任を負う機会を持つことが、責任を学ばせ道徳的価値の意味を得心させる最善の方法だ、ということである。会話、議論、論争、参加は、社会的な責任や交流の基礎であり、能動的シティズンシップの基礎となる実践練習である。もちろん最初は、家庭や近所づきあい、盗みをどう思うか、といった単純で身近な問題の議論から始まるが、その後は、もっと複雑な社会問題の議論に進む。ただし、いずれの段階でも、意見を述べるときには理由や証拠を挙げることが要求される。

---

(3) 一九四七年生まれのイギリスの作家。一九八九年に出版した小説『悪魔の詩』がイスラム教を冒瀆するものだとして、イスラム教徒から激しい反発を受けた。

薬物やアルコール中毒、性道徳・行動、養育といった現実問題を取り上げてみよう。いずれの問題も、まずは個人の責任を中心にすえて教室で議論されるであろう。これは明らかに、人格・社会教育の守備範囲である。しかし、中学校になれば、政党、圧力団体、正義、法の施行と結びついた公共政策の問題としても、また、遠慮せずに言うとシティズンシップの問題としても、議論されるであろう。

メディアで伝えられる世論がかなり矛盾しているのは、誰もが気づくことである。学校でやれという要求がある一方で、学校は不適切なことをしているのではないか、と懸念が示される。価値は直接に教えられるというナイーブな考えもあれば、これと相反するように、刷り込み教育への憂慮もある。偏向教育を恐れて、学校はシティズンシップ教育や性教育に立ち入るべきでない、「親に任せておくべきだ」といった意見さえある。実地調査によれば、声高に要求する親にかぎって、実は親の義務をきちんと果たしていなかったり、まったく果たしていなかったりする。また、忙しすぎて十分な教育も受けていないために、行き当たりばったりによい例や悪い例を示すだけで、自分の子どもをろくに教育できない親もいる。

人格・社会教育、宗教教育、道徳教育など名称は何であれ、価値を明確な目標にしている教育は、論理学の言葉で言えば、健全なシティズンシップや健全な振る舞いの「必要条件」ではあるが、「十分条件」ではない。個人としてしっかりした健全な価値観を持っていても、異なった信条を持つ他者に出くわすと振る舞いがぎこちなくなり、ひどいときには敵意を抱くこともある。ところが、イギリス人は現に多民族社会に暮らし、数世紀にわたって多宗教社会で暮らしている。

道徳的な価値や推論が土台にないシティズンシップ教育は、機械的で退屈であり、危険ですらある。

価値を表に出さない姿勢は、たいていの場合、価値の問題では正解は一つしかない、という立場を覆い隠している。しかし、価値の中には明らかに政治的なものもある。たとえば、民主主義や代表といった価値である。必要なのは、政治という言葉を悪評から救い出すことである。これこそ、私がかなり以前にアリストテレスの伝統を現代的に読み替えた際に試みたことであった（Crick, 1962 and 1992）。政治活動はきわめて重要であるので、政治家に任せきりにはできない。市民の政治活動は、自由な社会のまさに核心である。教育効果のある公的論争よりも党の結束や自分の再選に関心を寄せざるをえない職業政治家から、政治を救い出さねばならない場合もある。ただし、これは別に扱うべき大問題ではある。

とはいうものの、先述のニューカッスルで出会った六歳の少女たちは、民主主義の概念など必要とせずに、古代世界やアフリカ農村の寄り合いに見られる民主主義の原初的な流儀で行動を始めようとしていた。車座になって座り、共通の関心事を熱心に議論するところだった。「いったんやりはじめたら、投げだしちゃだめよ」。

反人種主義を中心に教えるべきか？

人種主義は、人類世界における汚点中の汚点である。だが、この根深い心性に真っ向勝負しても、功を奏するとはかぎらない。『ローレンス殺人事件および警察による本件捜査に関するマクファーソン報告』(4)は、すべての学校で「反人種主義」を教えるべきであり、人種に絡んだ事件は記録し公表すべきだ、と勧告している。当初、政府はこうした考えに飛びつこうとしたが、すぐに、記録の公表は人種主義的な白人生徒による挑発に好都合なだけだと冷静に悟った。連中は、自分の学校が話題となることに倒錯した「誇り」を感じ、教師が事件を報告しなければ難癖をつけるだろう。わかりやすい話である。

「反人種主義」を教えるために、シティズンシップ教育施行令の起草者たちは、同じ到達点をめざしながらも、もっと巧妙な間接的方法を意図的に選んだ。「生徒には以下を教えるべきである。(a)社会を支える法的権利や人権、および、各権利と市民との関連の仕方……(b)イギリス国内における多様な国民的・地域的・宗教的・エスニック的アイデンティティの起源と意味、および相互尊重と相互理解の必要性」。この(a)と(b)は、公立学校に在学する一四歳から一六歳の子どもに対して「知識と理解」の項目の要素として「教えるべき」七つのうち、最初の二つである。同様の定式は、キーステージ三[5]にも見られる。(a)が先で(b)が後という順序は意図的である。考え方はこうである。シティズンシップ科目だけでなく、歴史、人格・社会・健康教育、宗教教育、国語、地理（および「持続可能な開発」）の授業で、イギリスがずっと以前から、実際に地域ごとに違いのある多民族国家であること、また、過去の暴力的な宗教対立が平和的・寛容的に調停されたこと（北アイルランドという目に見える教訓的実例は遠い昔のように思えるが、つい最近の話である）を理解する機会を生徒に与える。そうすれば、人種的偏見がまずは寛容に変わり、次いで受容に、うまくいけば最終的には相互尊重へと移行しやすくなる。人種的偏見と闘うべきではあるが、頭を使って上手に闘うべきである。派手に騒ぎ立てて直接に攻撃しないことである。そうした戦術は、諸々の圧力団体には「がんばっている」ように見えるとしても、およそ有効ではないし、逆効果になることも少なくない。おそらく、「人種」という言葉でさえ、普通の意味で穏やかに用いていても、心理学的特性は文化やエスニシティに由来するのではなく生物学的に決定されているという、人種主義の思想を生きながらえさせかねない（Hanniford, 1996）。「人種間の平等」という言い方も、人間と人権の平等を論じる際の表現としては誤解を招きやすいし、危険ですらある。

人種問題の分野で活動している多くの人々は、そのように考えていない。彼らに言わせれば、人種主義という悪は蔓延しており、程度はさまざまだが共通のシティズンシップや人権を否定している以上、正面から対決すべきである。しかも、人権を絶対的に重要と考えてシティズンシップ教育に取り組むのであれば、そうした対決はシティズンシップ教育の主要任務ですらある、というのである（Ostler, 1996; Ostler and Starkey, 1996）。私としてもこの考えを理解はしている。多くの人が道徳的見地からこの考えに賛同しているし、仕事での立場上、賛同する人もいる。しかし、この考え方は間違っていると私は思う。真のシティズンシップの必要性は、反人種主義よりもはるかに広い理由に由来している。真のシティズンシップは人種主義を認めないし、再発防止のための確実な枠組を提供している。この枠組は、対症療法をずっと続けるためにではなく、自由で平等なシティズンシップの否定という病気そのものを治療するためにある。

これとの関連で、ヤスミン・アリバイ＝ブラウンの近著は非常に重要である（Alibhai-Brown, 1999）。同

（4） 一九九三年四月二二日、黒人青年スティーヴン・ローレンス氏がロンドン南西部のバス停で白人青年たちに刺殺された事件。犯行にも警察の杜撰な捜査にも、人種主義的偏見があったとされる。一九九九年、この事件を徹底的に調査したマクファーソン報告が出された。

（5） キーステージについては、本書第一章の注（14）（二三頁）を参照。

書は、一九九七年に公共政策研究所（IPPR）から委嘱された二つの調査にもとづいている。イギリスの諸々のエスニック社会についての世論に政府が戦略的に影響を与えようとするとき、世論はどうなっているか、旧植民地国から大量の移民が入った一九五〇年代以後どう変化してきたかを知っておくことが重要である。「人種」、「肌の色」、「エスニシティ」といった言葉がタイトルに入った文献は、膨大な数にのぼる。にもかかわらず、反響を呼んだローズ『肌の色とシティズンシップ』（一九六六年）以降、包括的な調査は一つも実施されていなかったのである。ちなみに、ここで並べた「人種」等々の言葉の意味は同一ではない（ジャーナリストや学生諸君は要注意である）。ましてや、人種主義者のレトリックと、大勢の反人種主義者のレトリックを除けば、「黒人」というレッテルで一括りにされることはない。

一つ目の調査は、全国世論調査（NOP）を使った定量分析であり、アジア人、アフリカ系カリブ人、ユダヤ人に対する白人の態度を年齢別・階級別に把握するために実施された。二つ目は、オピニオン・リーダー調査を使った定性分析であり、きわめて否定的な態度に潜む理由を探るために実施された。たとえば、白人の九四パーセントは多少の偏見が存在していると答え、四六パーセントはかなり強い偏見だとしている。人種間結婚に対する偏見はどの集団でも強く、マイノリティ集団ではさらに強く残っていた。ただし、青年層では相対的に弱い。偏見の理由として最も多かったのは、「ヤツらはオレたちの仕事を奪っている」等々、経済や雇用の不安定であった。

以上は同書の長所のごく一部である。著者は、他にも多くの世論調査やアンケート調査の結果を集め、厄介な地域で果敢にも徹底的な訪問調査を実施している。同書には最新の知見が盛り込まれている。そればかりでなく、まだまだ多くの長所がある。深い道徳性を帯び思慮にも富んでいて、非常に印象的である。そうでありながら、修辞や誇張に陥ることなく、事実と判明した点を周到に細心の注意を払って記述し、現実に密着しようとしている点も、非常に印象的である。かなり珍しいことなのである。反人種主義団体のリーダーたちが、ひっきりなしに金切り声を上げているのとはまるで違う。彼らは、自分たちの大義の正しさに酔いしれ目に余る現実の不正に激昂するだけで、説得する必要のある人をどう説得すればよいのかまったく見えていない。せいぜい、仲間内に束の間の慰めをもたらす程度で、最悪の場合は、仲間内での指導権争いでしか力量を発揮しない有様である。オーウェルがケストラーに言った言葉だったか、ケストラーがオーウェルに言った言葉だったか、記憶は定かでないが、「汝の敵は汝自身であると知れ」である。(6) 論争好きな人は、救済の必要のない人に語りかけたり、たんなる自己満足のために語ることがあまりに多すぎる。憤るのは結構なのだが、頭に血を上らせるのではなく、冷静な熟考のともなった怒りこそが結果を出す。アリバイ＝ブラウンは、偏見を抱いた人々をどう説得し、無関心な人々をどう目覚めさせればよいのかを真剣に探究している。これは教師にも無関係ではないはずである。

とはいえ、アリバイ＝ブラウンも、政府が率先して動くべきだと確信している。まず政府は、「良好

(6) 本書の第九章（二二四頁）では、ケストラーがオーウェルに言った言葉として引用されている。アーサー・ケストラー（一九〇五―一九八三年）は、ジャーナリスト、小説家。ナチズムやスターリニズムの批判、スペイン内戦への関与など、活発な政治的関与とともに文筆活動を行なったことで知られている。

な人種間関係は断固たる移民政策の成果だと前提した」声明を出すべきではないし、ジュネーブ会議の基準がすでにかなり厳格なため難民と認定されない人々を示すのに、「偽装」とか「濫用」といった扇動的な言葉を使ってはならない。よくあるように別々の省庁が矛盾した通達を出すことも、よくない(「縦割り行政」に相変わらずつきまとう問題である)。政府が積極的に取り組むべきこととしては、政府資源の有効活用がある。経済、医療、教育に関する朗報を(ときには若干の脚色をして)広めるために、政府資源の開発がかなり進んでいる。これを有効活用すれば、マイノリティ社会内の集団や個人による偉業や、迫害された難民の救済支援という誇らしい仕事について広報活動ができる。こうしたことをするのが真の良識である。

アリバイ=ブラウンは、ロイ・ジェンキンス(7)が内務大臣として行なった「非常に重要な演説」を(ジェンキンスにとって「生涯最高の瞬間」だったであろう)、うれしそうに回想している。ジェンキンスは、人種間の融和について、目標だと認めつつ、次のように述べていた。

それは、移民が入ってきてわれわれの国民性や国民文化がなくなってしまう、ということではない。この国に「人種のるつぼ」が必要だとは、私は思わない。……移民がもたらす利点は非常に大きいと思うが、「るつぼ」は、そのほとんどを奪ってしまうであろう。したがって私としては、人種間の融和を、すべてを平らにならしてしまう同化ではなく、相互に寛容で文化的多様性がともなう機会の均等と定義したい。

たしかに、「反人種主義」を教えるのは当然の義務だと言いたがる人もいる。多文化主義では不十分だというのである。内務大臣は賛成したくなるかもしれない。学校をとりまく状況もさることながら、それ以上に、教育現場のすぐれた取組にあまり詳しくないからである。しかし、私の考えでは、シティズンシップ教育施行令の多文化主義アプローチには二つの強力な理由があり、ヤスミン・アリバイ＝ブラウンの議論の主旨とも重なっている（ただし、政府や重要な公共機関が率先して模範を示すべきだ、という彼女の見解は除く）。

第一の理由は、人種主義を公然と攻撃したり正面切って反人種主義を教えると、敵意を煽り立ててしまい、教室での議論（というか混乱）を待ち望んでいる人種主義的な白人生徒たちの思うつぼだ、ということである。施行令の間接的アプローチは、消えつつはあるが古くからある民族的偏見（たとえば反アイルランド感情）や宗教的偏見（反カトリシズム）、地域的・階級的偏見（訛りをからかうなど）と闘うときには、かなり効果的であろう。重苦しく憎しみに満ちた多様性は、人種的多様性だけではない。それを思い出させるのは、またもやだが、北アイルランド（あるいはアイルランド北部）である。間接的アプローチが望ましい第二の理由は、不確実性である。直接的アプローチにどんな効果があるのか、どんな訓練が必要なのかは、ほとんど知られていないのである。学校ごとの地域的事情がまったく異なるため、同じやり方を一律に適用すると逆効果となりうることは、いくつかの事例で示されている。

（7）ロイ・ジェンキンス（一九二〇―二〇〇三年）は、労働党所属の国会議員。ウィルソン政権で内務大臣（一九六五―六七年）や大蔵大臣を歴任した。本文に引用されている演説は一九六六年に行なわれている。

アリバイ＝ブラウンの著書は、きわめて思慮に富み倫理的基礎がしっかりしているので、問題点は一つしか見つからない。政府に対して「寛容よりも尊重と受容」を強調するよう迫っている点である。「憲章88」を率いる人たちも同様に、シティズンシップの基本的価値として「寛容」を掲げるのに反対している。誰彼となく寛容の対象にするのは相手を「見くだす」ことだ、というのである。エスニック・マイノリティのロビイストや指導者の間でも、こうした見方が一般的である。しかし、場合分けして考えねばならない。あらゆる物事や人間を、あらゆる点で平等に受け容れる人はいない。実際、われわれは善悪を区別しなければならないし、現実的な政策と非現実的な政策を区別しなければならない。区別そのものは悪くない。悪い理由にもとづいた区別だけが悪い。寛容は見くだすことではない。自分は道徳的社会的に優位にあるという誤った想定からの寛容だけが、見くだした態度になる。寛容とは、違いを違いとして認めることである。肯定できないと感じ口に出すこともあるが、度を超した拒否的態度にならないよう自制するのである。

肌の色を理由に私が寛容になることは絶対ない。肌の色は道徳と無関係であり、寛容の問題は生じないからである。どんな人でも私は人間として判断しようとするし、完全に善とか完全に悪とかはまずないとしても、その人の行為が善か悪かを判断しようとする。しかし、他の人々の宗教的信条とかイデオロギー的信条や、そこから派生している諸々の慣習には寛容でなければならない（度を超した否定をしないよう自制しなければならない）。意見が合わないことも、反対することもある。文化的慣習でもそうである。自分の信念を放棄はしないし、他人がそうすることも期待しない。しかし、振る舞いは自制する。言葉ではなく実際に、穏健な態度で法を遵守しつつ、差異を尊重する（そうありたい）。「尊重」

とは、真面目な信条であればどれも真理と見なすという意味ではないし、信条から生じる結果を社会の誰もが容認するという意味でもない。哲学者のアーネスト・ゲルナーがかつて言ったように、社会的にはつねに寛容でなければならないが、真偽を知的に問う場合は違う。自由と文明の最重要な価値である寛容を恥じるべきではない。無差別に何でも受容すれば、共通の権利や人間性ばかりでなく、自分を自分たらしめている重要な差異が消えてしまう。多文化社会と多民族国家で暮らしていることに、もっと自覚的であるべきである。寛容ではなく無差別的な全面的受容を要求することは、融和ではなく同化を、長い間保持されてきた多元的社会ではなく単一の共通文化を要求することである。共通のシティズンシップを実践していけば、民族や宗教、エスニック集団といったアイデンティティの間にある真の差異は、少数者にも多数者にも利益となるように結び合わされることになる。

世界的シティズンシップを先に教えるべきか？

シティズンシップ教育施行令は、キーステージ三で生徒に教えなければならない「知識と理解」の九項目を指示している。九番目は「地球共同体としての世界、その政治的・経済的・環境的・社会的含意、ヨーロッパ連合、英連邦、国際連合の役割」である。キーステージ四では一〇の指示項目があり、九番目は「(i)ヨーロッパ連合を含むヨーロッパにおけるイギリスの諸関係、英連邦や国際連合との関係」、一〇番目は「(j)持続可能な開発やローカル・アジェンダ21を含む国際的な相互依存と責任という広範な論点と課題」である。また、「授業プログラム」は、キーステージ三の生徒に次の点を教えるよう求めている。「公正、社会正義、民主主義・多様性の尊重という主要な概念や価値についても、授業を追加すること。当該授業では、たとえば、学校、地域、国、世界といった多様なレベルの問題を取り入れた学習や、地域社会での学習をさせること」。

「グローバル・シティズンシップ」や「世界的シティズンシップ」の考えにもとづいたシティズンシップ教育の授業内容や学習活動に関しては、世界シティズンシップ教育協議会、オックスファム、国連協会などの団体が、すぐれたモデルを開発している。これらの団体は、施行令の指示項目の素っ気なさや、「学校、地域、国、世界」という、世界を後回しにした並べ方に失望するにちがいない。一緒に仕事をしてきた多くの教師たちは、別のやり方で、シティズンシップに対する生徒の関心を高めてきたからである。教師たちは、とくに小学校で（小学校こそ難しいのだが）、年少の生徒の想像力をかき立て、地球環境問題に触れさせ（そうすることで、教科横断型授業としての「持続可能な開発」の考え方に見事に歩調を合わせ）、第三世界の国や地域の暮らしや課題を学ばせていた。地球から始めて身近な地域へ進む、という教え方である。しかし、シティズンシップ教育施行令と資格カリキュラム機構[8]の指導要領では、意図的に逆方向を指示している。教師は（「相互依存」が意味するものについて生徒に道徳的関心を持たせ、理解させるために）最終的には地球全体を取り上げなければならないが、出発点はごく身近なところになっている。

失望を招くほど指示項目が素っ気ない点については、「大枠の施行令」（デイビッド・ブランケットの呼び方）あるいは「骨太の骨子」（私の呼び方）ならではの長所を、私はすでに説明し賞賛すらしている[9]。中央による過度の統制からの自由、という長所である。少なくとも、シティズンシップ以外の法定科目よりも自由度が高い。人権団体や人権教育プログラムばかりでなく、右に挙げた有意義な団体も統制を受けない。そのため各団体は、骨太の骨子への肉付けとして、適切な教材を選択する機会やすぐれた取組のアイデアを、学校へ継続的に提供できる。この教科を一部省略せずに全部実施する限り（あるいは、小学校の「人格・社会・健康教育とシティズンシップ教育」に関する資格カリキュラム機構の指導要領に従う限り）、各学校は力点の置き方を柔軟に変えてもかまわない。したがって、成功した試みや、順調に進んでいる試みを放棄する必要はない（なぜ私が省略せず全部実施するよう強調するかと言えば、最近では、身近な問題よりも世界規模の問題の方が教えやすく、論争にもなりにくいからである）。

　地球全体を優先しようと考える一部の団体や教師は、つねに多少なりとも失望せざるをえないだろうが、これには深い哲学的な理由がある。それをハンナ・アレント以上に明快に述べた人はいない。

> 誰も、自国の市民であるのと同じようには、世界市民にはなれない。［カール・］ヤスパースは『歴史の起源と目標』（一九五三年）において、世界国家と世界帝国の含意を幅広く論じている。世界政府がいかなる形態を……とろうとも、一つの主権的な力が地球全体を統治し、すべての暴力手段を独占し、他の主権的権力に抑制・統制されないという考えは、それ自体、専制という恐ろしい

（8）　資格カリキュラム機構については、本書序言の注（2）（二頁）を参照。
（9）　これについては、本書の第一章および第七章を参照。

悪夢であるだけでなく、われわれが知っているすべての政治的生活を終わらせるだろう。政治の諸概念は、多数性、多様性、相互制約にもとづいている。市民とは定義上、ある一つの国の、ある一人の市民なのである。市民の権利と義務は、同胞市民の権利・義務によってだけではなく、国境線によっても規定され制約されなければならない。哲学は、地球を人類の故国として、また、永遠かつ万人に妥当する一つの不文法の故国として考えるかもしれない。政治は人間を、多くの国の国民、多くの過去の相続人として扱う。法は、実定法として打ち立てられた柵であり、そうした柵は、自由が概念ではなく生きた政治的現実になっている空間を囲い込み、保護し制約するのである(Arendt, 1970, p. 84)[10]。

私は、世界シティズンシップ教育協議会やオックスファムや国連協会を、かつての世界連邦政府運動(ラスキの有名な言葉で言えば「頑固な空想論」)と混同しているわけではない。これらの団体による活動の道徳的な着想や趣旨を否定しないし、むしろ強く支持している。倫理的価値の決定的な試金石は、身近な人だけではなく、見知らぬ人々、遠くにいる人々にもあてはまるかどうかである。繁栄のために、文化のために、そして喫緊の課題としては地球環境破壊を防ぐために、すべての国が相互依存関係にあることを知っておくべきである。自由貿易に限度あり、ということはわれわれ皆の関心事でなければならない。いかなる市場にも規制は必要であり、世界市場でさえ、いや世界市場はなおさら規制が必要である。それでもやはり、理論的混乱はいただけない。とりわけ、実感できる優先順位で問題を考えるよう生徒を説得しようとしているのに、現実感を失わせてしまうような理論的混乱には賛成できない。

「市民とは定義上、ある一つの国の、ある一人の市民なのである」。

学校理事のもう一つの役割

デイビッド・ブランケットは、「シティズンシップと民主主義のための教育の増強」という、一九九七年の白書『学校における卓越性』の意図を実現しようと望んでいた。選択肢は、シティズンシップを法定科目として提案することしかなかった。昨年、報告書『学校におけるシティズンシップ教育と民主主義教育』を公表した諮問委員会(11)がすぐに気づいたように、教科横断型の授業方式を指示した指導要領の実施状況は思わしくなかったからである。全国共通カリキュラムに関する私自身の悲観的見通しは、今となっては的外れの個人的見解でしかない。しかし、当時の全国共通カリキュラムを二大政党がいずれも支持している状況では、シティズンシップを法定科目にするという、ブランケットの長年の夢をかなえるよう突き進む以外には、選択の余地がなかったのである。法律として命じられ強制されないと、教師も生徒も真剣に受けとめてくれないのが世の常である。ケネス・ベイカーの下で、「シティズンシップ教育」に関する当時(一九九〇年)の全国カリキュラム会議が立派な指針を出していたのはたしかである。しかし、ベイカーに公平な言い方をすれば、多くの科目が詰め込まれた状態で教育成果(測定

(10) 邦訳(『暗い時代の人々』阿部斉訳、河出書房新社、一九八六年)の該当箇所は、一〇三頁。
(11) 『一九九八年報告』(クリック・レポート)と、クリックを委員長とする諮問委員会を指す。

可能な教育成果）に関する評価が公表されるとなれば、指針ではいかにも無力であるが、それを当時は誰も気づいていなかったのである。[12] ベイカー卿も加わっていた諮問委員会は、ただちに全員一致で、シティズンシップ教育を中学校の法定科目とすべきであると勧告する以外、時間の無駄であろう、と覚悟を決めた。

学校理事、教育顧問、校長は、自分たちの仕事に影響を与える二つの点に気づくであろう。第一に、ここで提案されているのは、シティズンシップのための教育であって、政治リテラシーの教育にとどまらない、ということである。純然たる政治団体に限らず、地域の諸団体でボランティア活動をするのにも必要な知識や技能を身につけさせる教育である。政治的技能があれば、ボランティア団体の中でも、団体の目的を理解し、政策を提案したり立案するのに役立つ。第二に、新科目は、ブランケットが「大枠の」と形容するのを好んだ施行令で定められているので、教育の内容や方法に細かな指示を出していない。目標への到達方法を細々と指示せず「学習成果《ラーニング・アウトカム》」を重視する、という考えにもとづいている。これを、ほとんどのメディアが見落としている。それどころか、全国共通カリキュラム全体の中での「部分的」改定のほとんどすべてが、同じ方向に進んでいることも見落としている。当然ながら、明らかに微妙な問題領域では、学校と教師の裁量の幅は広い。この新科目が定着するまでは、とくにそうである。そのため、今まで以上に学校理事が、学校、保護者、公共機関の間を調停する必要が生じるかもしれない。

シティズンシップ教育施行令は、他の科目施行令とは異なり、情報をしっかりふまえた課題探求型の討論を非常に強調している点がユニークである。読み書き計算能力は大いに重要ではあるが、あらたまった教職用語で言うと「口述力《オラシー》」（筋の通った話し方）も同程度に重要である。そうした能力の活用によって、決定、報告、第一印象の大半が伝達されるからである。生徒は「時事的な政治的・社会的・道徳的争点、問題、事件の重要な側面を学習し熟考し討論するよう」指導される。争点、問題、事件という語は、慎重に選ばれている。政党やメディアは争点を作り出しはするが、長年にわたる問題は無視したり回避したりしかねない。また、何か事件が起これば、時事的関心を生徒に持たせるために、教師は、周到に準備した授業をときどきは後回しにしてもよい。

とはいえ、延々と討論するだけでは、当然のことながら、授業内容を生徒や保護者やメディアが誤解する可能性もある。授業で教えているのは、本来、礼儀正しい討論や批判的思考である。ところが、討論の中でとくに目立つ派手な意見（さまざまな意見の中の一つでしかないのだが）を教えようとしている、と最初から誤解されやすい。諮問委員会の報告書は、「論争的争点を教える際の指針」にまるまる一節を割いて注意を喚起しており、また、資格カリキュラム機構のシティズンシップに関する指導要領も、簡略版の要旨を記載している。取り上げるべき争点の指定はなく（特別扱いを要求する外圧は多々あるけれども）、取り上げてはいけない争点の指定もない。したがって、新聞、ラジオ、テレビで目にしても授業では議論しない方がよい、という意見のあるような争点でも、授業で取り上げられるはずである。一九九六年教育法は放送法と同じく、政治問題に関しては議論が不偏不党であるよう要求し、特

(12) 数多くの科目で教育成果を指標にして実施される評価に対応するのに追われて、学校側は、法定科目でないシティズンシップ科目については、指導要領通りに取り組む余裕がなかったことを指している。

定の主義に偏った教育を明確に禁じている。しかし、どの争点を議論するかは自由な選択に委ねられているので、特定の争点を取り上げたことに圧力団体や保護者が抗議してきても、校長や学校理事は独自に対処しなければならない。中央の指図に頼ることはできない。メディアで広く議論されている争点は、学校できちんと議論するのが常識だと思う。それは社会人になるための準備に他ならない。最近出版された参加型教育をテーマにした論文集が、ヨルバの格言を引用していることをあらためて想い起こすとよいだろう。「背負われたる子は、その道程《みちのり》を知らず[13]」。

シティズンシップ教育の目標の一つは、生徒が「学校や地域社会の活動に実際に参加し、そうした活動を批判的に評価する意思や姿勢を示す」ことである。短い文章だが、含まれる意味はきわめて大きい。学校はいまや、「地域に根ざした活動」の実施を求められているのである。一部の学校は長い間取り組んできたが、すべての学校というわけではない。視学委員としても、年に一度、地方委員会[14]を形式的に訪問調査するだけでは済まないだろう。そんなことでは、「健全なシティズンシップ」と「能動的シティズンシップ」を恒常的にくり返し教えていくという、能動的シティズンシップ育成のための要件を満たせそうもない。この点で、学校理事は、地域の団体や企業や学校の仲介者という重要な役割を演じることができる。これをめざして、シティズンシップ教育連合（学校のシティズンシップ教育を支援する主要団体をまとめる組織）は、地域社会シティズンシップ教育フォーラムの設立を呼びかけている。

シティズンシップ教育における大学の役割

シティズンシップ教育は、大学にどんな影響を及ぼすのだろうか。私の見るところでは、小規模ながら興味深い短期的影響がある。潜在的には甚大な長期的影響でもある。短期的影響が及ぶのは、主に社会科学系の学部である。関連科目のAレベルを取得してから大学に入ってくる学生が増えるためである。私は慎重に、社会科学系という言葉を選んでいる。なぜなら、デイビッド・ブランケットが私の主宰する委員会に諮問した事項を見ればわかることだが、力点が置かれるのは政治科目に限らないからである。諮問にはこう書かれている。「学校における効果的なシティズンシップ教育のあり方について答申すること。シティズンシップ教育には、民主主義における参加の本質と実践、市民としての個人の義務・責任・権利、地域活動が個人や社会に対して持つ価値を含めること」。

最後のところに傍点をふったのは、既存のAレベル試験や一般中等教育資格試験（GCSE）は、社会学にせよ政治科目にせよ、傍点部分の学習を強く奨励していないからである。政治や経済に関するリテラシーのほかに、地域や全国規模のボランティア団体や、そうした団体と地域行政の相互作用についての学習も奨励すべきである。国家と個人の間には地域社会がある。現実の地域社会であれ、社会的責任を果たしまっとうな生活を送る場という、いくぶん理念的な概念としてであれである。シティズンシップ教育施行令は一六歳までの義務教育にしか適用されないが、一六歳以降の試験も、（私なりによく

（13）本書の第七章（一六九頁）で言及されている格言。子どもの教育では、保護することも試練を課すことも必要であり、どちらかに偏らずにバランスをとるのが重要だ、という意味の格言として引用されている。

（14）地方委員会は、地方自治体の住宅供給・学校建設などを担当する行政機関。

よく考えた上での意見では）現在の過度に専門化し学術的になってしまった政治科目や社会学の授業内容よりも広い範囲から出題されるだろう。それに、シティズンシップ教育は一六歳で終わりだと政府が考えているとすれば、とんでもないことである！　シティズンシップ科目の試験の出題範囲が広く浅くなれば、私のような大学教師の記憶力に過大な負担がかからなくなり、大学初年次の社会科学教育は、教師にとって、これまで以上に難しくなるとともに、これまで以上に容易にもなるだろう。学生の半分は授業がさっぱりわからず、残りの半分はたいていは勘違いだが、自分はもう知っていると思い込む、という事態は、今後はなくなるだろう。

就職先に恵まれることもあるかもしれない。社会科学系の卒業生は、教員養成の機会が得やすくなるだろう。現在の全国共通カリキュラムでは、シティズンシップが独立した科目となっていないために、彼らはかなり不利な状況に置かれているのである。独立した科目となれば、深刻な教師不足の解消にも、多少は役立つだろう（ただし、より効果的な方策としては、給与や地位の魅力を、ドイツ、フランス、オランダ、スカンジナビア諸国並みに高めることも当然考えられる）。たしかに、新しい大学（旧ポリテクニーク）の学士課程は、専門に偏らず、教員養成にはるかに適合したものになっている。しかし、ドイツの一部の大学にならって、典型的な社会科学コースの最終学年向け選択科目として、シティズンシップ教育に関する科目を提供すべきではないだろうか。そのようにしてシティズンシップ科目の基本的諸前提を熟考すること、また、それをどう簡素化してさまざまなレベルで教えられるようにするか、地域の学校での職業体験とできるだけ関連させて、少なくとも食欲をそそる試食品として教えられるようにするにはどうしたらよいかを考え抜いてみることは、いずれも、なかなか興味深いのではないか。

教育学部と他学部との間の障壁を取り除くことにも役立つかもしれない。

『一九九八年報告』が好評だと明らかになったとき、私は、関連する二つの学会（学校教師向けの政治学協会 the Politics Association と、大学の研究者向けの政治学会 the Political Studies Association）で、シティズンシップ教育施行令だけで勝利と喜ぶのは間違いであると述べて論争を仕掛け、楽しい想いをした。こう述べたのには二つの正当な理由があった。第一に、「シティズンシップ」は、実際の営みとしても教科としても、現在の政治学よりもはるかに広い概念であり、社会学にも同程度に恩恵や影響を与えるかもしれないからである。第二に、既存の学科や専攻といった区分で学生を募集する大学の都合で、大学以前の学校教育全般のあり方を云々することは、政府や一般の人々からは歓迎されないだろうからである。もっと広い公的利害の諸問題が関わっているのである。

イングランドの文化は実際のところ、あまりにも長い間、市民文化ではなく、信従文化であり臣民文化であった。月並みな言い方だというのであれば、現実的な意味を盛り込んでみよう。『一九九八年報告』は大胆かつ穏やかに、次のように述べている。「われわれの目的は、まさに、国全体および各地域において、この国の政治文化を変革することである。人々が、自らを能動的な市民とみなすことである。公的生活において影響力を持つことに意欲的で、影響力を持つことができ、そのために、主張し行動するのに先だって証拠を秤量する批判的能力をそなえている市民として、自らをみなすことである」(Advisory Group on Citizenship, 1998, pp. 7-8)。かの詩人が言ったように、「言葉は軽々しく語られる」[15]こともあろう。しかし、シティズンシップと自由な統治という偉大な伝統に結びついた技能・知識・価値をすでに多少は習得している世代が、たんなる学生としてだけでなく、五年もすれば若手教師になる可能性を持った若者として大学に入学してきたら、いったいどんな影響が大学に及ぶか考えてみればよい。知識の進歩や学問に対する脅威にはなるまい。

ほとんど何に対しても経済的実利的な理由を求める度を超した情熱を、数値で測れないものは無意味だという信条とセットにして、政府は率先して煽り立てているが、これに何とか抵抗してきた大学もいくつかある。そうした大学は、苦境に立たされ屈辱や策略にも直面したが、にもかかわらず（ほとんどが）驚くほど持ちこたえてきた。職業教育を重視する傾向にもかかわらず、シティズンシップ文化が成長していくならば、シティズンシップ文化で対抗しこの傾向を修正し是正していくならば、大学は多少なりとも社会の一部であって地域社会や国全体に対して教育の責任を負っている、という認識が生まれるであろう。学部学生を小学校や中学校に有給チューターとして数時間派遣するという新しい「教育実習」制度は、想像を掻き立てる予兆である。

もちろん、学校のシティズンシップ教育だけでは、大変革をもたらすことはできない。しかし、シティズンシップ教育が孤立しているわけではない。たとえ、現政権の得意技が縦割り行政のつぎはぎですらなく、アルファベットを並べた何かの略語を作ることでしかないとしても、それでもなお、参加の度合をはるかに高めたシティズンシップの理念は、憲法改革に必須の条件とみなされ始めている。それだけでなく、この理念は、地域や中央の政策やサービスを地域の事情に合わせて提供する際に、ボランティア団体や地域団体の果たす役割を大きくしようとする試みにとっても、必須の条件とみなされ始めている。ＢＢＣ（イギリス放送協会）も、いくつかの教育番組を大胆に試みる中で、シティズンシップが社会全体の問題であると理解するようになっている。

それでも、まだ非常に多くの矛盾が残っている。サッチャー主義がまさにそうだったが、国家は業務縮小を図りながら、実際には中央権力を強めることができる。経済的な制約は、現実のものであれ、風化したものであれ、政治的思慮にかなうと考えられたものであれ、地域の創意を厳しく抑え込んでいるし、民主主義や地域社会の理念（政府がスローガンに掲げたがっているもの）に対しても同様である。国は地方自治体に不信の目を向け続けているが、それは必ずしも有益とは限らない。

こうした矛盾は、大学において非常にはっきりと現われている。多額の資金が、測定可能な生産性だけを尺度にして配分され、すべての大学教師が独創的研究者でなければならないか、そのふりをしなければいけないかのようになってしまい、誰にも読まれない役立たずの不要な論文が濫造されている。公開講座への資金配分はほとんどなく、担当する学部は全国的に先細りするか潰れている。資金配分で圧倒的に有利なのは、今では、職業訓練コースや資格取得コースだからである。地域社会でも、教育そのものを大切に思い職業に関連しない学びを重視する人々が冷遇され、教育を本当に必要としている人々を排除するような、授業料の「実費」徴収が行なわれている。生涯学習とは、資格を増やすことではないだろうに。

にもかかわらず、文化的変容は生じつつある。学校のシティズンシップ教育（大きな意味を持つ小さな一歩）と同じように、この文化的変容も近い将来、政府が主導するようになるかもしれない。この変

---

(15) アイルランドの詩人・劇作家ウィリアム・バトラー・イェーツ（一八六五―一九三九年）。引用は、The Rose Tree という詩の冒頭部分からである。

容によって、所得再分配による平等はもたらされないとしても、民主的・参加的文化の相対的平等がもたらされるはずである。地域社会に関与し支援し学ぶことへの関心は、職業教育の偏重と経済中心主義というサッチャー時代の行きすぎた面を、ただちに是正し始めるであろう。大学は社会の一部《パート》なのであって、「重要な・批判的な」という両方の意味で「クリティカル」な役割《パート》を担っている。大学はこの役割を、シティズンシップ文化の創出というきわめて幅広い目標を掲げながら果たすべきである。こう主張しているのは、いまや、私一人だけではない（Annette, 1999; Buckingsham-Hatffield, 1999）。

第9章　シティズンシップ教育の諸前提

本章は、既発表の論文（*The Journal of the Philosophy of Education of Great Britain*, 33(3), 1999）に、若干の加筆修正を行なったものである。もともとは、一九九九年の復活祭の日にオックスフォード大学ニュー・カレッジで開催された、教育哲学会年次大会の冒頭講演であった。再録を許可してくださった学会誌編集者に感謝申し上げたい。

シティズンシップと教育に関する揺籃期の議論に立ち返ってみよう。アリストテレスは、善き人間でなくても善き市民にはなれると認めつつも、善き人間は善き市民でなければならないと考えた。しかし、バンジャマン・コンスタンは、有名な論考「古代人の自由と近代人の自由」で、両者の自由を鋭く区別している。

古代人の目的は、同じ祖国に暮らす市民の間で社会の権力を共有することにあった。古代人はこれを自由と呼んだ。近代人の目的は、私的な快楽が保障されることである。近代人は、こうした快楽の制度的保障を自由と呼んでいる。(1)

モダンあるいはポスト・モダンと呼ばれる現代でさえ、この近代人の自由は、自由市場経済を世界中に押しつけているアメリカ合衆国によって保障されている（自由市場経済がアメリカ国内の利害に関係する場合を除く）。

近年、マーク・フィルプが「シティズンシップと人格の高潔」（Philp, 1999, pp. 19–21）と題した論文で、次のように論じている。「自分が帰属する集団の目的の妥当性を熟議し、交替で支配者と被支配者となる有徳で能動的な市民」という古典的なシティズンシップは、たしかに魅力的である。「とくに、市民として有徳であることは、より広い意味での道徳的な卓越の本来的な完成された姿につながる、という考えと一体化するとき」は魅力的である。民主主義国家が教育制度の内容やあり方に指図したり影響を与える際、その前提には、こうした古代人の理想がある。とはいえ、この立派な見解は「大半の人にとってほとんど道徳的な意義がない」と認めざるをえない（その通りであろう）。なぜなら、フィルプいわく、自由国家にしっかり保護されているおかげで、多くの人々は、物欲とスポーツとセックスがほぼすべてという、まったく自己中心的な生活ができるからである。また、アリストテレスが描いた公的生活や、現代版だとハンナ・アレントやジョン・デューイが思い思いに描いた公的生活よりも、私的生活の方が有徳だと主張できるからでもある。フィルプは、以上の主張を裏づけるためだけに、私の大好きな人文主義者のモンテーニュの一節を引用し、私の見解に揺さぶりをかけている。モンテーニュはこう言っているからである。

突撃をしかける、使節の先頭に立つ、人民を統治する、といったことは輝かしい行為である。叱る、笑う、買う、売る、愛する、憎む、家族とともに穏やかで公正な暮らしをする、だらしないことをしない、自分をさらけ出したりしない、といったことは、それ以上に珍しいことであり、稀れで困難なことである。人々が何と言おうと、そのような隠遁生活は、少なくとも他の暮らし方と同じく厳しく緊張した仕方で義務を背負うことである。(2)

こう言われてしまうと、能動的シティズンシップも、行きすぎた議論にならないようにしなくてはならない。ひたすら信じるだけでは普及してくれないし、法律で強制するわけにもいかない。強制すれば、たとえば、投票を義務にするといった些末な参加になってしまう（義務化されているオーストラリアで、国民の多くが投票用紙に何を書いているかは、誰もが耳にしている）。あるいは、一党独裁国家やウルトラ・ナショナリズム体制に見られるように、イデオロギー的で熱狂的な参加となる。いずれにしても、適切な意味での自由とは程遠い。

とはいえ、率直に言って、自国の文化の奥深くに能動的シティズンシップの伝統を持たない国家や、自国の教育制度によって能動的シティズンシップの気質を生み出せない国家は、大きな危険を冒してい

（1）バンジャマン・コンスタン（一七六七―一八三〇年）はフランスの政治思想家・小説家。「古代人の自由と近代人の自由」の邦訳としては、毛織大順訳「現代人の自由と古代人の自由」（『法学論叢』（福岡大学）第二三巻第一号、八一―一〇〇頁）がある（引用の該当箇所は八九頁）。

（2）出典はモンテーニュ『エセー』第三巻第二章「後悔について」。邦訳（松浪信三郎訳『世界の大思想5』所収、河出書房新社、一九六七年）の該当箇所は三四一頁。

る。因果応報である。究極の危険は、言うまでもなく、戦争や経済危機の際に市民から支援を得られないことであるが、もっと目に見える姿の危険は、社会が無法状態になることである。そうした国家では、おそらく全員ではないが少なくとも一部の若者が疎外感や不満を抱き、過激な反社会的行動に共鳴や衝動を覚えるようになるだろう。

世界各地の学校で、シティズンシップ教育が行なわれるようになった。たとえば、ヨーロッパ共同体の全加盟国である（イギリスも実施国になろうとしているが、相変わらずしんがりである）。アメリカ、カナダ、オーストラリア、ニュージーランドでも行なわれている。何か漠然とした歴史的危機感が、その引き金になっている。成熟しすぎた社会に子どもが成長して入っていくには、当然のことながら、自国の政治的・社会的制度に関する知識が必須だ、という熟慮からではない。成りゆきで理性的熟慮を強いられているようである。このように言うと、伝統志向に対する、ひねりの入った礼賛になる。大半の教育制度や教科・教育方法の適切なあり方と信じられているものの背後にある強力な伝統を省みなかったために、こうした熟慮が強いられているからである。アリストテレス、マキアヴェリ、ホッブズ、ルソー、モンテスキュー、カント、ヘーゲル、ミル、トクヴィル、マルクス、デュルケム、ウェーバー、アレント、アロン、ポパー等々の偉大な政治哲学者や社会哲学者を無視した報いである。

シティズンシップ教育の意図は、もっと冷静な見方をすれば、次のように言えよう。政治はセックスと同様に避けられない。それどころか、政治は文明生活を支えるものなので、真正面から向き合った方がよい。政治が避けられない以上、政治に関心を向け時間を割くべきである。しかも、政治は興味を惹く科目なのだから、興味を惹くように教えるべきである。文明生活や組織社会は、政府の存在に依拠している。その一方で、政府が権力や権威を使ってなすべき事柄やなしうる事柄は、政治構造で決まり、また、社会内の住民や集団が抱いている信条で決まる。たとえば、ギリシャ人やジャコバン派は、人が本来的な意味で人となるのは、公的生活において能動的な市民であるときだけであると考えたが、現代から見ればやや行きすぎの感もある（Crick, 1962）。とはいえ、「公共精神」を持たず、政治社会（多くの場合、漠然と、あるいは楽観的に、民主主義社会とも呼ばれているもの）と切っても切れない衝突、個人や集団の利益と理想の衝突の一切に無関心で関わりを持たない人は、人間として不十分だというのは、やはり真実である。善き生活は公的関心事を回避するところにあると主張する人は、ごく少数であろう。どの年齢層の人にせよ自分は権威に対して影響を及ぼすべきでないとか、影響を及ぼせないと思うならば、われわれの生活文化や生活スタイルは全般に豊かさを失い、多様性を欠いて貧相になり、弱々しくなって、状況への対応や変化への適応ができなくなる、と大方の人々はわかっている。何の影響も与えられないという無力感は、有害な冷笑的《シニシズム》態度にもなりかねないほどの、公的問題への広汎な無関心を生んでしまう。

　これはかなり抽象的な一般論に聞こえるかもしれないが、しかし、教育に対して持つ意味は、困惑するほど具体的である。まっとうな教育であれば、政治は自然なものだと説明すべきであり、必要であれば、政治の自然さを正当化すべきである。人はそれぞれ、異なるものを欲するし欲してよい。それどころか、人は、公的権力という手段に頼ったり公的権力の許可があってはじめて、達成し実現できるさまざまなものを重要視する。そうである以上、生徒は、利害や理想の対立を和解させ調整する方法について、ある程度は学校でも学ばねばならない。マイケル・オークショットは非常に懐疑的な見方をしていて、政治とは要するに、目的地を決めずに航海を無事に続けるようなものであり、書物ではなく経験で学ぶしかないと論じている（Oakshott, 1962, pp. 111–36）。[3] これは少なくとも半分は正しいが、半分は間違っている。なぜなら、保守派と進歩派は（ルソーが両者の橋渡しをするだろう）、政治教育には経験という強力な要素も必要だが、制度や歴史に関するある程度の知識（オークショットの比喩では航海術）も必要だ、と考える点で一致しているからである。学校教育と大人の経験をはっきりと絶対的なまでに区別し、その必然的な帰結として、適格な支配者を、支配経験を積んだ階級の一員として育った人だけに絞ってしまうのは、オークショット本人が好んだ概念の一つを用いれば、経験のいささか恣意的な限定に思われる。

しかし、出発点は非常に重要である。他人に尋ねてみても、ビッデカムへの道を尋ねられたイングランド農夫の例の有名な答、「おいらがあんたなら、ここから出かけるなんてしないね」が返ってきかねない。実際には、今いる場所から出発するしかない。政治を破壊的だとか不和の元凶とみなしたり、イデオロギーや愛国主義の説く唯一絶対の真理、賞賛すべきで疑ってはならない真理を実現するのが政治だとも考えていない国に暮らしているなら、その場所から出発するしかない。とはいえ、ある程度自由な社会の教育であれば（完全な意味での教育が可能なのは、ある程度自由な社会だけである）、現実のさまざまな制約があるとしても、自分が選んだところから出発するある程度の自由がある。とすれば、政治そのものから出発すべきである。他の場所から、たとえば「憲法」、「健全な市民のあり方」、「改革」、「人権」といった（すでに言及したような）お決まりの無難な出発点から始めると、生徒が完全に間違った方向にそれたり、途中で完全に嫌気がさしたり、反感を抱くといった危険を冒すことになる。

多少は公的な意義もあるので、私個人の実例を取り上げてみよう。「学校におけるシティズンシップ教育と民主主義教育」に関する諮問委員会[4]の初会合に出席したとき、新教科の内容を旧来の公民科並みに限定したがる委員がいるのではないか、と私は心配した。さまざまな制度に関する事実とか、地方議員や国会議員の手柄話とか、イギリス憲法の学習などに限定したがるのではないか、と思ったのである。ちなみに、イギリスに成文憲法がないのは、誰の目にも明らかな問題点である。憲法がある意味では存在すると認めても、どう定義するかが党派的論争になる。間違いなく「本質的に論争的な概念[5]」である。

公民科のような科目にしていたら、教師にとって不幸を招くことになったであろう。「わが栄光ある議会」といった憲法関係の決まり文句を、すでに懐疑的になっている生徒に押しつけ、軽蔑して気を紛らすしかない退屈なことを教えるだけでは、事態は悪化するだろう。しかし、私は委員たちを見誤っていた。どの委員も、参加や討論は、多元的な社会における多様な価値や利害を議論し探求することをめざすものであり、シティズンシップや政治の要点である、という見方に納得したからである。われわれはさらに、教科の一部として（「価値・知識・技能」というありがたい標語にしたがって）「公民科的な」知識を学ぶことも推奨はしたが、それはただの政治的・法的な制度の知識ではなく、学校周辺のありとあらゆるボランティア団体や圧力団体に関する知識でもあった。知識を活用するようになるには、

（3） 邦訳（『政治における合理主義』嶋津格他訳、勁草書房、一九八八年）の該当個所は、一四七頁。
（4） クリックが委員長を務め、『一九九八年報告』（クリック・レポート）を答申した委員会を指す。
（5） 本書第一章の注（7）（一三頁）参照。

子どもは、そうした集団や団体を目の当たりにすべきだし、参加を促すべきなのである。

われわれが推奨した「学習成果《ラーニング・アウトカム》」戦略は、内容を細々と指示せずに、どうやって成果を達成するかは教師の自由に実際に委ねる、というものであった。このような自由は、自由なシティズンシップの伝統の一部でもある。

私の関わった『一九九八年報告』が勧告した学習成果は、ほとんどが概念という形をとっている。私の考えでは、学校の内外を問わず、あらゆる教育は、言葉の基本的な理解を高め、言葉の活用力を向上させることにほかならない。学校の外の複雑な関係や出来事に順応し、その中で選択の幅を広げるのが狙いである。また、シティズンシップ科目では、そうした関係や出来事に影響を及ぼすことが最終的な狙いである。われわれはいつでも、自分の住んでいる世界について、不確かで稚拙で誤ってさえいても、何らかの一般的なイメージや理解を持っている。どんな教育にせよ、教育とはそうした世界イメージを説明し、何らかの議論や外的証拠へ訴えかけながら、既存の世界像の修正や新しい世界像について、たとえ単純でも一般的に説明することである。イメージは概念から生成する。子どもは、自覚していようがいまいが、概念から学び始める。子どもも大人も概念を研ぎ澄まそうとし、概念どうしの結びつきを見出すために意味を広げ、新しい経験や問題に対応するために特別な概念を発見し受け入れていく。

こういうわけで、概念から学習を始める以外に選択の余地はない。実際に選択できるのは、次の二つのいずれかでしかない。一つは、理論的な学問上の概念から始め、やさしく説明していくことである。私の共同研究者であったデレック・ヒーターは一九七〇年代に、ジェイコブ・ブルーナー(6)にならって、これを勧めていた。もう一つは、学校ごとに、教える相手の生徒が実際に概念をどう使っているかに合わせるという、経験的な教え方で始めることである。体系的ではなく通俗的な教え方と言ってもよい。ピーター・ウィンチによれば、「人々は、まず初めに物事を一般化し、次にそれを概念で表現するのではない」のであって、「概念を手に入れているからこそ、物事を一般化できる」(Winch, 1958, p. 58)[7]。また、思索に富んだ当代の政治哲学者シェルドン・ウォーリンは、次のように論じている。

われわれの政治理解を作り上げている概念やカテゴリーは、政治現象の間の結びつきを捉えるのに役立つ。概念やカテゴリーは、それらがなければ救いようのないほど無秩序な活動にしか見えないものを、ある程度整理してくれるのである。それらは、われわれと、われわれが理解しようとしている政治の世界とを媒介する。そしてそれらは、明瞭に自覚された一つの場を創り出し、そうすることで重要な現象とそうでない現象とを区別するのに役立つのである(Wolin, 1960, p. 21)[8]。

ただし、これに対しては、大物哲学者からの警告もある。カール・ポパーによれば、「言葉をめぐって争うなど、断じてすべきでない」(Popper, 1963, p. 93)[9]。定義は論争を解決しないし、重要な概念は厳

---

(6) クリックは、本書の第三章での言及と同様に、Jacob Bruner と表記しているが、アメリカの認知心理学者・教育心理学者である Jerome Bruner(ジェローム・ブルーナー、一九一五生まれ)の可能性がある。

(7) 邦訳(『社会科学の理念――ウィトゲンシュタイン哲学と社会研究』森川真規雄訳、新曜社、一九七七年)の該当箇所は、五五頁。

(8) 邦訳(『政治とヴィジョン』尾形典男他訳、福村出版、二〇〇七年)の該当箇所は、八―九頁。

密には定義できない。われわれが本当に関心を抱いている事柄、本当の問題は、事実に関わる問題であって、言いかえれば理論とその真偽の問題だ、というのである。この指摘はたしかに、不毛な言語分析アプローチに対する適切な警告ではある。このアプローチは、優れた辞書があれば論争は最終的に決着でき、あるいは、テレビのクイズ番組の回答者が「民主主義とは、私の個人的な定義を言うと、ええと、誰もが自分の好きなようにすることです」と答えれば済んでしまいそうだからである。とはいえ、理論はやはり概念で組み立てられている。概念とは、あれとこれは同じ種類の問題なのだ、とまず最初に気づくことである。「問題がまず最初にある」と、ポパーは社会科学者を含む科学者全般に向けて、適切で現実的な忠告をしている。そうではあるが、教師はさしあたり、概念の実際の使い方をはっきりさせ改良を加えることに配慮すべきである。それが先でないと、問題、一般論、証拠、真偽に、教師は注意を払えない。教師がどの問題を取り上げ議論するかを選ぶ際の、客観的とまでは言わないとしても、少なくとも合理的だと弁明できる手続を最初に確立しておかなければ、シティズンシップを教える教師にとってポパーの忠告は政治的に危険となりうる。ただし、ポパーの議論の主旨は、やはり真剣に受けとめるべきである。正確に話すことの学習が目的なのではない。全体の関係を理解し説明すること、特定の価値体系からの推論がもたらすかもしれない結果を理解することが目的なのである。

アーネスト・ゲルナーも、ピーター・ウィンチへの批判で、同じ点を指摘している。批判点は、ある社会の概念を理解することはその社会の制度を理解することだという、ヴィトゲンシュタイン的な考え（むしろ傲慢と言うべきか）である。

概念や信条そのものが、ある意味で制度の一種である。なぜなら、概念や信条は制度と同じように、個人に左右されない、かなり恒久的な枠組（その枠組内で個人の行為はなされる）を提供するからである。また別の意味で、概念や信条は、社会のすべての制度に関連している。だから、概念が社会でどう作用しているかを理解することが、その社会の制度を理解することなのである（Gellner, 1973, p. 49）。

実際、概念がどう作用しているかで、その社会は理解される。したがって、「権力」や「権威」といった概念の意味を説明するところから始めなければならない。こうした概念の正確な意味ではなく、たとえば種々の政治的な主義主張（保守主義、自由主義、社会主義）やさまざまな社会的集団や専門家集団の中で、こうした語句がどんな役割を果たしているかを示すことが、とくに必要である。この問題について、イアン・リスターは控えめながらも説得力のある議論をしている。「政治教育で学ぶ語彙を使いこなせるまでにすることは、政治教育のすべてではないが、一端ではある。事実がまず最初にあるとしても、事実は概念がなくては分析できない」（Lister, 1987, p. 32）。

（9）クリックが引用の典拠として示しているのは、ポパー『推測と反駁』（本書巻末の参照文献リストも参照のこと）の第一章第一二節あたりと考えられる。この箇所で、定義で真理に到達できるとする本質主義を批判するポパーの議論が見られるのはたしかだが、「言葉をめぐって争うなど、断じてすべきでない」（One should never quarrel about words）という文章は見られない。この文章が見られるのは、以下の著書においてである。カール・R・ポパー『客観的知識』森博訳、木鐸社、二〇〇四年、三四三頁。

スティーヴン・トゥールミンは、その記念碑的労作『人間知性論』で次のように論じている。「人間の知的な生活や構想物に関わる技術や伝統、活動や手順、ひとことで言えば概念（これによって人間知性が獲得され表現される）とは何か」。われわれは、それぞれ考えることは異なっているが、概念は他の人々と共有している。これが、トゥールミンの引き出している警句である。たしかに、他人には理解できない私的な概念は、概念として通用しないだろう。概念は真偽とは関係ない。公的に通用し役に立つものでしかない。政治生活や社会生活に関する概念は、生徒のために単純化する必要があり、複雑であってはならない。こう主張することで私は、政治哲学の複雑化に熱中する学者たち（彼らの言葉は、決して学校、メディア、社会には届かない）に対して、威勢のよい異議申し立てをしているわけである。

初めから複雑なことをしようとしても、うまくいかない。勉学を積んだ後なら、博士論文や専門論文は愚か者でも書ける。初歩から出発するという、勇気ある実直さが必要である。コリングウッドは『歴史の観念』の中で、問われてもいない問題について答を読み込もうとすることがあまりに多すぎる、と警告した。私は最初から、初歩から始めよ、と思っていた。生徒が実際に抱いている概念や、少なくとも生徒に親しみのある概念から始める。そうすれば、どの生徒にも教育効果のあるシティズンシップ教育になる、と思っていたのである。私は、生徒の概念に幻想を抱いているわけではない。そうした概念だけでは、どれほどていねいに磨き上げ批判的に吟味しても、よそから（何らかの形で）概念を持ってきて、紹介し教えて補足しなければ、政治の現実世界を十分理解できそうにもない。ただし、生徒の初歩的概念がどんなものかに関するきちんとした知見が、教師の常識や日常の経験以外のどこかにあるという幻想も、残念ながら私にはない。政治的社会化に関する研究の多くは、大人の政治概念に対する生徒の態度に関して、あまりにも固定観念的な見方をしている。政治に関連する生徒の言葉や知識に関する研究はほとんどなく、政治学にはピアジェ(10)のような人がいない。この方面はもっと研究が必要である。せめて、教え始めるときに、「公正」や「権威」といった用語が生徒にとって何を意味するのかについて、固定観念を控えられればと思う。どの段階の教育であれ、注意深く傾聴して生徒の先入観を把握すれば、半分は成功したも同然である。

一九七八年公刊のハンサード協会の報告書『政治教育と政治リテラシー』で、われわれは思い切って、シティズンシップを教える教師のために一二の基本概念を提示した（本書第五章を参照）。いずれも、政治の世界を基本から理解するのにふさわしい用語である。当然ながら、それぞれの用語ごとに、同義語や反対語も示している。私は、この大胆な冒険的企てについて弁明をして、読者をうんざりさせるつもりはない。政府への答申書や答申をふまえた政令に組み込める企てではなかった。ただし、今後は、類似の企てが準公式あるいは非公式の指導文書に組み込まれる可能性はある。

とはいえ、存続させたい、復活させたいと思っている考えが一つある。イデオロギーや単純な愛国心の刷り込み教育とは異なり、自由なシティズンシップ教育は、ハンサード報告書で手続的価値と呼ばれていたごく少数の前提にもとづかなければならない、という考えである。その前提とは、自由、寛容、公正、真実の尊重、理由を示す議論の尊重である。さまざまな実質的価値は議論できても結論はめったに出ない。それでも、議論を行なう際の前提には従うべきなのである。

(10) ピアジェ（一八九六―一九八〇年）は、スイスの心理学者。児童心理学・発達心理学における業績で知られている。

自由

政治的自由とは、選択をすることであり、公的に重要だったり重要になりそうな物事を、自分の意志にもとづいて強制されずに行なうことである。政治的自由は、基本的な概念や価値であるだけでなく、形式としては手続的価値でもある。自由がなければ、政治の知識を得ることも、政治への自発的参加もできないからである。自由が与えられていないために、人々の政治的知識が乏しくなっている政治体制があることはたしかである。しかし、秘密出版や地下出版でさえ自由の証しであり、ほんのわずかであっても重要性を秘めている。ともあれ、政治教育なのに自由を最大限に追求しないのは、自己矛盾であろう。

私が「自由（liberty）」ではなく「自由（freedom）」と表記する理由は単純で、自由（freedom）の方が積極的な意味を持つからである。自由な活動はfree actionと書けるが、action in libertyとは書けない。フランス語やドイツ語と違って、英語では明確な区別ができる。自由（freedom）は活動の潜在的な可能性と結びついた状態だが、自由（liberty）はたんなる放任でしかない。自由（freedom）には、特定の制約や干渉からの自由（liberty）にとどまらず、複数の選択肢から実際に自由な（free）選択をするという意味もある。「完全に自由（liberty）に不満が言える」といった表現が使える局面は、普通はそう多くない。ところが、自由（freedom）の方は、「あまりにも自由に（freely）活動する」とか、「自由（freedom）を濫用する」という言い方までできるぐらいに、ともかくも活動を意味している。行きすぎた行動を制約するのは、いつでも受身のままにしておくよりも、実はやさしいのである。自由（liberty）は可能性ないしは許容の状態であるが、自由（freedom）は活動である。アイザイア・バーリンの名著『二つの自由概念』は、この区別ができていないと思う（Berlin, 1958; and Crick, 1968）。ただし、どんな価値でも、自己目的になったり自動的に他のすべての価値に優越することはない、と彼が強調しているのは正しい。自由（freedom）は促進すべきであるし、行使されているかどうかでその有無を検証すべきであるが、しかしまた、他のさまざまな価値によって制約されもする。というわけで、自由（freedom）を政治リテラシーの一要素とするのであれば、その活用のイメージも取り込まねばならない。古きよき時代の善意の紳士たちによって、イギリスの栄光ある自由（liberty）がどう守られたかを学ぶだけでは、不十分である。ここから、教育の実際のやり方に関して、つつましくはあるが、かなり重要な結論が導かれる。どの争点を探求し議論するかについて、教師にも生徒にもある程度の選択の自由が与えられねばならない、という結論である。

寛容

寛容とは、自分が賛同していない物事を一定程度まで受容することである。無差別的許容《パーミッシブネス》と混同されることも少なくない。寛容の必要は、違和感がなければ生じてこない。「他者の尊重」であれば、道徳上の美徳であるとともに手続的な価値でもある、とみなせるであろう。とはいえ難点は残る。すべての他者を尊重することは、道徳的な識別能力の欠如か、愛のいずれかだからである（ちなみに、絶対的な意味での愛は、市民社会にとって明らかに非現実的で不必要な前提条件である）。寛容は二つの次元から成る概念である。賛同はしないが、我慢する、ということである。また、我慢しつつも尊重するのが望ましいし、相互の尊重があればなおよい。このように寛容は、賛同していないことを明言したりほのめかしたりはするが、そのやり方は公平で、他人に押しつけはしない。ただし、押しつけないといっても、賛同していないことを示すための説得や否定を一切控える、という意味ではない。公正で正しい説得になるかどうかは、状況次第である（ついでに細かい指摘をすれば、大人たちの会議以上に、教室ではさまざまな影響や情報にさらされるのは間違いないだろう）。寛容と無差別的許容との違いに関しては不毛な論争が多いとはいえ、両者の違いの理解は、シティズンシップ教育にとって重要である。「無差別的許容」は、何をしようがしまいがまったく気にかけないこと、あるいは、一定の人物なり社会的行動様式なりを全面的に受け入れることを意味するらしい。しかし、自分にとって気に入らない行動があるからといって、法的規制まで支持するとは限らない。たとえば、その行動を許容はするが賛同してはいないと明言しつつ、ある程度まで寛容を認めることもあろう。

ここで、いささか判断の難しい事例を挙げてみよう。私はヒューマニストだが、イスラム教を含めた真摯な宗教的信仰に敬意を払っている。イスラム教のたいていの慣行には寛容である。しかし、本人の同意がない結婚にイギリスの法律が不寛容であるのは、よいことだと思う。この立場に私は何の問題も感じない。確信を持って言えるが、寛容を自己目的化すべきではない。寛容は、価値対立の中で共生するための対応策でしかない。だから、手続的価値なのであり、幼少期の教室討論、たとえば小学校の「サークル・タイム」で、いや、そうした機会でこそ教えることができる。中立は推奨できない。偏向しているのが人間なのであり、偏向をなくそうとすると、人は活力を失い沈黙してしまう。そうした偏向はただちにとがめるべきものではない。他人の利益・自分が属していない集団・他人の考えの本質について誤った認識を導く、極度の偏向だけをとがめるべきである。教師、教育制度、政治体制を、偏向を理由にして責めるべきではないし、自分らしさや自分のアイデンティティを保つといった、当然で避けられないことを理由にして責めるべきでもない。不寛容なやり方であったり、好ましくない事実、反対意見、競合する主義主張、批判的な理論などを故意に抑圧したり隠す場合に限って、理性、人権、教育の見地から非難すればよい。

寛容の概念から二つの重要な結論が導ける。第一に、政治リテラシーを身につけた人は自分なりの意見を持つが、他者の意見に寛容でもある。第二に、寛容は、他者の視点を取り入れると振る舞いや信条はどうなるかに関する知識にある程度左右されるので、こうした知識を教えるべきである。また、他者の感情を理解する力について、生徒に試験を課すべきである。「ここで挙げた問題に対して、保守党支持者、自由民主党支持者、労働党支持者はそれぞれどのように対応し、その対応をどう正当化するか」。「スコットランドやウェールズのナショナリストは、ここに挙げた状況でどんな役割を果たしているか」。こうした設問は、誰もが（すぐに）なじめる仕掛けであり、政治リテラシーの重要な要素を強化するのに役立つ。宗教教育ではこのやり方が多い。

他者の感情を理解する力は、自己表現や参加意欲とともに大いに育むべきであり、実のところ、自己表現と参加意欲を向上させる技能でもある。寛容は、他者に目を向ける資質や他者に関する知識のいずれか一方ではなく、両方が結びついたものである。政治の世界でも、他者の感情の理解には大きな戦術的価値がある。教条主義的な活動家は、いつでも敵対者を「ファシスト」や「マルクス主義者」と一括りにすることで、敵を理解し損ねてしまい、そのため不適切な戦術に訴えることになる。ケストラーがオーウェルに対して言ったように、「汝の敵は汝自身であると知れ」である。

公正

「公正」は、「正義」に比べると曖昧に見えるかもしれないが、広く用いられる概念である。ジョン・ロールズも、正義の哲学的な理論化という非常に野心的な新しい取り組みによって、あまりに法学的だった従来の正義論を、公正と考えられるものや現に公正なるものに関する一般的考察へと変えた(Rawls, 1972)。それ以前にも、ロールズの影響があるのは間違いないが、W・G・ランシマンが平等と「相対的剥奪」概念に関する論考を発表している。この論考は、労働者は他人の賃金の多寡に関する判断を、絶対的な金銭的基準に従ってではなく、賃金格差が「公正」か否か（公正と思う人もいれば、そう思わない人もいる）で行なっていることを、実証的に明らかにした(Runciman, 1966)。ランシマンの結論は、ロールズと同じである。平等とは、社会的な目標として正確に規定はできず、一つの理想として一般的な言葉では正当化できない。せいぜいのところ、「正当化できないほど不平等ではない状態」（もしくは不公正ではない状態）としか言えない。したがって、いかなる不平等でも、正当な理由があるかどうかを示すべきだ、という要求は理にかなっている（ちなみに、ランシマンによれば、万人を平等に尊重するのは正しく公正であるが、万人を平等に賞賛するのは公正ではない）。

公正は、どれほど曖昧であっても、「法の支配」という厳密だが誤解を招きやすい概念よりも望ましく、大方の人にとっては、民主的な政治秩序とシティズンシップ教育のいずれの前提でもあろう。われわれは、「どのような中身の法律か？」と問いかけてよいのである。ともかく法律があればいいのだという議論は、証明すべき論点を証明せずに素通りしている。正当な手順で法律が制定され解釈されてさえいれば、背景や結果が何であれ、どんな法律でも遵守しなければならないのだろうか。そうだとしても、その法律は公正に制定され解釈されていたのだろうか。こういう順序の問いかけが、教育的な意味を持つ場合もあるのかもしれない。とはいえ、「法の支配」を基礎的価値とみなす議論は、証明すべき点を証明せずに素通りしており、たいていは、手続上の規則をめぐる議論に、かなり実質的な（普通はおそろしく伝統的な）内容を密かに持ち込んでいるのである。いずれにしても、「その法律は公正か？」は、「その法律に照らして公正か？」に優先する問いである。まずは、その法律が公正だと納得できなければならない。法律に従う傾向は、それが善き法律であるならば、たしかに結構ではある。遠い昔にプラトンは、あれこれ論じたあげく（しかも民主主義者ではなかったので）、法律と正義を別物だとした。ソクラテスは法を破ったが善人であったし、イエスも同じである。「法の支配」という曖昧な言葉のかげに隠れるのは許されない。教室の中ですべきなのは、また、（願わくば）指導者たちがメディアを通じてすべきなのは、堂々と表に出て、異議が申し立てられているあらゆる事例について正当な理由を示し、弁護したり主張を撤回することである。法律だから正しいなどと主張すべきではないし、いずれも適正な決定を積み重ねた結果なのだから（これがたいていは、お役所の言う「法の支配」の意味である）妥当でない決定でも許されるべきだ、と主張すべきでもない。さらに言えば、政治への責任ある実効的な参加ができるようになるには、その前にまず、法律（ルール）を知るべきだ、という主張はまったく正しくない。たとえば、サッカーでも同じである。周知の強制可能なルールが登場するはるか前からサッカーは行なわれていたし、ある程度公正にすら行なわれていた。また、プロとして出世していくのに必要な技能の中で、ルールについての正確な知識は、重要な地位を占めてはいないだろう。私があきもせずくり返し言っているように、憲法の規則に関する知識は、実態に即した知識であろうがなかろうが、真の政治教育の出発点としてはまったく不毛である。成文憲法を持つ国々では、場合によっては、シティズンシップの授業が能動的なシティズンシップを育成する企てとはかけ離れてしまい、連邦や州の憲法条項の学習という安易な逃げ道にそれることも多々あるようである。

「公正」をめぐるロールズの議論を思い切って単純化すると、次のようになる。争いを決着するルールは、そのルールが自分にどんな結果をもたらすか事前にわからないままで決めることとし、そうしたルールを、影響を受けそうな他のすべての人とともに、われわれが平等な（あるいは影響力が平等な）状態で決めたのだと考えられるのであれば、われわれは自分にもたらされる結果を、公正なものとして受け入れるべきである。その例として、小学校の児童が自分たちのルールを作るよう促されている場面を考えてもよい。言いかえれば、「公正」が姿を現わすのは、生じる結果が自分の得になるか損になるかわからないままで、われわれが意思決定を行なう何らかの適切な方法を基本的に受け入れたときである。この議論は非常に抽象的に聞こえるかもしれない。しかし、政治リテラシーを身につけた人は、財、報酬、賞賛の配分が公正か否かを問うものである。そのうえで、「他の人たちが受け入れられるような、もっとよいやり方を考えられますか？」とさらに問われ、また問うことによって、その配分が公正であると納得する（あるいは納得しない）のである。

試合終了間際に、ペナルティ・エリアで攻撃側の選手が足を引っかけられて転倒し、ペナルティ・キックで決勝点を得たとしよう。敗者の反応には四種類ありそうである。①「ペナルティ・キックで勝負がつくのは公正《フェア》ではない」。これはまともな議論ではないし、倫理的にもおかしい。②「審判の言うことが規則だ」。審判に対し逃げの姿勢になって怖じ気づいており、得点を認めないとルールが守られなくなるというホッブズ的な想定も含意されている。③冷静に、あるいは不承不承ながらも、「まあいいか《フェア・インナフ》」と言う。これは大いに結構《フェア・インナフ》であり、通常望める最善の反応でもある。④あまりありえないが、自分が市民的徳を持ち廉直であることに自己満足しながら、「はっきり言って、規則を破ったらどうなるか、いい例だったね。自業自得だよね」と言う。この選手は、たしかに「よく教え込まれて」はいるが、政治リテラシーはないと判断してよい。

真実の尊重

議会制民主主義国であっても、政治の現実とシティズンシップ教育は、いつでも一致するわけではない、という反論がすぐに出てくるであろう。しかし、もっと基本的な話をしているのである。政治家が政治的知識の唯一のよりどころではないし、主要なよりどころでもない。統治がどう行なわれ、政治が何をしようとしているのかについて、重要な真実が公表されない社会では、政治教育は不可能である。統治や意思決定がどう行なわれ、自分の利益が何かを個人が知るにはどうしたらよいかに関わる事柄は、潜在的な関連しかないものも含めて、何であれ公表できなければならない。また、そうした事柄に関する質問がどの教育段階で出ても、真実だと考えられる証拠があれば、ある程度の単純化はやむをえないにせよ、提示できなければならない。真相の全貌が非常につかみづらかったり、まったくわからないときは、誤った道徳的・社会的理由を口実にして、あるいは話を単純にするために、ありきたりのフィクション（厳密に言えば、最悪の場合は嘘、せいぜいよくて言い逃れ）を持ち出すべきではない。要するに、赤ん坊はコウノトリが連れてくるというのと同じように、たとえば、女王は支配者である、イギリス憲法は実在している、首相は政争から超然としている、内閣は集団的で客観的な英知を持っている、有権者が選出した六五九人で構成される議会は、公共利益をめざして（政党の思惑に左右されずに）有権者のためにある、官僚は政策決定にまったく関与しない、「社会といったものは実在しない」、ついでに言えば階級なるものも実在しない、それぞれの社会階級ははっきり見て取れる独自の階級精神を持つ、等々といったフィクションである。悪意のない動機からでも、虚偽を交えた単純化はいけない。正当な権威を失墜させてきたのは、それを批判する人ではなく、よかれと思って嘘をつく人なのである。

政治リテラシーを身につけた人でも、初めはきっと未熟な質問をするだろう。政治リテラシーには、どれほど厄介で困難であろうとも真実と正面から向き合う覚悟も、含めなければならない。ヒステリックに利己心丸出しで両親が喧嘩をすれば、子どもはたしかにショックを受ける。なぜこうしたことが世の中で起こりうるのか、子どもにわからせるべきだとしても、それに慣れさせるという趣旨ではない。事実を知ることと、現状の変更や是正の要求との緊張のなか、個人は成長し、社会はよりよくなるのである。

「国家理性」を論拠にした昔の恐るべき主張によれば、生来の支配者だけしか知りえない物事があり、秩序維持のため人民に隠しておかねばならない知識がある。いわゆる支配の奥義（*arcana imperii*）、権力の秘策である。こうした議論はおよそ信用ならないように思えるだろう。ところが、現代のイデオロギー観にも、こうした古来の権謀術策的議論の改良版がある。イデオロギー、政党の中枢、フリーランスの評論家などの実態を知り尽くしていれば、エリート志向の人文主義的な批判精神の涵養ではなく、プロパガンダや刷り込み教育の方が、誰にとっても最善だとわかる、という見方である。さすがに、検閲を廃止して自由に本当のことを言ってもよい条件が整うまでの、当座の話だとはされているが。ともかく、主義主張に都合のよいものだけが真実とみなされる。「イデオロギー的な正しさ」とは、（人々の心を今日つかめる）イデオロギーが明日には真実になることである。惨めたらしい怠惰な庶民が洗脳されて、仲間うちのひそひそ談義の中で正しいと思い込んでいる、という話ではない。しかし、オーウェルやケストラーといった現代の論者が主張したように、嘘は嘘だ、半分が真実なら残り半分は虚偽だ、国のためだろうが党のためだろうが変わりはない、という単純明快な良識が存在する。この良識からすれば、組織的な嘘に依存する体制は支持する価値がないし、組織的に力ずくで抑圧しないと安定しそうもない。とはいえ、この体制に反対する人々についても言うべきことがある。そうした人が、体制の虚偽を暴露するだけでは足りず、対抗する神話やイデオロギーをでっち上げているのであれば、利害当事者が気づく前に大急ぎで、してはならないことをしているのは確実である。もちろん、これと同じことは、もっと身近で日常的な議会政治にも見られる。社会に向けて何を言うのが公益にかなっているか判断できるのは、政府の仕組がどう動くのかを「本当にわかっている」人だけだ、という見方である。

「するな」の代わりに「すべきだ」という表現で言うと、自由で正義にかなった政治体制では、政府のあらゆる決定過程の真相を知り公的に語れることが必要条件である。実際には、安全保障、経済政策の結果に関する予測、守秘義務、名誉毀損などとの関連で、制約は明らかにある。緊急時に真実の公表を制限することが正当な場合もある。しかし、政治リテラシーを身につける前提には、知る権利がなければならない。強力で誰もが賛同できる反対理由がない限り、すべてを知る権利がある。国家の安全のために真実を明らかにすべきでない場面があるとしても、政治教育では、そうした場面は例外的であって特別な正当化と理由が必要だ、と教えなければならない。困難な時期に真実を隠し沈黙することは、政党への忠誠心や愛国心を問う試金石だと言えるとしても、政治教育の試金石だとは言えない。真実が語られることで、個々の政権としては打撃を受けることもあろう。しかし、自由な政治体制そのものは、真実が語られても揺るがない。

理由を示す議論の尊重

シティズンシップ教育の前提条件の一つに、理由を示す議論の尊重を含めるのは、余計なのかもしれない。しかし、自分の意見の理由（整理されていない単純な理由であっても）や行動の正当性を進んで示そうとし、他者にも同じく正当性を示すよう求めることは、やはり政治リテラシーの要件として強調しておく必要があろう。なぜなら、他人が真摯に信じている意見に疑問を差し挟むべきでないという考え（あらゆる偏向は平等であるという信条）や、人格の真正な表現と受け取れる行為に関しては、その正当化を要求すべきでないという考え（厳しく問い詰めて傷つけるべきではないという心優しい考え方と相性のよいもの）が一部の人から主張され、かなり強力な文化的傾向や教育論にもなっているからである。その他、たとえば「労働者階級の連帯」、「ミドル・クラスの中庸」、「自分たちの民族的コミュニティ」といった何らかの集団的利害を正しく典型的に表現していると言える行為ならば、理由は不要だという見方もある。経験と伝統に根ざした偏見があれば政治的行為の指針として十分だというバーク的観念を、一部の革新派が攻撃するのは正しい。しかし、その後で今度は、誠実さ、真正さ、個性を崇拝対象に祭り上げている。誠実さ、真正さ、自発性、個性などは、涵養すべき価値ではあるが、崇拝対象や唯一無二の道徳的理想ではない。そうした価値は、他の諸価値と肩を並べて涵養されるべきである。政治は他者に影響を及ぼすさまざまな帰結に大きく関わるから、他の誰かにとって歓迎できない影響については、理由と正当性をいつでも提示することが、根本的に重要である。

政治は市民どうしで理由を示し合う営みだという見方は、古代ギリシャ以来の西欧の政治的伝統における重要な部分である。しかし、これを当たり前と思ってはならない理由が、右に述べた以外にもう一つある。学校ではなくて、マスメディアのキャンペーンや主要な政治家の選挙戦が、あまりにも頻繁に、実例として政治教育の役割を果している点である。若者は次のように考えがちである。政治とは①支配させろという、どうでもよい要求である。対立相手が元々から愚かで嘘ばかりついているから、そう要求するだけのことである。また、政治とは②社会的利害の表現にすぎず、③支持を見込んで投機的な利益を競りにかけることにすぎない。主義主張の理由を示して支持を求める活動が、今日の選挙運動にほとんど取り入れられていないため、政治は、「誰が何をいつどのように手に入れるのか[11]」という問題に見えかねないのである。

理由を示す議論は、政治の場、家庭、学校の中に類例や実例があってこそ尊重される。ここではもっぱら学校だけ論じているが、政治の場や家庭はつねにその背景にある。教師は何かをするとき、とりわけ新しいクラス編成などの変更を行なう際には、理由を示さなければならない。幼い子どもに理由を示しても理解できないだろう、という反論は要点を捉えていない。理由を示す習慣・示されるのを期待する習慣は、(暗記とは異なる)学習方法にとっても、(受動的服従とは異なる)政治的民主主義にとっても基本である。これが要点なのである。医者が私に与えた指示の中には理由がわからないものもあるが、尋ねれば医者は説明できる(説明しようとしなければ、私は不安になる)と私は思っている(通常、そう思うのは正しい)。たしかに、これで済まない場合もある。質問するのは医者の権威を疑うことだ、と思っている医者もいるからである(幸い、こうした医者の大半は老い先短い世代である)。目的を達成するには別の手段や情報源もあると心得ておくのも、政治リテラシーである。

理由を示しても、また、理由を示して教育の内容と方法を正当化するよう義務づけても、教師の正当な権威は損なわれない。理由の提示を拒絶するのは逆効果で、生徒の受動的態度や反抗的態度を助長してしまう。理由はどれでも主観的だと考える無差別的許容の見方(「ポストモダン的」見方?)は、理性や真理や共感への反発から、誠実さや自己表現や真の自我を物神崇拝しているだけである。その結果、どんな権威も悪いものとみなされる。権力と権威を区別できるのが、政治リテラシーの基本である。強制力だけで存続できる権威はないが、そうは言ってもやはり、正当化できる権威もあればできない権威もある。権威がどんな場合に正当化できるかと言えば、政治哲学者たちの一般的見方によれば、必要だと広く認められている機能が、専門的な能力や技能を発揮することで果たされている場合である。権威の行使それ自体は権威主義ではない。「権威者」が、容認されている機能を超えて、権力を行使しようとするのが権威主義である。最も単純な場合だと、正統な権威を、無関係で能力の及ばない問題や分野にまで拡張する、という形になる。家庭や学校の教育はいずれも、機能分化の進行過程と言える。したがって、親と学校の権威はどちらも、当初はきわめて広範囲で一般的であるが、子どもが成長していくにつれて徐々に特殊化していかねばならない。この権威は、受け入れられている範囲内では、実際、強力になりうる。ただし、こうした権威の成否は、影響の受け手にとって妥当と思える理由を提示しているかどうかに左右される。

同様に、(たとえば「権威」を持つ側が)人々の見解に賛同せず、そう明言しても、それだけでは、反対意見に耳を傾けるのを拒んだり異議を唱える機会を抑圧しない限り、不寛容ではない。「自分の立場を活用すること」は、「他の人々に公正な機会が与えられている」ならば、その限りでは不正ではないし、それどころか通常は適切であり、義務である場合も多い。理由を示す議論と正当な(明確に特定されている)権威とを尊重するよう教えることは、言うまでもなく、政治教育に限らずあらゆる教育の一環である。学校の個々の授業とは別に、学校組織の全般的なあり方が、生徒の政治的態度にどの程度影響するかという問題は、私の考えでは経験的事実の問題だが、信頼できる研究はこれまでほとんどな

(11) この表現は、ハロルド・ラスウェルの著書のタイトル *Politics: Who Gets what, When, How*(『政治——動態分析』久保田きぬ子訳、岩波書店、一九五九年)をもじっている。

されていない。学校組織の改革、ましてや「エートス」の改革こそが、よりよい政治教育を実現するための唯一の方法であるといった、経験的事実とは無関係な議論には賛成しかねる。学校は政治制度全般の格好の見本であり、その見地から研究すべきだという主張は、そう主張する人の多いアメリカですら、狭い範囲にしか妥当しない。イギリスでは、いささか滑稽に見える主張である（ただし、非常に明白な事例として、穏和な専制支配の典型であるような学校を取り上げる場合は除く）。経験的事実に頼るまでもなくありそうだと考えてよいのは、学校の望ましいあり方の影響ではなく、悪いあり方の影響である。ここで論じている政治リテラシーの前提は、ある種の学校では十分に確保できないであろう。たとえば、生徒の目の前で、校長が詫びや予告なしに同僚教師の授業に割り込むような学校、生徒が見知っていて尊敬している先生という「権威」と、権力者である校長という「権威」との間で、議論がまったく交わされていない現状が、全校生徒に知れわたっている学校である。

＊　＊　＊

講演会場にいた聴衆は、がっかりしたかもしれない。なぜなら、私はシティズンシップ教育に関する『一九九八年報告』にはじかに言及せず、シティズンシップ教育の前提と思われることについて考察しようとしたからである。諮問委員会の大半を占める実務的で実践的な委員たちも、この講演を聞けば意外に思ったかもしれない。とはいえ、オークショットが言うように（左派オークショット主義者である私の考えでもあるが）、実践とはつねに経験の要約であり、経験には、実践の伝統と知的な伝統の両方が含まれている。いや、経験とは、変化する状況の中で特定の具体的歴史を認識し理解する仕方なのである。自分は完全に実践的だと思い込んでいる人は、つねに自分を欺いているか誤解している。自分自身の前提を理解するためには、何らかの手助けや刺激が必要なのである。

第10章　イギリスの公的生活における政治的思考の凋落

本章の初出は、*Critical Review of International Social and Political Philosophy*（1, Spring 1988）である（再掲を許可してくださったFrank Cass & Coと編集者のプレストン・キング教授に御礼申し上げる）。「学校におけるシティズンシップ教育と民主主義教育」に関する諮問委員会の審議と同時期に書いたこともあって、「政治リテラシー」が欠けているのは卒業間際の普通の生徒ばかりでなく、生徒の水準を監督しようとしている人々も同じではないか、という私の想いが表われている。諮問委員会の『一九九八報告』では、何とか工夫はしたが、ほのめかすことしかできなかった点である（Advisory Group on Citizenship, 1998, p. 9, para. 1.9（b））。

三〇年前、イギリスの政治哲学は死滅している、死滅しかかっている、無意味と見られ無視されて死滅寸前だ、と危惧されていた。[1]聡明な人たちが口々にそう言ったものである。今は間違いなく、政治哲学が英語圏で黄金期を迎えている。他方、政治の現場における論戦の水準がこれほど低かったこともな

（1）本書第七章の注（2）に示したように、Peter Laslett（ed.）, *Philosophy, Politics and Society*, 1956の序論の冒頭で、編者のラスレットが「政治哲学は死滅している」と論じて、大きな反響を呼び起こしたことを指す。

い。苦々しい記憶が今でも残っているが、一九九六年のアメリカ大統領選挙や、一九九七年のイギリス総選挙では、理由を示す説得的議論の努力ばかりか一貫性のあるレトリックですら姿を消してしまった。その場しのぎの些末で、大半は場当たり的な非難の応酬に絡んだ「ワンフレーズ（soundbite）」の洪水で、バジョットの言う「傾向的な潮流」や一貫した「道徳的議論」のかけらもなかった。三つの主要政党(2)はいずれも、政治に道徳感覚を取り戻そうと言ってはいたが、自分たちの主張を明確に説明するのに、いや、ともかくも明確に語ることに自体に、かなり手こずっていた。政治科学の発展にともなって、政治的知識はかつてないほど膨大になった。ところが、公的生活での活用はかつてないほど少ない。政治的知識を選挙学の知識とでも言いかえない限り、そうである。

「アカデミックな政治哲学は黄金期を迎えている」が、「世間一般の政治論戦の水準」がこれほど低かったことはないと言えば、矛盾を感じさせずに済むだろう。象牙の塔の内側には多くの知識があるが、ほとんど外に出ていっていない。学者が大半の時間、語りかけている（あるいは、語りかけていた）のは学生である。「世間一般の人」がまだ「政治哲学」に愛着を覚えることのできた一〇〇年前かそれ以前の時代とは、大きな違いである。近年、ある論者は（Garnett, 1993）、一九世紀初期と比べて「理論的な論戦が凋落している」と嘆いている。一九世紀初期には、新設のロンドン大学でベンサム主義が見られた程度で、老舗の二つの大学(3)からは政治思想が登場しなかったが、それでも、市井の知識人、評論家、思想家など、呼び方は何でもよいが、そうした人々の才能が集まる『エディンバラ・レヴュー』や『ウエストミンスター・レヴュー』があった。また、ミル父子、マコーリー、シドニー・スミス、ブルーアム、ハズリットといった論客に対して、しっかりした土台に立って論戦を挑んだのが、ロックハート、クローカー、サウジー、ウォルター・スコットなど『クォータリー・レヴュー』のトーリー派であった。(4)今日でも、市井の卓抜した知識人の一覧表は作れるだろうし、知的なトークショーも開催できるだろう。しかし、政治に詳しいわけではなく、行きがかりで政治に触れても議論はせいぜいのところ月並みで、皮肉な論調が多すぎる。この点はくどくどと述べる必要もない。

二〇世紀に入る前後の頃は、「新リベラル」や新しい社会主義者たちの言説が、主要政治家の言説に影響を及ぼしていた。その一部は政治思想家であった。必ずしも現代の政治哲学に匹敵する水準ではなかったにせよ、間違いなく豊かな政治思想であり、結論に至る根拠を考え抜いた上で提示するのに慣れ

---

(2) 労働党、保守党、自由民主党の三党を指す。

(3) オックスフォード大学とケンブリッジ大学を指す。

(4) 『エディンバラ・レヴュー』はウィッグ党（後の自由党）系の雑誌で、T・B・マコーリー（一八〇〇―一八五九年、評論家・歴史家）、シドニー・スミス（一七七一―一八四五年、イギリス国教会の聖職者で著作家）、ヘンリー・ブルーアム（一七七八―一八六八年、ウィッグ党の政治家で著作も多い）、ウィリアム・ハズリット（一七七八―一八三〇年、ジャーナリスト・著作家・評論家）は、その代表的論客。『ウエストミンスター・レヴュー』は、哲学的急進派（ベンサム派とも呼ばれたグループで、選挙法改正などの政治改革に対し、ウィッグ党よりも急進的な立場をとった）系の雑誌で、ミル父子（ジェームズ・ミルとジョン・スチュアート・ミル）はこの雑誌の中心的寄稿者であった。『クォータリー・レヴュー』は、トーリー党（後の保守党）系の雑誌。ウィリアム・ロックハート（一八二〇―一八九二年、国教徒から改宗してカトリック聖職者となる）、ジョン・ウィルソン・クローカー（一七八〇―一八五七年、アイルランド出身の法律家・評論家）、ロバート・サウジー（一七七四―一八四三年、ロマン派詩人）、ウォルター・スコット（一七七一―一八三二年、スコットランド出身の詩人・歴史小説家）は、いずれも、この雑誌の寄稿者としてよく知られている。以上の三誌は、一八三二年の第一次選挙法改正前後の時期、それぞれの政治的な立場から、活発な論争を交わしていた。

ていた（Freeden, 1978）。これらのリベラルは、結論になると非現実的という印象を与えることが多かったけれども、現代の多くの指導者たちとは異なり、ハンナ・アレントの言う「無思考的」な人間ではなかった。現代の政治的レトリックは、陳腐なばかりでなく惰性的である。他人と違ったことを言わないのが特徴である。ところが、一九〇〇年代には、そうでない人々が相当数いた（近いようで遠いあの時代、そのほとんど全員が男性で、ビアトリス・ウェッブ[5]は例外中の例外だった）。大学教師や議員もいたが、大半は知的専門職の人々であり、知的な趣味や信念を持った地主ジェントルマンもいた。彼らは、それぞれが書いたものを互いに読み、たいていは知り合いであるか、かなり親しい間柄であった。著書、論文、『タイムズ』紙や、同程度の水準にある公的議論の場であった日刊紙、週刊誌、月刊誌などへの投書において、自分の議論について理由を示すことに慣れていた。今日、こうした人々の後継者たちに求められているのは、テレビ写りが自然で誠実に見えるように意見を言うことだけである。かの人々は、「一八五〇年から一九三〇年のイギリスにおける政治思想と知的生活」を主題にしたステファン・コリーニの緻密で啓発的な研究に登場する「公共的モラリスト」であった（Collini, 1991）。言いかえれば、ウォルター・リップマンの言う「公共の哲学」があったのである。もっとも、リップマンは一九三〇年代にはすでに、公共の哲学が、意見の寄せ集めでしかない民主主義の洪水で溺れてしまうのではないか、あるいは、自分が若い頃に開拓したような科学的研究方法によって神格化されてしまうのではないか、と危惧していたのではあるが（Lippmann, 1914 and 1954）。

　こうした人々は、全員ではないが大半はリベラル派のエリートであり、リベラルな精神の持主でもあった（ただし、レスリー・スティーヴンのほかに、フィッツジェイムズ・スティーヴンもいるにはいた)〔6〕。彼らは、社会主義者から見れば、反体制というよりも体制側であった。それでも彼らは、知的な要求度は高いながらも読む側が努力すれば完全に理解可能な書き方をした博識のエリートであった。コリーニは、J・S・ミルはどの社会主義者にとっても父祖だった、と指摘しているものの(たとえばジェイムズ・ブライス、A・V・ダイシー、W・E・H・レッキー、ジョン・モーリー〔7〕などよりも、モーリス・カウリングのような現代のトーリー派の歴史家の方が納得する見方である)、社会主義運動については論じていない。しかし、ウィリアム・モリスの社会主義的著書が、ジョージ・バーナード・ショウの、芝居はともかくも、その著書、講演、無数の新聞論説と同じように、ミドル・クラスの知識人ば

---

(5) ビアトリス・ウェッブ(一八五八―一九四三年)は、夫のシドニー・ウェッブ(一八五九―一九四七年)とともに社会主義者して活動するとともに、労働組合運動史、社会福祉、協同組合などに関する著作を著わした。

(6) レスリー・スティーヴン(一八三二―一九〇四年)は、イギリスの歴史家・伝記作家で、大部の『イギリス伝記事典』(*Dictionary of National Biography*)の編者、女流小説家ヴァージニア・ウルフの父として知られている。邦訳書には、『十八世紀イギリス思想史』(全三巻、筑摩書房)がある。その兄が、フィッツジェイムズ・スティーヴン(一八二九―一八九四年)。刑法学者であるとともに、広範囲にわたる文筆活動を行なった。弟のレスリーがリベラルな著作家であったのとは対照的に、兄のフィッツジェイムズは保守派の論客であり、J・S・ミルの自由主義を徹底批判した書物『自由・平等・博愛』(*Liberty, Equality, Fraternity*)を著わしている。

(7) ジェイムズ・ブライス(一八三八―一九二二年)は、歴史家・自由党の政治家。『アメリカ共和国』(一八八八年)や『近代デモクラシー』(一九二一年)などの著作で知られている。A・V・ダイシー(一八三五―一九二二年)は憲法学者で、オックスフォード大学やLSEの教授を歴任した。W・E・H・レッキー(一八三八―一九〇三年)はアイルランド出身の歴史家。ジョン・モーリー(一八三八―一九二三年)は法律家・伝記作家・雑誌編集者で、後に政治家としてインド担当相などを務めた。

かりでなく労働者階級の中でも、鋭敏で教養のある読者を獲得していたのは間違いない。ヴィクトリア時代のこの新しい教養層に比べれば、たしかに今日の労働者階級やミドル・クラス下層は、形の上では高学歴であり、教育期間もはるかに長い。しかし、この新しい教養層は、試験で測れる形式的能力では及ばないとしても、非常に高い関心を持って複雑なテーマの文献に取り組もうとした形跡をはっきり残している。初めて読む本として最も一般的で最も広く購入され所有され読まれさえしたのは、驚くほど複雑で濃密で難解な書物、つまり聖書だった。その新しい講読者にとって、義務教育化された中等教育と無料公共図書館運動がもたらした新しい教養は、奇蹟であり、徹底的に活用すべき武器でもあった。

これは、低俗な出版物がゆっくりと、だが確実に、こうした新しい教養の可能性を蝕み堕落させ始める前の話であり、テレビの前でくつろぐために新聞を放り出したり、拾い上げすらもしなくなる時代よりもずっと前のことである。オーウェルの『一九八四年』を、予言としてではなくスウィフト流の残酷な風刺として読むならば、貧民階級（プロレ）は、党内局（インナー・パーティー）の人々とは異なり、直接的なテロルよりも堕落によって統制されているのに気づく。プロレは、プロレなら欲しがるだろうと思われるものを与えられる。彼らの好みは、プロパガンダではなく「貧民階級向け配給品（プロレフィード）」で操作される。配給品は、「スポーツ、犯罪、占い以外に何もない新聞、扇情的な三文小説本、ポルノ映画、作詞機（バーシフィケーター）という名で知られる特殊な万華鏡上で完全に機械的手法で作られる感傷的な歌」である（Orwell, 1949）。(8) 競争的資本主義の文化は、神のように神秘的なやり方で、驚異的な社会統制を機能させる。こう見ると、本格的な政治的思考を見つけたければ、学界や出版界ばかりでなく小説も含めて探すべきだ、と思えてくる（Whitebrook, 1992 and 1995）。

比べてみればわかりやすい。アイルランド問題をめぐる一八八〇年代の論争と今日の論争のそれぞれの水準、帝国支配の範囲と性質をめぐる一八七〇年代から一九三〇年代まで続いた論争と今日のイギリスの対ＥＣ関係をめぐる論争、一九一四年以前の憲法改革や「全面的自治」をめぐる論争と現在における同様の論争とを比べてみるとよい（ただし、学界の外での論争に限る）。本、雑誌、新聞記事、議会での論争のいずれで比べても、われわれの方が形勢不利である。とりわけ、学校におけるシティズンシップ教育という基盤がこれまでなかったのであるから、憂慮すべき事態である。「精神的進歩」という古い表現があるが、その気配を見出すには、政治的文献を離れて、小説、哲学、歴史に目を向けなければならない現状なのである。

学問世界の内向き志向

学問の世界も、良好だとは言い切れない。前述の憲法に関する問題については、学識と思想に富んだ著書や論文が多数ある。政治思想と憲法学は着々と成果を挙げており、法理学は、オースティン[9]流の実証主義ではなく、ハーバート・ハートやニール・マコーミックがめざしていた道徳的・多元的・政治的

（8）ジョージ・オーウェル『一九八四年』新庄哲夫訳、ハヤカワ文庫、五七頁。
（9）ジョン・オースティン（一七九〇―一八五九年）は、一時、ロンドン大学で教えたこともある法哲学者。法とは主権者の命令であるという法命令説を説き、法実証主義の立場をとった。

なものに生まれ変わった、いや、再構築されたと言ってよい。しかし、出版関係者が「知的な読者層」と呼ぶ人々に、こうした学問的思考が届いている兆しはほとんどない。ましてや、習慣としてともかく何か読む程度の政治家には、その兆しはまったくない。時折、高級紙の一〇〇〇語程度の日替わり記事を読むだけである。現在では大半の国会議員が大学卒の肩書を持ってはいるが、彼らを多少なりとも理知的にしているのは、新聞や放送、最近ではインターネットであって、本や冊子ではない。例外はたしかにある。最近では、活発なフェビアン派政治哲学の学者グループが現われたし、また、つかの間ながら、ニュー・レイバーの第三の道のレトリックや大望に内容を与えようと奮闘する若干の学者や知識人もいた。

しかし、大半の学者は、通過していく学生のほかに目に見える顧客や受益者がいない、特異な知的専門職であるにもかかわらず、研究の仕事さえ続けられれば何の不満も感じない。しかも、この特異な職業では、プロとしての尊敬や昇進を得る唯一の道は、同じ学者を読者として論文を書くことであり、国家と関わりを持ったり、万人に影響が及ぶ教育問題との関わりを持っても、何の役にも立たない。これは学問の正しい定義として完全ではないにしても、たしかにその一面なのだろう。しかし、活動としての政治（politics as an activity）とこれほど無縁な、学問としての政治学（poltics as a discipline）は、いささか逆説的である。シンクタンクの調査員や研究者は、専門知識と公共精神の仲介者を自任しているが、張り切れるのは快適な知的仕事だからではなく、自分の言うことが傾聴してもらえるからだとすれば、一気に意欲が失せるだろうし、現にそうした例もある。改革志向の若手国会議員の大半は、社会科学系の学位を持っているので、知識はもう十分だと思っているらしい。必要なのは助言だけで、助言なしで利用できる知識など必要ない、というわけである。学界はフランケンシュタイン侯爵で、彼らはその怪物息子たちであり、当然ながら実の子同様、「自分の好きなように」やっているのである。いまや政治的思考の伝統のおかげで経営が成り立っているのはケンブリッジ大学出版局[10]であって、『ガーディアン』、『インディペンデント』、『オブザーバー』、『ニューステイツマン』といった新聞ではない。『タイムズ』、『デイリーテレグラフ』、『スペクテイター』は、高級紙でありながら一切の思想家を無視した俗物主義になっている。

政治哲学には歴史的スタイル、分析的スタイル、道徳的スタイルがあるが、そのいずれを問わず、学問的に最高レベルの専門分野となった。刊行物の面から見ても、論争の知的水準から見てもそうである。だが、ほぼ完全に内向きになっている。派手で華々しい議論はあるが、仲間内でのことである。広く世に知られるような画期的成果が生まれていないわけではない。政治家や市民運動家（気の毒なことに、「活動家」という言葉は色褪せてしまっている）に向けた一家言が政治哲学者にもありそうだ、と思える成果もある。しかし、アイザイア・バーリンのような人の文体や精神力や名声ですら、知識人社会の外では知られていない。現代の知識人社会では、政治への関与はほとんどなく、「公共精神」は（と言うと古めかしくなるが）、二〇世紀初頭に比べてはるかに乏しくなっている。それでも、ジョン・ロールズの大著『正義論』の平等論が、いくつかの留保つきではあるが、取り上げられたことはある。ブラ

(10) ケンブリッジ大学出版局は、政治思想・政治哲学関連の多くの書籍を出版している。

イアン・グールド[11]が、労働党の幹部スポークスマン時代に著わした書物においてである。ただし、グールドは、廃れつつある平等観を依然として持っていて、平等を実質的価値とみなしていた。そのため、ロールズの手続原理が、本格的に適用すれば平等主義の強力な武器となるとは考えなかった。ロールズは、手続原理として、報酬のあらゆる不平等を正当化するには、そうした不平等が一般的善の増大につながることを示さねばならない、と論じていたのにである。今では、トニー・ブレアが自著や演説の中で、「機会の平等」に支持を表明するだけである。トニー・ブレアは、たしかに「能力主義」はない方がよいとは言っている。しかし、マイケル・ヤング（コリーニの言うエドワード朝時代の公共的モラリストの一人であろう）が、能力主義の危険と不利益について分析し批判していたことは、どうやら知らないようである（Young, 1958）[12]。専門分野化はいまや、自己目的になっているように思われる。考え書くことは、つねに専門分野の関心事でなければならない。しかし、専門的な政治研究が、政治の活動とこれほど接点がないのは、悲劇的なだけでなく、いささか喜劇的でもある（Ricci, 1984）。

私は、政治への関与を説いているわけではない。それはあまりにも安易な答であり、辟易させられることも多かった。一九七〇年代から一九八〇年代にかけて、「人民」どころか最も教養ある人でも理解できないような革命政治論が主張されたが、そんな主張をしても大学の中ではほとんどリスクがなかったし、学外ではリスク皆無であった。私が説いているのは、独立した精神で批判的に現実と接点を持つことであって、政治への関与とか党派への絶対的忠誠ではない。研究テーマが市民生活に関連しているのであれば、多少なりとも努力すべき点はある。知的な市民ならば理解できる論文を書くことである。あるいは少なくとも、少数でしかも減り続けてはいるが、要求度が高い書物に対応可能な読者層であるコラムニスト、論説委員、ラジオやテレビのプロデューサーたちが借用できる論文を書くことである。経済学者は、学界の外でも高く評価されている。政策提言や予測を時折間違うにしても、その分析技術で選択肢を絞れるし、選択肢となる各政策の結果見通しについて有益な論評もできる、と世間では考えられている。専門的な政治哲学の場合は、その分析方法が一般市民の政治的思考に関わっていると考える人は、いまやほとんどいない。しかし、世間で使われ濫用されてもいる概念の二つの例は、逆を示しているようである。「連邦制」と「主権」である。いつも理論を軽視し、きちんとした吟味を経ない実践を賞賛する実に不思議な人たちが、好き勝手に振り回している言葉でもある。これらをめぐる世間一般の混乱と、かき立てられている感情について考えてみよう。

連邦制と主権という例

連邦的超国家の脅威が（ときには期待も）語られている。「主権を失う」と「われわれはアイデンティティを失う」とも論じられている。いまや「超国家」は間違いなく非常に強力な国家を意味していて、

(11) ブライアン・グールド（一九三九生まれ）は、ニュージーランド出身。イギリスで労働党の国会議員を務め、一九九二年の労働党党首選で敗北した後、引退しニュージーランドに戻っている。

(12) マイケル・ヤング（一九一五―二〇〇二年）はイギリスの社会学者。若い頃、労働党のマニフェスト作成に関与したこともある。クリックが言及しているのは、『メリトクラシーの法則』（伊藤慎一訳、至誠堂新書、一九六五年）。

現代世界ではたいていは高度に中央集権化した国家であり、場合によっては主権国家ですらある、と言われている。しかし、連邦国家とは、一つの法的枠組の中で協議にもとづいて権力配分するために諸国家が集結した国家である。中心は相対的に強かったり弱ったりするが、連邦である以上、国家は協議にもとづいていて超国家ではありえない。連邦制的超国家という言葉を使う人々は、かなり混乱しているか、あるいは扇動や誇張をしているのである（誇張した表現に効果があるかどうかは、もちろん別問題である）。

強力な中央集権国家の名高い提唱者（政府と異なる社会政策を、地方自治体が予算を使って実施するのはやめるべきだと考える人たち）が、「連邦的超国家」を云々しているのを耳にすれば、多くの人は混乱するにちがいない。いったいどうすれば、連邦的という形容詞が、国家という中立的な語を脅威あるものに変えられるのだろうか。どう定義しようが、連邦制は協議にもとづいたシステムであり、中央集権国家を法によって抑制するシステムである。

アメリカ人、カナダ人、オーストラリア人などには、これはまったく自明である。そのため、彼らはめったに「国家」を話題にせず、「連邦政府と諸州（the states）」について語る。彼らは強い「国家意識」なしに生きていけるようで、実際、建国の父の一人ジョン・アダムズは、よく知られているように、主権を要求する政府に対して、「主権とは暴政にほかならない」とまで論じたのである。アメリカ人の考えでは、政府を制約する憲法を持つ連邦的秩序と、主権理論（どの独裁者も、われこそ主権者だと主張するから）は絶対的に矛盾し、イギリスの議会主権論ですら同じであった。アメリカ植民地の人々が、イギリス議会には自分たちに課税する主権的権利はないと主張したとき、ノース卿[13]が課税の絶対的権利を断言したのは有名である（同じようにして、トニー・ブレアは遊説中に、主権はウェストミンスターのイギリス議会にあり、スコットランド議会があっても変わりはないと、スコットランド人に向けて何度も念を押している）。ノース卿の議論の拠り所は、自然の秩序（まさに存在の大いなる連鎖(14)）と、一七六六年の宣言的議会制定法で明言されていたイギリス国制の本質という、いずれも彼にとって自明の命題であった。他方、エドマンド・バークは課税権を認め、ブラックストン(15)が論じたように絶対的な主権的権力が議会にあり、また、あるべきだと譲歩しながらも、「アメリカとの和解について」の大演説の中で、主権的権力はつねに思慮深く行使しなければならないと主張した。「私にとって問題は、諸君が民衆を悲惨に陥れる権利を有しているかどうかではなく、彼らを幸福にするのが諸君の利益でないかどうかである。それは、法律家が私にしてもよいと教えてくれている事柄ではなくて、人間性と理性と正義が私になすべきだと告げている事柄である(16)」。

バークの指摘こそ、主権が機能できる条件である。マームズベリの厭世家(17)もよく知っていた。リヴァ

---

(13) ノース卿については、本書第二章注（14）（四七頁）を参照。
(14) 「存在の大いなる連鎖（the Great Chain of Being）」とは、神が創造した宇宙の秩序は、高次から低次へと至る存在の連鎖的な階層構造をなしている、という考え方を指す。
(15) ブラックストン（一七二三―一七八〇年）は、イギリス国制（憲法）を論じた法学者。
(16) 「植民地との和解決議の提案に関する演説」からの引用。邦訳（『エドマンド・バーク著作集２』中野好之訳、みすず書房、一九七三年）の該当箇所は、一三一―一三二頁。
(17) 『リヴァイアサン』の著者、トマス・ホッブズを指す。

イアサンの権力が崩壊するのは、臣民の生命を脅かすときであり、おそらくは臣民の所有権を脅かす場合も同じである。ウェストミンスターのイギリス議会は、たしかに、一七〇七年のイングランドとスコットランドの合邦法の下で主権者となった。とはいえ、スコットランドでは大幅な自治が地元有力者に委ねられ（有名な「ダンダス専制[18]」）、議会を除けば、すべての国民的諸制度が残されていた（スコットランド議会は、今日の目で見ると、イングランド議会と同じく、国民の代表とは言えず民主的でもなかった。もっと問い詰めれば、イングランド議会以下だったと言えよう。いずれにせよ、それは合邦条約の結果であって、当時、国民的アイデンティティの象徴としては長老派教会よりもはるかに重要性が低かった）。イングランドの旧トーリー派[19]は、自分でも領地を仕切り、多少は歴史を理解できるセンスもあったので、主権を保持する決め手は、国家の非常時は別として、権力の行使ではなく抑制であると心得ていた。アイルランドやスコットランドのナショナリストが以前に書いた歴史では、抑圧が横行していた。決定的場面ではたしかに抑圧があった。しかし、旧トーリー派は概して一種の文化政治を行ない、土着の文化や制度に対して穏やかな寛容の姿勢（多少シニカルで多少ロマンティックでもあったが）をとった。インドもまた、そのように統治され始めていた。「分断して支配する」のではなく、既存の分裂を使った支配であり、既存の法と慣習にできるだけ即した支配であった。ヨーロッパ連合を嫌う偏狭な新保守派は、これがわかっていない。彼らの考えでは、手元にある権力は（党や個人が有利になるように）使え、である。わかりやすく社会史を要約すれば、彼らはもはやジェントルマンではない（Crick, 1995）。

旧トーリー派は、連合王国には諸国民《ネーション》の多様性があり、それぞれに即した対応が必要なのを理解していた。たしかにアイルランドでは失敗したが、スコットランドやウェールズとの連合の維持には成功した（「連合union」という言葉は、「国家state」でない点に注意）。新保守派には、実際の歴史を理解するセンスが少しもない。ニール・アシャーソンが「過去の遺産の幻覚《ブルー・ミスト》」(20)と見事に命名したものしか意識にない。そのため、彼らは失政を犯し、スコットランドの民族感情をかき立て政治運動にしてしまった。また、ヨーロッパ連合加盟問題では、主権と権力の区別がまったくできず、それで自他を混乱させた。イギリスの権力を実際に弱めてしまった。「権力」という言葉が、法律上の支配的地位を指し誰からも挑戦されない状態を意味するだけでなく、他者への影響力や自らの意図を実行する能力を意味するのであれば(21)、そう言ってよい。

イノク・パウエル氏(22)はいつも、主権がまるで女子修道院の純潔であるかのように、イギリスが主権を喪失した正確な日付を語ったものである。これは、オクスフォードの哲学者ギルバート・ライルが「カ

(18) 一七七〇年代から一八三〇年代にかけて、スコットランド貴族のヘンリー・ダンダスと息子のロバート・ダンダスが二代にわたり行なったスコットランド統治を指す言葉。近年では、Michael Fry, *The Dundas Despotism* (1992) の実証的研究が、この言葉に含意される腐敗した権威主義的支配という通説的理解に反対して、既存の政治的枠組の中でスコットランドの善き統治を追求したもの、という新しい見解を提唱している。

(19) サッチャーのような新保守主義者が登場する以前のタイプの伝統的保守主義者を指す。

(20) ニール・アシャーソン（一九三二年生まれ）は、イギリスのジャーナリスト、歴史家。「ブルー・ミスト」はLSDの俗称だが、同時に、青が保守党のシンボルカラーであることにも引っ掛けているようである。

(21) ここで言及されている権力の語義は、本書第五章（一一六―一一七頁）の権力概念の説明に即している。

(22) イノク・パウエル（一九一二―一九九八年）は、イギリスのEC加盟に反対した保守政治家。

テゴリー・ミステイク（範疇錯誤）」と呼んだものであり、「カレッジはいくつか見たけれども、しかし、大学はどこにあるのかね？」と言うのと同じである。[23] しかし、仮に主権を手付かずのままにしておいたら、イギリスは自国の経済的利益を増大させる点で、無力とまでは言わないにしても、はるかに脆弱だったであろう。イギリスは、明確で道理にかなった経済的・政治的な理由（二度と互いに戦争をしえないヨーロッパ諸国民の協調）のために主権を制限したのであり、一説によれば主権を共有しているのである。イギリスでヨーロッパ連合に反対している人は、自分たちも自由貿易地域の維持は望んでいている、と言っている。反ヨーロッパではない（いわく、そういう人もいるが全員ではない）のだそうである。しかし、市場は公正な競争のために法規範と道徳的束縛に依存しているのであり、この事実を否定するのは市場の考え方として実に奇妙である（そういう考え方の人はアダム・スミスをきちんと読むべきである）。しかも、道徳的束縛が少なければ少ないほど、法的束縛の必要が高まるのである。新保守主義は、市場哲学とナショナリズムとの間に明らかな矛盾があり、哲学的には「連邦的超国家」という背理に行き着き、心理的には排外主義と被害妄想に陥っている（連中はわれわれを引きずり下ろすだろう、われわれのアイデンティティ、われわれの女王、われわれの通貨を奪い去るだろう、等々）。これではまるで、世界がイギリスだけになれば、イギリスに万事好都合であるかのようである。明晰な政治的思考の慣行や伝統は、排外主義と被害妄想を少なくとも軽減し抑制できると、私は心から信じている。現実が含んでいる意味と哲学的に矛盾する考え方は、思慮深い政治的計算にはまったく役立たないのである。

国民的アイデンティティをめぐる思考

政治的思慮の面で旧トーリー派には技巧があったが、それに代わってウルトラ・ナショナリズムが登場した理由は、かなりはっきりしている。イデオロギーよりも偶然の要素が強い。ただし、偶然性は、イデオロギーのある部分よりも他の部分に有利に働いた。ウルトラ・ナショナリストは、心理的に、戦後のイギリスの国力低下を素直に受け入れられなかった。国力低下は実に遺憾であり、歴史は元に戻せるから「イギリスを再び偉大にしよう」と考えているようである。それはあいにく、彼らにとって何らの感情もともなわない、ただのレトリックではない。レトリックそのものは、他の人々でも好感を持てそうである。しかし、つらい想いをともなった後ろ向きのレトリックなのである。広い気持ちで現実的になり変化を前向きに受け入れよう、というレトリックではない。「これ以上深入りすると、われわれはアイデンティティを失う！」と彼らは言う。これで大問題が起こってくる。そうした大問題について政治哲学者の見解は一致しないかもしれないが、少なくとも問題の明確化はできる。最低限でも、「国

(23)　この例示は、ギルバート・ライル『心の概念』(坂本百大・宮下治子・服部裕幸訳、みすず書房、一九八七年、一二頁)に登場している。オックスフォード大学のようなイギリスの古い大学は、それぞれ独自の起源と資源を持つカレッジの連合体であり、カレッジの建物は具体的に存在するが、大学は組織として抽象的に存在するだけである。物事が「存在している・存在しなくなる」という判断は、異なった次元・カテゴリーを混同すると意味をなさない、というのが「カテゴリー・ミスティク」に言及したここでの議論の主旨である。

家」、「主権」、「権力」、「国民」、「アイデンティティ」にはそれぞれ別の意味があり、「われわれにとって最も大切なあらゆる物事」への複合的な「脅威」といったレトリックの中でごたまぜにすべきでないことぐらいは、政治哲学者は理解している。個人的な話だが私は自分の常識を大切にしているので、尋ねてみたいことがある。ヨーロッパ連合に反対する人が憂慮するように、二一世紀中葉までにヨーロッパ超国家ができるとしても、本当にオランダ人がオランダ人でなくなり、フランス人がフランス人でなくなり、ドイツ人がドイツ人でなくなり、ギリシャ人がギリシャ人でなくなるのだろうか。文化は政治制度よりも強固であろうに。

　自分自身を考えてみよう。私はスコットランドに住んでいて、間違った議論の仕方を耳にすることが多い。「われわれスコットランド人は、議会を持たなければアイデンティティを失ってしまう」といった議論である。ところが、ほぼ三世紀に及ぶ歴史は、この偏見まじりの危惧に反駁している。スコットランドらしさは依然としてきわめて活発であり、躍動し絶えず変化している。ジェイムズ・ケルマン、ビリー・コノリー、ドナルド・デュアーのスコットランド[24]は、ロバート・バーンズやウォルター・スコットのスコットランドではない（Nairn, 1988）。スコットランド議会擁護論は民主主義の主張であって、国民的アイデンティティに対する脅威とか、主権国家なしに国民は存在しえないという誤った見解にもとづくものではない（Patterson, 1994）。

　しかし、問題が一つある。イングランド人にとっての問題である。連合王国が多民族国家で、スコットランド人のイギリス人、ウェールズ人のイギリス人、はたまた、アイルランド人のイギリス人、アジア人のイギリス人など、人々が二重のアイデンティティを持っているために、問題が生じるのである。

これが歴史的に可能だったのは、かつてのイギリス統治者階級が多様性を理解し、他の大方の国々のように、国家崇拝的なイングランド・ナショナリズムを発展させなかったからである。そうしたナショナリズムがあっても、連合王国を一つにまとめるという、イギリス政府の主要任務には役立たなかったであろう。政治思想家や、コリーニの言う「公共的モラリスト」は、主権国家と連邦国家との相違をよくわきまえていたし、イングランド性（the English）で国全体を囲い込まずに、イギリス性（Britishness）を慎重に推し進めた。彼らは間違いなく、両者の違いと、後者のイギリス性を守ることが政治的にどれほど重要かを自覚していた。その証拠は主要図書館の件名分類に見出される。アイルランド、スコットランド、ウェールズのナショナリズムに関する本は、それぞれ棚いっぱいにあるが、イングランド・ナショナリズムの本は少ししかない。第二次世界大戦の前は、王室と帝国という、忠誠と合法性に関わる二つの概念が、イングランド人にはっきりしたイングランド性がないという空白感を埋め合わせていた。王室と帝国は、四つの国民《ネーション》に開かれていたし、キップリング(25)の言う「法の枠内にある劣等諸種族」にす

(24) ジェイムズ・ケルマン（一九四六年生まれ）は、一九九四年にイギリスの文学賞であるブッカー賞を受けたスコットランドの小説家。同賞の受賞者としては、一九八九年受賞のカズオ・イシグロが日本ではよく知られている。ビリー・コノリー（一九四二年生まれ）は、スコットランド出身のミュージシャン、俳優で、『ラストサムライ』にも出演している。ドナルド・デュアー（一九三七―二〇〇〇年）は、スコットランド労働党の政治家。スコットランド議会の任命によりスコットランド行政府初代首相を務めた。

(25) キップリング（一八六五―一九三六年）は、インド生まれのイギリス人でノーベル賞作家。『ジャングル・ブック』の作者。「東は東、西は西」という言葉でも知られ、人種差別的傾向があったと言われることも多い。

ら開かれていた。今では帝国が消滅し王室が信頼を失い極小化しているので、イングランド的なものを少なからず含むナショナリズムがもっと必要であろう。スコットランドやウェールズのアイデンティティの意識は、国の中心が思慮に富み鋭敏であればイギリス的なものと容易に両立可能である。それらを尊重するとともに、それらと同等でもあるようなイングランドのアイデンティティへの見方が必要であろう。これは可能である。「イギリス性」は文化全体を指すのではなく、たんに議会と王室と法という共通の制度であって、その下で、スコットランド、ウェールズ、イングランドのそれぞれのアイデンティティが、つねに相互連関しながらも、別個に存立する、と考えればよいのである。新しい移民は、ヨーロッパ連合に反対する人以上に、それがよくわかっている。彼らが望んでいるのは、イギリスの法の保護の下で暮らすことであって、イングランド人になることではない。法を尊重したいと思っており、また、イングランド人のようにではなく、たとえば「イギリス人であるアジア人」(「イングランド人であるアジア人」という表現は、聞いたためしがない)として尊重してほしいと思っている。イングランド人だけが、イギリス性とイングランド性を混同しているのである。

左派が、イギリス性について(風刺などに見られる安直すぎる嘲笑や皮肉ではなく)、もっと真剣で、批判的であっても敬意を込めた議論をしていたならば、ヨーロッパ連合とイギリスの間に成立している必須の関係を今後どうするかの論争で見られた右派の偏執的恐怖感も、おそらく弱まっていたであろう。現代のイングランド知識人は、現代のイングランド、スコットランド、アイルランド、ウェールズ、アメリカのそれぞれの小説や詩の違いを難なく指摘できるが、イングランドの政治は風刺したり軽蔑するだけで、真面目に特徴づけができない。自らのナショナリズムは人為的で虚偽意識にほかならないとしながら、他国のナショナリズムの大半は、どれほど暴力的で自民族中心的であっても、少なくとも「本物」ではあるとして擁護するのは、イングランド左翼の昔からの残念な欠陥である。オーウェルは、その偉大な例外であった（Orwell, 1941）。間違っているのはナショナリズムではない。現存する他のアイデンティティを排除せよと主張したり、歴史の中で偶然に成立した主権の概念に縛られて後ろ向きになっているナショナリズムだけが間違っているのである。主権は、人間が普遍的に必要とする条件ではない。それは、いかに統治すべきかに関する理論として一六世紀に始まり、二一世紀には終幕を迎えそうである。実際、二一世紀には、世界の大半で、相互依存が連邦的形態をとるだろう。そうした国々の公共倫理は、相互依存と相互尊重を強調するだろうが、国民的アイデンティティをなくすことはできないし、望ましくもないだろう。国民ごとの違いが脅威でなくなれば、違いに誇りと喜びを実感できるかもしれない。「すべての権力」は「連邦制的である」とラスキは言った（Laski, 1925）。

もっとも、今日、学界外の人でいったい誰が、ラスキの本を読もうなどと考えるだろうか。ラスキは、主権概念の理論と歴史に関する最初の二篇の著作を出した後は、真面目な一般読者なら理解できるものを書こうとし続けたのではあるが（ただし、そうした立派な意図があれば自動的に品質が保証されるわけでもない）。それに、当時の出版社は幸福であった。その頃のイギリスでは、大学向けの小さな市場しかなかったのである。

政治的書物の凋落

かつてウォルター・バジョットは、政治に関する良書がかくも少ない理由は、本を上手に書ける人で物事をよく知っている人が少ないせいだ、と警句めいた指摘をした。社会科学の発展にともなって、今日では、はるかに多くの人々が多くのことを知っているが、一般読者が理解できる本を書ける人はいない。一九九七年の総選挙で、新しいタイプの政治ジャーナリストが登場した。彼らは事情通で達者な書き手であり、そうでなければペンギン出版社は、大いに不評を買いはしたが『なぜ……党に投票するのか』という三巻シリーズの執筆を彼らに依頼しなかっただろう。とはいえ、執筆者はいずれも、各党の方針から外れない、その気配さえ見せてはならないという、あからさまで強烈な圧力を受けていた。さらにまずかったのは、明らかに圧力に屈して自主規制したことである（Wallace, 1997; Willetts, 1997; Wright, 1997)。ピーター・マンデルソン、ブライアン・マウィニー、パディー・アシュダウン[26]は、選挙直前に校正刷を読む時間があったのではと疑いたくもなる。

一九三〇年代には、政治に関する良書はよく見られたが、今日ではほとんどない（こう言うと、いささか断定的で独断的に聞こえるだろうが、『ポリティカル・クォータリー』の書評委員として一〇年、それに、政治関連書が対象のオーウェル賞の審査委員を六年務めた経験からの判断である）。しかし、論より証拠というのであれば、ペンギン出版社の図書目録を見てみよう。かつて同社は、一般読者向けの政治関連書を出す大手出版社であった。現在では、「政治（Politics)」という項目が目録で占めているのは、二段と四分の三である（大学マーケット向けが中心）。他方、「ニュー・エイジ（New Age）」[27]という項目は一九段もあって、そのほとんどが、一般読者にわかりやすいように書かれている！　いまや、スワンピー[28]が話題の中心というわけである。

オーウェルが、「私が最もしたいと思ってきたのは、政治的書物を芸術に高めることだ」と書いたのは有名である。オーウェルは知識人を政治に引き込もうとした。ただし、自由は健全な政治による、とひたすら執拗に言い立てるのではなく、政治に関与しても芸術上の誠実さを犠牲にする必要はない、と安心させてからのことであった。オーウェルが「どんな作家でも政党の忠実な党員とはなりえない」と書いたとき、「忠実な」が強調点であったにちがいない。オーウェル本人が、当時は政党の党員だったからである。彼は一九四一年に、『ホライズン』誌で飼い主の手に激しく噛みつくことになった。彼は「ウェルズ、ヒトラー、世界国家」と題した論文で、H・G・ウェルズを罵倒したのである。いわく、ウェルズは、ヒトラーをふざけた人物と見て過小評価してしまい、ヒトラーが徹底的に本気であること

(26)　ピーター・マンデルソン（一九五三年生まれ）は労働党の政治家で、トニー・ブレア等とともにニュー・レイバー路線を提唱した。ブライアン・マウィニー（一九四〇年生まれ）は保守党の政治家で、党幹事長などを歴任している。パディー・アシュダウン（一九四一年生まれ）は自由民主党の政治家で、一九九〇年代に党首も務めている。

(27)　一九八〇年代後半に登場した思想運動で、「ニューサイエンス」とも呼ばれる。西洋的価値観を退け、超自然を信じる立場から、宗教・医学・環境対策などの見直しを試みた。

(28)　スワンピーという通称を持つダニエル・フーパー（一九七三年生まれ）を指していると推測される。フーパーは、ニュー・エイジのコミューンに住む環境保護運動の活動家。奇抜な直接的抗議行動で知られている。

を理解していない。目前の危機に対する非現実的な答として「今こそ世界政府を！」などと弁じ立てているが、理想主義といっても目標になりえず、現実からの逃避でしかない。オーウェルは、ウェルズも大多数の知識人と同様に内向きと考え、実際、「イギリス的生活という庇護された条件」の生ぬるさに安住しているとして、「レフト・ブック・クラブ（左翼図書普及協会）」の全員を告発した。それにひきかえ、ヨーロッパでは別の何かが湧き上がりつつあるという。

過去一〇年の発展の一つは、重要な文学形式として、「政治的書物」という、歴史と政治批評を結びつけた一種の分厚いパンフレットが登場したことであった。しかし、この方向での最善の書き手――トロツキー、ラウシュニング、ローゼンベルグ、シローネ、ボルケナウ、ケストラー等々――は、いずれもイギリス人ではない。また、彼らのほとんど全員が、一方あるいは他方の過激派からの脱党者であって、全体主義を間近に見て亡命と迫害の意味を知っている（Orwell, 1994）[29]。

ウェルズへの論難が十分に公平だったとしても、イギリスの他の仲間たちに加えた側面攻撃はそうではなかった。政治的書物に非現実的なほど高い基準を求めていたし、多くの著作家を無視したのはきわめて不公平であった。ウェルズとオーウェルの両人が標的とし尊重したその読者層に向けて著作を行なっていた人々である。たとえば学者では、R・H・トーニー、ハロルド・ラスキ、G・D・H・コール、知識人ジャーナリストでは、H・N・ブレイルスフォード、フェナー・ブロックウェイ、キングスリー・マーティン、レベッカ・ウェストを考えてみればよい[30]。読者層についてはどうだったか。ウェルズとオーウェルは、彼らを依然として「一般人」と呼んでいた。ヴァージニア・ウルフは「一般読者」と呼んだ。今日ではほぼ絶滅種である。無料公共図書館が自分にとっての大学だった、という人々であった。

私が教えた大学院生は全員、戦後に新設された大学の出身者だったが、彼らにとっては、昔は政治的書物が、マルクス主義用語やアメリカの方法論用語などの社会科学の言葉ではなく、平明な言葉で書かれていたと聞かされても、想像を絶する話であった。今では残念だが、境界線をずらさなければならない。一般人ではなく（彼らの政治リテラシーは、現在では、書物の助けを借りていない）、教養ある一般読者層について語らねばならない。ところが、このように読者層を絞っても事態は変わらない。ペンギン出版社の図書目録を思い出してほしい。理性の時代は本当に終わってしまったように思える。市民文化を守っていくのに、本の役割は大幅に減少している。いやむしろ、市民文化をイギリスで創造するのに、と言った方がよいであろう。フランス、オランダ、アメリカとは異なり、イギリスに市民文化はなかったからである。

一般読者に影響を与えている優れた政治ジャーナリストがわずかながらいるのを、私は一瞬たりとも

(29) 邦訳（『水晶の精神』川端康雄編、平凡社ライブラリー、二〇〇九年）の該当箇所は、一一八―一一九頁。

(30) H・N・ブレイルスフォード（一八七三―一九五八年）は、左派系ジャーナリストとして多くの著書がある。フェナー・ブロックウェイ（一八八八―一九八八年）は、インド生まれの反戦活動家。キングスリー・マーティン（一八九七―一九六九年）は、一九三〇年以降、長年にわたって『ニュー・ステイツマン』の編集を担当した。レベッカ・ウェスト（一八九二―一九八三年）は、フェミニストの立場をとった女性作家で、小説、文学批評など多くの分野で活躍した。

否定したいわけではない。ニール・アシャーソン、イアン・ベル、リチャード・ハリス、クリストファー・ヒッチンス、ウィル・ハットン、サイモン・ジェンキンス、リチャード・リプシー（『エコノミスト』誌のバジョットのような人物）、ジョン・ロイド、ジョイス・マクミラン、アンドリュー・マー、メラニー・フィリップス、ポリー・トインビー、ヒューゴー・ヤングといった人々である。[31] しかし、印象深くはあっても短い一覧表にしかならない。私は政治的書物という言葉を、政治問題を取り上げた著作で筋の通った主張、という意味で用いている。存命中の政治家を取り上げたそれなりに誠実な伝記もあった。たとえば、実に凄まじい代物ではあるが、ベン・ピムロットのハロルド・ウィルソン伝や、ロバート・シェパードのイノク・パウエル伝である。ほかに、ウィルソン、サッチャー、ヘゼルタイン、さらにはメイジャーやブレアを取り上げた本まであるが、いずれも批判性のない大衆向け聖人伝でしかない。こうした選挙運動用の伝記は、イギリスの選挙運動がアメリカ化し始めたことを示していると言えよう。一九六四年のレスリー・スミス『ハロルド・ウィルソン』がこうした偽善的愚行の先駆けであって、その生真面目な素朴さが滑稽きわまりない本であった。有名なタマニー・ホールのボス、リチャード・クローカーは、[32] 持ち馬をアイルランドの競馬に出場させるためニューヨークを出発する折に、自分のことを書いたその種の本を寄贈されたが、一頁読んだだけで船外のハドソン川に投げ捨て、いまいましくつばを吐いた。同類の書物は同じ目に遭ってほしいものである。

伝記であれば種類に関係なく人気が集まるというのは、政治や市民文化の全般的な劣化を示す嘆かわしい兆候である。誰もが、理念よりも人柄に関心を持っているようである。ロバート・マッカラムは『オブザーバー』紙に、文学担当の編集委員という見通しのよい立場から、有名人のナルシズムという新分野を「ハイオクの自伝的回想録」と呼び、その人気について鋭く論じている。他者への関心は公的な価値をともなっている。それを押しのけて、本当の人柄の証しだとして私的な想いを世間に露出する傾向が現われているようである。公共精神を示す人の背後で、「こういう人の心の中には何か邪なものがあるにちがいない」と嘲笑する声を、どれほど多く耳にすることであろう。活動的な人は不幸な家庭生活や性生活を背負っているはずだ、というのが当たり前の見方になっている。これについて、リチャード・セネットは『公共性の喪失』の中で、もう少し好意的にだが、「ナルシズムは現代のプロテスタンティズム倫理である」と述べている（Sennett, 1986）[33]。政治リーダーたちは、長い間、自分の人柄を自

(31) ニール・アシャーソンについては、本章の注（20）（二五一頁）を参照。イアン・ベルとリチャード・ハリスについては不詳。クリストファー・ヒッチンス（一九四九年生まれ）は論争的ジャーナリストとして知られる。ウィル・ハットン（一九五〇年生まれ）は『オブザーバー』編集長、サイモン・ジェンキンス（一九四三年生まれ）は『タイムズ』編集委員などを歴任、リチャード・リプシー（一九二八年生まれ）は、カナダ出身の経済学者でLSEやエセックス大学の教授を歴任、ジョン・ロイド（一九四六年生まれ）はスコットランド出身のジャーナリストで『ニュー・ステイツマン』誌や『ファイナンシャル・タイムズ』などの編集者を歴任している。ジョイス・マクミラン（成年不詳）はスコットランドの女性ジャーナリスト、アンドリュー・マー（一九五九年生まれ）はスコットランド出身で、『インディペンデント』紙やBBCの編集委員を歴任している。メラニー・フィリップス（一九五一生まれ）はユダヤ系の女性ジャーナリスト。ポリー・トインビー（一九四六年年生まれ）は女性ジャーナリストで『ガーディアン』のコラムニスト。ヒューゴー・ヤング（一九三八―二〇〇三年）は『ガーディアン』のコラムニスト・政治担当論説委員をしていた。

(32) タマニー・ホールは、かつてのアメリカ民主党後援組織の所在地。リチャード・クローカー（一八四三―一九二二年）は、アイルランド出身の政界ボスで、一時期、黒幕としてニューヨーク市政を取り仕切った。

(33) 邦訳（『公共性の喪失』北山克彦・高階悟訳、晶文社、一九九一年）の該当箇所は、四六一―四六六頁。

党の特徴にしようとしてきた。ところが、突如として、彼らは凡庸な人物にすぎず、説得力のある思索的な大衆的思想家のふりさえしていないのではないか、という疑念が出てきたわけである。

とはいえ、政策の分析や提唱とは直接にはほとんど関係ないが、政治に関するしっかりした書物が多少はある。そうした書物を、政治の旅行案内書と呼んでおこう。私としては無条件に受け入れられる選考結果ではないが、政治的書物を対象に毎年授与されるオーウェル賞は、四年間、この種の書物に贈られている。アナトール・リーヴェン『バルト革命』、フィオヌアラ・オコンナー『国家を求めて』、ファーガル・キーン『流血の季節——ルワンダ探訪』、ピーター・ゴッドウィン『ムキワ——アフリカの白人少年』である。道徳的に廉直で書きぶりも見事なので、推奨に値する。しかし、古きよきペンギン選書（Penguin Specials）のような本ばかりが、審査委員のわれわれの前に並んでいたわけではない。一九六〇年代から七〇年代初めにかけてのペンギン出版社は、政治的な争点となった社会問題に関する本を毎年、三冊か四冊は刊行していた。事実に即して詳細に問題を解説し、次に代替策とその前提にある原則について議論し、最後に原則をふまえて筋の通った提言を示す、というのが一般的特徴であった。需要は減ってしまった。私は以前、別の出版社のシリーズだが、エイプリル・カーター(34)『女性の権利の政治学』（Carter, 1988）という本について、何をどこまで明らかにしているか、全体としてどんな意義のある本なのか、評価を依頼されたことがある。すっきりわかりやすく書かれた見事な本であった。女性学や政治学概論で、教科書として数多く使われたが、大学の授業以外で読んだ人に会ったり、読んだ人がいると耳にしたことはない。これは個別の事例に関する個人的な愚痴ではなくて、よくある話なのである。

政治的書物が凋落した理由のいくつかは、かなりはっきりしている。端的に言って需要がないのである。ラジオは、情報分析や政治的提言の点で、一九三〇年代や四〇年代とは比べものにならないほど大胆で活発である。テレビは、出だしは緩やかだったが、その後は同じように発展していった。新聞の高級紙は、大がかりな企画記事ばかりでなく基本的な報道記事も苦境にあるが、それでも、戦前に比べれば、はるかに多くの特集記事や論説を掲載している。現在は政治コラムの全盛期でもある。大半の知的な人々は、おおよその政治的知識をこうしたメディアから得ており、学界の高みからも、おそらく多少のものは流れ下ってきているようである。

しかし、供給サイドにも問題がある。ペンギン社に聞いた話では、書き手が見つかれば、一般読者向けの思索に富んだ本をもっと刊行したいという。ほとんどの学者は他の学者に向けてしか書いておらず、たとえ一般読者向けに書ける力があっても書く気がない。通俗化に対して専門家としての抵抗感を持っているのである（科学や歴史には、優れた一般書があるのに、政治学にないのは実に奇妙である）。出版社に公平を期して言えば、公的意義がありそうだという直感を優先させ、採算を度外視することもある。どう見ても企画を引き受けそうにない出版社が、北アイルランド問題に関する本を出すべきだし可能性にかけてみようと思った例は数多くある。たいていは失敗で、成功例はわずかしかないのだが。数

（34） エイプリル・カーター（生年不詳）は、ランカスター大学、オックスフォード大学、クイーンズランド大学で政治学の講師を歴任し、ストックホルム国際平和研究所の研究研究所を経て、コベントリー大学平和研究センターの名誉研究員の地位にある。核兵器廃絶運動に加わった経験もある。

は少ないがノッティンガムのスポークスマン社のような社会主義系出版社もあるのに、それに言及しないのは不公平だと言えるかもしれない。こうした出版社の本はマルクス主義的な言葉を使わずに、それでもなお、昔ながらの公開講座に参加したり組合活動をする読者を念頭に置いているからである。しかし、読者層は小規模ではないかと思う。政治に興味のある人に限られていて、幅広い読者層にまでは及んでいない。

高級紙のせいで政治的書物が姿を消しているとしても、「だからどうなのだ」、それが問題なのか、という見方もありえよう。しかし、問題なのである。なぜなら、イングランドの中流層が読んでいる新聞は論外としても、高級紙の日替わりで見る向きが変わる近視眼では、社会問題の複雑さを把握し伝えるのが難しいからである。あらゆる立場の政治家が、かつてないほどの単純化とスローガン化に訴えている。まさに「ワンフレーズ・ポリティクス（soundbite politics）」である。世間の人は自分の仕事との関わりで気になる問題でない限り、何も知ろうしないし何もしないことを、政治家は知っている。政治家や政治論説の担当者は、一冊の本が政治的事件だとは、まず思わない。大物政治家の回想録なら話は別だが、それでも、高級紙がきちんと書評することはほとんどない。たいていは、老政治家の手に委ねられてしまう。しかし、こういう人は書く意欲はあるが、歴史家や政治学者のように実態を掘り下げるには力不足である（Crick, 1978, 1993）。

矛盾点に話を戻そう。政治的書物は決して少なくはないのだが、政治的知識は増えていない。社会科学の各分野は多くを発見してきたし、語るべきことも多くある。しかし、学界の外で一目置かれているのは、経済学者だけである。それでもやはり、政治思想は今、黄金期を迎えているのである。だが、どの分野でも学者は学者に向けて語っている。世間一般に向けて語るのを促す誘因がない。学者自身にも責任の一端がある。書物が専門用語で書かれ、証拠と論証がおそろしく入り組んだ構成になっている。特別委員会などによる質の高い公式調査報告書や、昔の王立委員会報告書は違っていた。こうした報告書では、読む気のある人すべてに向けて論証と結論が簡明に提示され、その後に補遺として、精査や再検討をしたい人向けに細々とした証拠や提言が書かれている。

平明な表現は難しいと思っている社会科学者があまりに多い（イングランドの政治哲学者には平明な著述の伝統があり、少なくともこの点では、分析哲学派や論理実証主義者にも感謝してよい）。しかも、知識人に政治リテラシーが欠けている。高級紙で書評されるべき書物が、『ポリティカル・スタディーズ』、『ブリティッシュ・ジャーナル・オブ・ポリティカル・サイエンス』、『ポリティカル・セオリー』などの学術誌以外では、取り上げられないままである。もちろん紙面不足もある。しかし、わずかな紙面をどう使うか、頭を使うべきである。本当に重要な書物ですら取り上げていない。違いのわからない論説委員が多すぎる。ちょうど、私の同僚でも年配の人だと、マーガレット・ドラブルとA・S・バイヤット[35]の区別がつかないのと同じである。

隣の家の芝生は青く見える。フランスでは知識人の地位は高く、公的な問題について一家言あると期待される。たしかに、結末としては滑稽だったり不運なこともある。しかし少なくとも、学界とは違っ

(35) マーガレット・ドラブル（一九三九年生まれ）はイギリスの小説家・伝記作家。A・S・バイヤット（一九三六年生まれ）は、マーガレット・ドラブルの姉で、小説家・詩人。

た見方を示す理知的議論であり、しかも、学界の内と外とのしっかりした架け橋になっていることも多い。ドイツでは、イングランドやウェールズよりも出版界の地方色がはるかに強く、地方紙の質も高いため、多くの大学教授や知識人（両者がつねに同じではないのはたしかだが）が特集やコラムの執筆を引き受けている。アメリカでは、高等教育を受けた相当数の人々が、必ずしもテーマを現実政治に限定せずに、一般読者向けのレベルの高い政治的書物を書く力を持っている。「公共的な知識人」が盛んに活躍し、上手下手はあれ、基本的な諸問題を取り上げて書いている。国民がどんな状態にあり、どんな心理にあるかが絶えず探究され、かなり優れた探求も多い。

イギリスのメディアは、学界の政治的な知見や思想で重要なものを探し出し、要約し、翻訳するという支援の取組を、不定期的にさえしていない。昔は『ニューソサイエティ』誌が取り組んでいた。当時は、教養ある人なら社会科学の各分野の専門家による議論を理解できたし、専門家どうしでも理解できた。また、政治哲学や社会哲学の本は定期的に書評され、専門分野の内輪もめに明るく、公平な要約も得意な書評委員の迫力ある寸評もあった。しばらくの間、『ニューソサイエティ』は、『ニューサイエンティスト』にそっくりであった。しかし、『ニューソサイエティ』が『ニューステイツマン』に引き継がれて、その雰囲気は失われた。高級紙の毎週一回の紙面でも、社会科学の各分野は概観できるだろう。しかし、関連書籍を一通り読み通すとなれば、学問的関心が非常に広く、ジャーナリストの才能をある程度そなえた人のフルタイムの仕事になるだろう。社会全般のための仕事であって、（学問としての）政治学のための仕事ではないからである。

私が政治哲学から逸脱していると考える政治哲学者がいるとすれば、その人は私の論点を捉えそこねているか、あるいは、私が二つの陣営に向けて仕掛けている論争の相手にぴったりである。社会のさまざまな文化的構造的な要因が、学界の研究対象をつねに決定するわけではないだろうし、決定すべきでもない。学問研究が自由に行なわれ、そうした自由が広まっていくことは、市民的自由とよき統治にとって、重要な試金石であるばかりでなく必要条件でもある。しかし、学問的知識や、政治論争で用いる概念を研ぎ澄ます批判的技能が普及せず、何の影響も及ぼしていないとしたら、学界か、ジャーナリストと政治家のいずれかに、何か問題がある。私は学者としても市民としても、悲観的なほど公平である。問題は両者にある。どうにかしようと、どちらも思っていない。両者とも報いを受けるだろう。公的世界は、政治論争における言葉のやりとりの深刻な劣化に見舞われているからである。学校は今、少しずつでも水準を高めていけるだろうか。しっかりした架け橋になれるだろうか。

第11章　民主主義を熟考する

本章の元になっているのは、東京にある国連大学が、一九九六年にオックスフォードで開催した会議の開会講演であり、日本語に訳されて猪口孝編『現代民主主義の変容』（有斐閣、一九九九年）に収められている。(1)

民主主義・民主政（デモクラシー）という言葉は、神聖だが浮気者でもある。われわれは皆、彼女を愛しているのだが、彼女を独り占めにするのは難しい。誰もが彼女は自分のものだと言い張るが、実際のところ、完全には自分のものにできない。なぜそうなのかは、少し考えてみればわかる。

歴史的に見ると、この言葉が広く用いられた例は四つある。第一に、ギリシャ人の例で、プラトンによる民主政批判と、アリストテレスによるきわめて限定的な民主政擁護論の中に見られる。デモクラシーは、ギリシャ語ではデモス（暴徒や多数者）と、支配を意味するクラトスの合成語にすぎない。プラ

（1）クリックの原文では、大学名と日本語訳を刊行した出版社の表記に乱れがあったので、訂正して訳出している。この講演は、邦訳の第一〇章（「民主主義についての思索」）として収められている。なお、本章が本書全体の最終章という位置を占めていることを考え、既訳を参考にさせていただきながら、訳語などの面で本書全体との整合を図って訳出することにした。

トンは、教養や学識のある人々、理想的に言えば哲学者たちを、貧しく無知な連中が支配するのが民主政だ、と排撃した。彼の議論の根幹には知識と臆断の区別がある。民主政とはたんなる臆断の支配、いや、臆断のもたらす無秩序である。アリストテレスは、この見方を完全には否定せずに修正を加えた。よき統治はいくつかの要素の混合であって、多数者の同意を得て少数者が支配することである。この少数者はアリストイ、つまり卓越した人でなければならない。理想的な貴族政治の考え方である。とはいえ、多数者も、ある程度の教養と財産があれば市民の地位を獲得できる（アリストテレスは教養と財産の両方を、市民の地位の必要条件と考えた）。したがって、多数者の意見を顧慮するのは必須であり、多数者が公職につける場合すらあった。アリストテレスは、「可能な限りで最善」の国家を「民主政」とは呼ばず、ポリテイア、国制、「混合政体」と呼んだ。これは、公開の議論で共同行動を決定する市民の政治的共同体である。とはいえ、民主政は「交替で支配し支配される」というやり方を守れば、実際には次善となりえる。ただし、貴族の経験と知識による抑制がなければ、民主政は理論として誤っている。つまり、「人々がどこかの点で平等なのを根拠に、あらゆる点で平等であるとする」誤りである。

第二の例は、古代ローマ人、マキアヴェリの名著『ローマ史論』、一七世紀のイングランドとオランダの共和主義者、初期のアメリカ共和国に見られる。ここでも、アリストテレスと同様、よき統治とは混合政体の統治であるが、その一方で、多数者という民主政的要素があると国家はさらに強大になれる、と考えられている。被治者が、自分たちの法を集団的に制定する能動的市民とならない限り、万人を保護するよい法律があるだけでは不十分だとされる。この議論には、道徳的側面と軍事的側面の両方がある。よく知られているのは道徳的議論の方である。ローマの非キリスト教思想には、後のプロテスタンティズムと共通する能動的な人間観があった。たんに遵法的で善良に振る舞い、伝統的秩序を受け入れるだけの健全な臣民ではなく、事物を創り出し形成する能動的個人、という人間観である（臣民と能動的個人のこうした異質性は、後に丸山眞男が近代主義と伝統主義に関するすべての主著で大いに関心を寄せた点である）。

第三の例は、フランス革命期の言説や事件、それにジャン・ジャック・ルソーの著作に見られる。万人は教育や財産とは無関係に、国家の事柄に関して自ら意思決定する権利を持つとされた。しかも、一般意志や共通善を適切に理解できるのは、実のところ、上流社会の作り事の中で必要以上に教育された人々ではなく、善意に満ち素朴で非利己的で自然な一般人の経験と良心であった。この見解は、現在であれば、階級や民族を抑圧や無知・迷信から解放せよという訴えと密接に結びつくことができる。しかし、必ずしも個人の自由に結びつく見解ではない（一八世紀から一九世紀のヨーロッパでは、自由を重視した大半の人々は民主主義者と自称せず、立憲主義者とか市民的共和主義者、英米系言説ではウイッグと名乗っていたことを、思い出していただきたい）。一般意志は、代表制よりも大衆の人気と結びつきやすかった。「将来の政治は大衆扇動の技術になるだろう」と言ったナポレオンは、フランス革命の真の継承者であった。彼は革命的なナショナリズムの語り口で大衆の人気をつかみ、初めて徴兵制を導入し一般大衆に武器を委ねることができたのである。他方、専制政治のハプスブルグ王朝やロマノフ王朝の場合は、選抜的な徴兵を行なうだけでも、誰を対象にどこで実施するかきわめて慎重にならざるをえなかった。

民主主義という言葉の第四の例は、アメリカ憲法や、一九世紀のヨーロッパ諸国の新憲法の多く、第二次世界大戦後の西ドイツと日本の憲法に見られる。また、ジョン・スチュアート・ミルやアレクシス・ド・トクヴィルの著作にも見出される。ここでは、誰でもしたいことをしてかまわないが、ただし、権利を定め保護し制約する規制的な法秩序の下で、市民の平等な権利を相互に尊重しなければならない、と考えられている。

今日のアメリカ、ヨーロッパ、日本では、大方の人にとって「民主主義」とは、ふつう建前として、国民の権力という理念と法的に保障された個人の権利という理念との融合体（たいていは区別がつかなくなっているが）を意味している。二つが結びつくべきなのはたしかである。しかし、両者はまったく別個の理念であり、現実的にも明らかにそうだと言える。不寛容な民主主義や、ある程度は寛容な独裁政治は、存在しうるし存在してきた。私見を言えば、自国の政治体制を「民主的」と呼んでも、あまり意味がないように思う。証明すべき点を証明せずに素通りしているからである。民主的要素が強くなりすぎるのを懸念する人は今も昔もいるが、他方、どうすれば現在の政治体制をもっと民主的にできるかという議論もあるわけで、「民主的」と呼ぶだけではこうした議論が閉め出されてしまう。社会学的に言っても社会の実状を見ても、イングランドは依然として、多くの点できわめて非民主的であるし（まだスコットランドやウェールズの方が多少は民主的である）、アメリカと比べれば間違いなく非民主的である。とはいえ、そのアメリカでさえ、初期の共和主義的な市民のあり方《シティズンシップ》や能動的政治参加は、今ではまばらになっている。直接民主主義の仕組や住民投票や「市民パネル」等々の興味深い試みはあるものの、ごく一部の地域に限られている。たしかに人々は選挙で投票はしているけれども（いつも愕然とする低投票率だが）、次の選挙までの間の政治論議や能動的政治参加は、国民に人気のある活動のランキングでは、仕事は言うまでもなく買物よりも順位がずっと低い。

民主主義の現状や課題について考察する際にわれわれが論じようとしているのは、たいていは、民主主義の理念的定義や経験的観察にもとづいた定義以前の何か、つまり政治そのものなのだ、と私は指摘したい。この点を皆で議論すべきなのである。政治はきわめて重要であって、政治家に任せ切りにはできない。政治家は忙しすぎるし、人類の長い歴史の中で相も変わらずだが、短期的な利益や行動と次の選挙で勝つことしか眼中にない。そうである以上、政治家以外の人が自分たちのために、文明的な人間のあり方に思いをはせ、長期的観点から考えてみなければならない。政治的伝統を守るだけでなく、政治的伝統を広げる必要にも迫られているのであれば、思索と行動を連携させなければならない。私は政治的伝統という言葉を、政治的に、つまり自由な市民どうしの公開の議論で、紛争を解決し政策を決定する活動、という意味で使っている。(2) この活動は最も重要でよく知られている文明活動の一つである。しかし、今では当たり前と思われている。それどころか、とりわけ民主主義的な政治家の行状のせいで、堕落した活動ともみなされている。政策や指導者に反対すると、国家そのものへの反逆だと決めつける国も非常に多い。政治の有益な使いこなし方は広まっていないし、広く理解されてもいない。たとえ理

（2）「政治的伝統（the political tradition）」という語句は、クリックがアリストテレスに由来するとしている独特の意味での「政治」の伝統であり、直前で言及されている「市民どうしの公開の議論」による統治のことを指している。同様の意味で、「政治的支配（political rule）」（本章二七七頁、二八二―二八三頁）という語句も使われている。こうした「政治」の捉え方は、後に本章二八〇頁でクリック自身が述べるように、初期の著作『政治の弁証』以来一貫している。

解されていても、いつも望まれ許されているわけではない。

この政治的伝統は、世界にとって最善の希望と言ってよい。われわれが慣れ親しんでいる文明を破壊しかねない（本当にそうなりそうである）長期的問題が次々に累積し始めている現在では、おそらく最後の希望と言ってもよい。政治的解決、いや政治的妥協（政治的解決はいつでも政治的妥協である）が見つからなければ、資源が減っているのに需要は高まっている世界で、忠誠心のある自国民のうち少なくとも多数を占める有権者の生活水準を守るために、列強どうしの争いがいっそう激化し、いっそう過酷になるだろう。しかも（われわれの生命を支える資源や自然環境の緩慢であれ着実に進んでいる荒廃は言うまでもなく）、科学技術や工業技術を悪用した相互破壊も起きやすくなっている。二〇世紀の二度にわたる世界大戦は、それを十二分に証明しているが、将来に起こりうる物事の予兆としては、まだ迫力不足であろう。冷戦期には、政治指導者や政治思想家の大半は、核兵器による地球全体の破滅への恐怖で頭がいっぱいで、他の緩慢な地球規模の脅威にまで目が届かなかったであろう。しかも、戦後は政治面で、各国の国内状況を楽観できる材料が揃っていた。ソ連は自国の非効率だけで崩壊してしまったし、少なくともヨーロッパ南部や南米の軍事政権は似たような形で衰退した。中国という世界最大の国で専制支配が多少は緩和され、アフリカの赤道以南では流血の無政府状態にありながらも市民運動の萌芽が多少はうかがえる。南アフリカの新憲法は、抑圧の継続か、それとも破滅的な革命かという絶望的に思える状況で、どうすれば政治的妥協が可能かを示す貴重な例である。全体主義国や独裁国家の権力は非常に効率的で無敵だという神話も、全般的に崩れ去っている。

とはいえ、民主主義諸国が、政治的合意にもとづいて現実の重要な共通問題に対処する共同行動をとれないでいることも、十分明らかである。地球環境の悪化を食い止める効果的な国際協力の失敗はいうまでもなく、ユーゴスラビア連邦の流血をともなった混乱への不十分な対応、強制力を欠いた対イスラエル国連決議を考えてみればよい。核兵器の事例を取り上げてもよい。二大ブロックによる意図的な世界戦争の脅威は、幸いにもなくなったようではあるが（ほんの偶然かもしれないが）、現在、大国と呼ばれる国々は、政情不安定な国への核拡散をほとんど防止できない。こうした行き詰まりは、ある程度は、民主主義諸国（とりわけ、その中の一国）の政治指導者に、世論を啓発し変える能力や意欲が欠けているために生じている（アリストテレスが「民主政」について危惧していた点にほかならない）。

市民どうしの公開の議論による統治の発明や伝統は、元をたどれば、ギリシャのポリスや古代ローマ共和政の実践と思想に行き着く。したがって、政治的支配の元祖は「西洋」や「ヨーロッパ」ということにはなるが、それでも、応用は自然科学と同じく普遍的にどこでも可能である。また、先祖の営みが広く影響を及ぼした強力な伝統になっているからといって、子孫が特別の英知を授かるわけではないし、それどころか、誤った優越感や危険な過信を与えてしまう場合もある。政治的支配にしても、自然科学とその関連技術にしても、一般的な考え方は一つの文化に限定されない。むしろ、力ずくで押しつける輸出品として、また、近代化のための貴重な輸入品として、世界中に普及してきたのである。その結果がどうなったかは、当然、文化的環境によって大きく異なり偶発事にも左右された。とはいえ、こうして社会どうしの交渉があったために、政治的支配や科学や産業が広がる前の世界に比べて現在では共通点が増えている。東洋世界は、別の「民主主義的な」伝統（「政治的伝統」と私は呼びたいが）を作り出すかもしれないし、間違いなく作り出すであろう。西洋世界はそれに学ぶことになるかもしれない。

すでに技術の分野ではそうなっている。とはいえ、公平を期して言えば、西洋も完全に立ち止まっているわけではない。ごく最近ではあるが、「市民」の概念が女性に拡大されたのは、些細な出来事ではない。ただし、市民間の完全な平等は、まだ遠い先の話である。その帰結は現在では判然としないが、将来においては重要なものになりそうである。

政治を立派な営みとみなすこうした見方に、一般市民はあきれるかもしれない。実際の政治家の振る舞いをあらゆる角度から伝える新聞を読み、そこから「政治的なもの」をイメージしているからである。たしかに、こうした政治家たちはよき統治の味方なのか、それとも敵なのかを問わねばならない有様である。政治家は、どう政治を行ないどう振る舞うかの模範として皆に見られている（それが政治の一部になっている）と意識して、諸々の帰結を考えているのだろうか。その点で彼らは間違いなく、（ハンナ・アレントが好んだ言葉を借りれば）「無思考的」である。

＊　＊　＊

三〇年以上前だが、私は『政治の弁証』という本を書いた。この本は昨年まで版を重ね、日本語訳（これは丸山眞男のおかげである）[3]のほか、多くの言語に翻訳されている。しかし、当時のイギリスでは、学界内の書評はほとんどなかった。だが、私はそれで落胆はしなかった。なぜなら、この本の対象は知的な一般読者だったからである。それにこの本は、出版関係者からは（分別ある立派な人々である）、「現代の古典的書物」と呼ばれた。私が落胆しているのは別の点である。さまざまな困難とともに予測できないチャンスにも数多く直面している時代なのに、過去三〇年間、本格的な政治的思考を盛り込んだ一般読者向けの書物が、衰退の一途をたどっている。一貫した政治的思考は政党指導者からほとんど見向きもされず、無価値扱いされている。挙げ句の果ては、演技指導を受けた誠実な素振りで語られ、うんざりするほど繰り返されるワンフレーズばかりである。多少（というかほぼ完全に）場当たり的に一般原則の断片を引っ張り出しておきながら、十分に根拠のある説明はしない。誠実さが、理由を示す議論に取って代わり、知性ある一般の人ですら、たいてい原理原則よりも人柄の観点から政治を論じ、長期的な共通利益や公的利益ではなく目先の自己利益に訴えて議論している。知的でかなり開放的な公開の議論や思索という、以前はごく当たり前だった伝統を守っているのは、多少なりとも品位をとどめた新聞の少数のコラムニストや論説委員だけである。

その三〇年の間に、学問分野としての政治思想は、かつてない黄金期を迎えた。思想史や思想史的文脈に関する研究についても、現在使われている概念（たとえば、自由、平等、正義、主権、国民、個人主義、共同社会《コミュニティ》など）の意味や含意に関する分析についても、黄金期と言える。とはいえ、この進歩は、ほとんどが内向きであった。民主主義の諸問題や政治に関する学術書の大半は、著者個人の名声や昇進の可能性を高めるだけを目的としておらず、好意的な見方をすれば、知識の進歩への貢献とみなせるも

（3）丸山眞男への言及はクリックの記憶違いであるかもしれない。この訳書冒頭の解説は福田歓一が執筆しており、また、訳者あとがきによれば、翻訳は福田と前田康博の共訳の予定であったが、その後、前田訳となり、福田の解説を冒頭に付す形で公刊されたとある。とくに丸山の役割に関する言及は見られない。バーナード・クリック『政治の弁証』前田康博訳、岩波書店、一九六九年、二二六頁参照。

のでもあった。しかし、こうした知識の社会全般への普及に関心を向けた人はほとんどいなかった（いたとしても、その力量がなかった）ように思われる。

問題点は学界とメディアのいずれにも見出せる。政治について論文を書くこと（今では、「調査研究」と呼ぶ方が多いが）を職業とするのは、きわめて容易である。しかし、書かれたものはすべて象牙の塔の内にとどまり、出版界や一般読者には知られていない。内向きに政治を研究するという皮肉に、象牙の塔の住人の大半は気づいていない。一九六〇年代の学生運動の指導者たちは、「人民」、といっても新設大学で社会科学の学位を取った「人民」にしか理解できないマルクス主義用語で、労働者階級や「人民」との連帯を宣言したものだったが、われわれもかなり似たところがある。

他方、メディアの側も、学問の成果を掘り起こし活用する方策をほとんど講じていない。イギリスでいつでも厚遇されるのは、選挙分析の専門家だけである。経済理論の場合と同様に、政治的思考や政治的知識にも、現代世界の諸問題を扱う伝統があり、歴史的には経済理論以上に重要度が高かった、という考え方は、論説委員たちには馴染みがない。政治的考察は経済予測の邪魔だという見方が普通で、逆の見方はほとんどない。

私の『政治の弁証』の論旨は、あくまでも平易を心がけ、ともかく簡単明快である。同書では、「陳腐な議論を含蓄あるものに」する議論を行なった。政治とは、本来的に異ならざるをえない利害（物質的利害と見るにせよ、精神的利害とみるにせよ、通常はその両方だが）の調停だ、という議論である。私の論述はアリストテレスの伝統に沿っている。アリストテレスの『政治学』には、自分の師プラトンの大きな誤りは、あたかも正義に関する唯一の統一原理を見つけたかのように国家を論じた点にある、と述べた有名な一節がある。別の見方をすべきだ、という。

ポリスには、統一を進めていくうちに、ポリスでなくなってしまう限界点がある。ポリスの本質をほとんど失い、悪しきポリスになってしまう。それはあたかも和音をたんなる同音に変えてしまうようなものであり、あるいは、主旋律を一本調子に変えてしまうようなものである。本当のところは、ポリスは多数の構成員の集積なのである。(4)

すべての社会が、政治の原理に即して、組織され統治されているわけではない。歴史を見れば、大半の政府は、政策をめぐる公開の議論を抑え込み、健全な能動的市民よりも「健全な臣民」に好意的である。ただし、これは現代世界ではますます困難になっている。

自由な政治を脅かすのはいわゆる政治的イデオロギーだけではなく、ナショナリズムや宗教も脅威となりうる。ナショナリズムにもさまざまなナショナリズムがあり、宗教にもさまざまな宗教があって、かなり寛容なものもあれば、きわめて不寛容なものもある。政治は必ずしも強固な宗教的信条に脅かされるわけではなく、支配的な宗教が存在していても脅威とならない場合もある。しかし、宗教的な信条や儀式の中には、自由な政治や反対意見の表明に対し抑圧や脅迫を加えるものもある。他方、世俗的な

(4) アリストテレス『政治学』第二巻第五章(山本光雄訳、岩波文庫、一九六一年、七九頁)。本書冒頭のエピグラフでも引用されている。

立場でも、政治は本質的に社会秩序をかき乱すものだ、という見方がありうる。「政治家は問題を長引かせるが、われわれは問題に決着をつける」というゲッペルス(5)の言葉には、多くの人が共鳴するにちがいない。

というわけで、思い出していただきたいが、政治的支配は民主的統治よりも昔からあり、論理的に見ても間違いなく民主主義に先行しているのである。民主主義という言葉の意味を、「何でも自分の好きなようにすること」と脳天気に捉えるのでない限り、そう言える。民主主義はよき統治の一要素ではあるが、自由や個人の権利とは必ずしも両立しない多数者の意見と権力でもある。たとえば、多数者に支持され、多数者に味方する有力者に頼るような、文字通り民意に即した独裁政治があったし、今でもありうる。歴史的に見ても論理的に見ても、政治は民主主義に先行している。誰もが望み必要と感じる結構な物事を全部盛り込みたくなるかもしれないが、何を優先すべきかわかっていなければならない。秩序がなければ民主主義は存在できないし、政治がなければ民主主義ですら、正義にかないそうもない。政治的支配は、最も幅広く普遍的に正当化できる秩序のあり方なのである。

複雑すぎる現代社会科学（マルクス主義流にせよ現代アメリカ流にせよ）ではなく、引き続き大昔のアリストテレスに依拠して議論を進めると、政治は社会学的前提条件と道徳的前提条件の二つにもとづいている。社会学的前提条件とは、文明社会はつねに複雑で本質的に多元的だ、ということである。階級や民族や性による差別という不正義が（願わくば）衰退し消滅したとしても、この条件は変わらない。道徳的前提条件とは、種々異なる利害に絶えず強制や抑圧を加えたり、同意や交渉を経た上での補償なしに排除するのではなく、異なる利害を調停するのが通常は望ましい、ということである。政治行動の多くは得失を計算する思慮に導かれているが、そこには必ず何らかの道徳的文脈もある。不当と考えられる妥協もあれば、使用可能な強制手段や自衛手段であっても、残酷すぎたり釣り合いが取れていなかったり、結果がまったく見通せないと考えられるものもある。たとえば、核による先制攻撃は、政治のあり方にかなった行動とは言えないであろう。たとえバグダットに対する攻撃であってもそう言えないし、核を持たない国に対しての攻撃であれば、なおさらである。ハンナ・アレントは、暴力は政治の「他の手段による延長」(クラウゼヴィッツの有名な言葉)ではなく、政治の破壊であると論じたが、この点でアレントは、クラウゼヴィッツやその信奉者のキッシンジャー博士よりも賢明であった。

というわけで、選べるのであれば政治的支配がつねに望ましいと主張することは、私にはあまりに容易であった。この主張が、当時、陳腐で素朴にすぎると受け取られずに済んだのは、政治的支配と全体主義的支配との相違がつねに潜在的に、ときには顕在化しながら存続したためである。当時は、このわかりやすい相違が深遠で重大に見えたのである。ソ連が崩壊して二極分裂を推進する力が消えるとともに、世界全体がいっそう複雑になり、いわゆる自由世界に以前からあった諸々の矛盾が表面化し先鋭化するようになった(ちなみに、私は「自由世界」という表現を、あまりよいものだとは思わない。なぜなら、この概念は、「われわれの民主主義的なあり方」と同様に、証明すべき論点を証明せずに素通りしている点があまりにも多く、あまりに多くを前提にしているため、構成要素に分解して注意深くそれぞれの質を吟味しなければならない非常に複合的な概念だからであり、また、独善的で宣伝臭の強い使

(5) ヨーゼフ・ゲッペルス(一八九七―一九四五年)は、ナチス政権の宣伝相などを歴任し、宣伝の天才と呼ばれた。

い方があまりにも多いからである。したがって、むしろ、政治的に支配されている地域、と言った方がよいと思う。ただし、政治という概念が自由を含意し、また、政治が広く行なわれるかどうかは自由に依存しているのもたしかではある）。

全体主義のイデオロギーと支配の内部崩壊がありうるのと同じように、政治的支配の内部崩壊もありうる。また、政治的思慮だけでは不十分なこともありうる。『政治の弁証』では、そうした状況に関する本格的な検討はほとんどしていない。その後私は、北アイルランドや南アフリカの紛争、イスラエル・パレスチナ間の紛争について、書籍や文献資料や新聞を調べ、現地の人々とも対話して研究を進め、最初の段階で偶然的に得られていた知見を、熟慮を経た確信へと深めることになった。各事例は、細部では大きな違いはあるが、共通する問題もある。「たんなる政治」だけで十分に対処できるかどうか、という問題である。この一般的問題の具体例として、私はこれらの紛争を象徴的に取り上げた。どの事例でも、人々は少なくともある種の政治の伝統を持っているからである。そうした伝統にもかかわらず、妥協すれば自分たちのまさにアイデンティティが危うくなると感じているために、人々は妥協に関する一切の論議を拒む。自分たちの指導者が敵に語りかけるだけでも、「踏み込みすぎ」であって「高い崖から転落」しかねない、と思い込んでしまう。

全体主義を否定的に捉え政治を擁護するのは、きわめて簡単であった。ありふれたことでも、違いを際立たせればメロドラマになる。ソ連の「敗北」と西側の「勝利」は、まずはイデオロギーの拒否、次いでイデオロギーの死滅を暗示するかのようであった。ここで言うイデオロギーとは、私の理解では、特定の事柄に関する一連の特殊な観念（たとえば信念とか主義）ではなく、説明や政策との関連で社会全体を巻き込もうとする世俗的主張であった。旧式の独裁政治は、どれほど頑迷偏狭で血なまぐさく残忍だったにせよ、野心は限られていた。たいていは、支配階級として権力の座にとどまるといった程度の野心であって、寝ている犬は税金を払い従順である限り、そのまま寝ていればよかったのである。ところが、現代の独裁政治のいくつかに全体主義という新しい名称がついたのは、大衆を動員し、眠っている犬を起こし吠えさせ全員斉唱までさせて、イデオロギーの革命的目標を達成する必要性を理解した独裁政治だったからである。もっとも、共産主義国やその普遍性の主張とともにイデオロギーが消え去ったわけではない。それに取って代わったのは、政治的思慮や現実的な考え方ではなかった。野火のように急速に広がっていったのは、市場の規制を多少なりとも緩和すれば、市場の力で世界規模の大問題すべてが解決するだろうし、ともかく、市場の力には刃向えない、という考えであった。アダム・スミスが読まれたとしても、市場が有益に作用する際の明らかな前提である彼の道徳哲学は無視された。

　ハンナ・アレントは名著『人間の条件』で、歴史の秘密を把握していると称した包括的イデオロギーは、これまで二種類しかなかったと述べている。万事は人種によって決定されるという考えと、万事は経済によって決定されるとする考えである。人種主義と経済決定論は、念のために言えば、いずれも近代特有の考え方である。一八世紀後半以前の世界では、こうした法外な世俗的主張は必要なかったし、宗教の側も、万事を説明しているとまでは主張しなかった。アレントの指摘によると、経済イデオロギーには対立する二つがあった。一つはマルクス主義（すべては階級的所有の問題）であり、もう一つは自由放任主義《レセフェール》（すべては市場の力の問題）である。ただし、いずれも一般体系があるはずだと信じており、この信条には共通の起源があって、それぞれの信奉者が考える以上に両者を結びつけていた。

旧ソ連圏における市場イデオロギーの伝道者や説教師は、今では、かつての全体主義者とほとんど変わらない激しい口調で、経済に対する政治の介入を非難している。ただ幸いなことに、彼らは依然として、ある程度の政治的制約やわずかに残っている文化的タブー意識に縛られている。イギリスの目下の政党政治では、私の支持政党が、(6) 民営化の行きすぎや社会福祉の歳出削減を正当にも非難しており、まさにレス・プブリカ（*res publica*）、公共の利益の概念にもとづいて政府を批判している。自由な市場が公的利益にかなうよう、市場（アダム・スミスの見えざる手）を指導する責任を、政府は回避しようと思えば回避できる（これが正しいアダム・スミス理解なのだと考え、気休めの個人的寄付や儀式的な宗教的慈善を頼りにしながら）。しかし、もっと広い見方をすれば、レーガン主義者やサッチャー主義者といったハイエク崇拝者にも、かなりの政治的制約が加わっている。彼らは自分の責務だと自覚している事柄のうち、有益なことも有害なことも、ほんのわずかしか実行していないが、それは「非合理的な政治的要因」のせいなのだそうである。何ともありがたい話である。

市場メカニズム以外で価格決定ができないのは明らかである。ソ連の計画経済が、緊急時にどれほど役立ったにせよ、最終的に瓦解したことがそれを証明している。しかも、資本主義は不動の諸条件をそなえた国際的システムである。そうした条件は、たとえば北朝鮮やキューバが無茶をする、あるいは、幸運にも砂漠で石油が大量に湧き続ける、といった大事件でもない限り無視できない。そうは言っても、価格がすべての人間関係を決定しなければならないわけではないし、少なくとも市民的な関係がそうなるいわれはない。市場の影響は市民の活動によって限定したり緩和できるし、そうすべき場合もある。人は消費者であるだけでなく、市民でもある。たとえば、課税によって制約を課す場合である。また、公共道徳や家族道徳は、政治権力や経済権力の行使に対して、強力な文化的制約として作用するし、過去にも作用していた。

政治と経済の間の新しい境界線や相互の影響については、厳密で冷静な検討が必要である。人々が自分をたんに消費者としか見ていないのであれば、政府の実質的統制はまったくできなくなる。そうなると政府は、武力は使わないだろうが、パンとサーカスで支配するだろう。また、些末な選択肢ばかりになると、選択といっても恣意的でたいていは無意味でしかないものが、実質のある自由だと言いくるめられるようになる。他方、専制的なレトリックだらけでありながら、実際には、多少なりとも歓迎できるような混乱が支配することもある。すべてが国家、あるいはすべてが市場という二つの極端な立場だけでは話にならない。両極端の間には大きな余白がある。政治的な要因・要素と経済的な要因・要素は、相互に作用し制限しあっている。しかし、いずれも他方なしでは長期にわたって存続できないのである。

冷戦の終結（予言者も社会科学者も予見できなかったまったくの突発事であり、社会科学者を騙ったあらゆる予言者に対する有益な警告となった）だけで、平和と繁栄と自由につながるなどと考えるのは、もちろん、歴史的に見て愚かである。しかも、歴史の浅い民主主義は、住民や被支配者は能動的で参加的で批判的な市民たるべしとする古くからの共和主義的理想よりも、選挙での政党エリートの競争というシュンペーターの民主主義観にはるかに近いように思われる。

（6）　労働党を指す。クリックは、本書第六章（一四二頁）で「良きにつけ悪しきにつけ、病めるときも健やかなるときも、私の支持政党」と明言している。

今日の民主主義の中でも第一級のものと比べるつもりで、ある一つの文章を味わってみよう。ヨーロッパの独裁者やエリートにとっては気のもめる文章だったが、その対立者、とりわけアメリカ共和国の建国の父たちにとっては、魂を奮い立たせてくれる文章であった。多少なりとも読書をする人であれば、ほぼ誰にでも見覚えがあるだろう。今は昔、紀元前五世紀の話としてツキジデスが伝えているペリクレスの演説である。

われわれの国制は、権力が少数者にではなく全員の手中にあるので、民主政と呼ばれている。私的紛争の解決が問題となるとき、われわれは法の前で平等である。ある人を他の人に優先して公共への責任を負う地位につける際に考慮されるのは、特定の階級への所属ではなく、本人の持つ実際の能力である。誰もが、それぞれの力に応じて国家に奉仕する限り、貧しいという理由で政治的に冷遇されることはない。われわれの政治生活は自由で開かれているが、互いに関わり合う日常生活もまったく同様である。隣人が自分の流儀で楽しく暮らしているのであれば、その人に気をもむことはなく怪訝そうに見ることもない。そうするのは、実害がなくても、人の気持ちを傷つけることである。われわれは私生活においても自由で寛容である。だが、公的な事柄では法を遵守する。なぜなら、法はわれわれの深い尊敬を集めているからである。……

わが国では、各人は自分自身だけではなく、国事にも関心を持っている。自分の仕事にほとんど手一杯の人でも政治全般に非常に精通している。これがわれわれの特質である。われわれは、政治に関心のない者を、自分の仕事に打ち込んでいるとは言わない。この国で仕事を全然していない、と言うのである。われわれアテナイ市民は、政策について自分自身で考えを定め、それをしかるべき場の議論に委ねる。なぜなら、われわれは言葉と行為が両立不可能だとは考えないからである。最悪なのは、もたらされる結果について適切に議論する前に拙速に動くことである…… (Thucydides, 1974)[7]。

言うまでもなく、現代の歴史家たちは、ペリクレスは大衆扇動家であり民主政に乗じた独裁者と見るべきだ、と論じている。しかし、われわれにとって重要なのは、この大衆扇動家が語っている事柄と人々が聞きたがっていると彼が見抜いていた事柄、つまり、彼が訴えた不変の理想であって、彼が何をしたのか、なぜそう言ったのかではない。スウィフトが言ったように、「偽善とは、悪徳が美徳に払う敬意」である。

(7) 邦訳(トゥーキュディデース『戦史(上)』久保正彰訳、岩波文庫、一九六六年)の該当箇所は、二二六―二二八頁。ここでは、クリックが引用している英文から訳出している。

監訳者あとがき

本書は、Bernard Crick, *Essays on Citezenship*, Continuum, London, 2000 の全訳である。訳出に際しては、二〇〇四年のリプリント版を用いた。著者のバーナード・クリックの経歴や著書については、本書奥付の著者紹介を参照されたい。クリックは、本書の邦訳が企画された二〇〇八年の年末に亡くなった。邦訳の公刊まで長生きしていただきたかったのだが、非常に残念である。

市民育成のための政治教育・シティズンシップ教育へのクリックの関心は、長期に及んでいる。一九六〇年代末から市民育成のための教育を学校で実施する必要を強調していたクリックは、本書でも繰り返し述べているように、一九九七年に労働党のブレア政権が成立した後、シェフィールド大学時代の教え子であったデイビッド・ブランケット教育・雇用相の要請により、シティズンシップ教育に関する諮問委員会の委員長に就任した。この委員会による審議の結果として一九九八年に公表された委員会報告書（『一九九八年報告』）は、『クリック・レポート』の名で知られ、イングランドの学校におけるシティズンシップ教育強化に関する指針となった（原文はインターネットで入手可能である――http://www.teachingcitizenship.org.uk/dnloads/crickreport 1998.pdf）。本書でクリックは、この『クリック・レポート』の理論的根拠を詳しく説明するとともに、レポートで書けなかったことやレポートへの反響についてもふれている。なお、シティズンシップ教育とともに分権化にも関心を寄せていたクリックは、スコットランド議会の提唱者としても知られている。

クリックが本書で提唱しているシティズンシップ教育の目的・内容・方法等をめぐる議論の土台は、言うまでもなく、専門的・理論的な教育学ではなくて、実践レベルでの政治と教育の双方を強く意識した政治哲学である。ちなみに、クリックは本書第三章（六六頁）で、さまざまな政治的主張や政策に関する妥当性や整合性、背後にある基本的問題、政策遂行にともなう機会費用等々の分析を政治理論と呼び、政治的見解がどんな原理や基準に訴えるのが妥当かの分析を政治哲学と呼んでいるが、そもそも政治とは何かを問う、クリック自身がしばしば行なっている思索も、政治哲学と呼んでよいだろう。そうした意味も含めてのクリックの政治哲学については、初期の著書『政治の弁証』から近年の『デモクラシー』に至るまで、各邦訳書で有益な解説がなされているので、ここでは、本書の理解に最小限必要と思われる点を三つに絞り込んで概略的に説明するのにとどめておきたい。なお、以下の論述は、あくまでも監訳者（関口）の個人的見解であることを申し添えておきたい。

（一）政治と統治（政府）

『政治の弁証』以来、本書でも随所に見られるように、クリックは「政治」の本来的意味を、複雑で多様な利益を抱えた文明社会に創造的妥協をもたらす営み、と捉えている。クリックはまた、この営みが市民によって積極的に担われる政治のあり方を、「市民的共和主義」と呼んでいる。この「政治」観は、相互に関連する二つの重要な理論的立場を含意している。

第一に、デモクラシー（民主主義）を徹底的に相対化する見方である。クリックによれば、デモクラシーそのものを、無条件的に最善の統治形態とみなすことはできない。デモクラシーは最善の政体である、という見方が一般的になったのは二〇世紀になってからのことにすぎず、その背景には、全体戦争への大衆動員を正当化する必要性があった。さらに言えば、大衆動員を攻撃的に展開する全体主義やポピュリズムも、デモクラシー時代の産物にほかならない。クリックの考えでは、デモクラシーはむしろ、多様な利益を調整する「政治」の営み（自由な統治・共和主義的統治とも呼べる営み）の一要素と見るべきである。「政治」が健全さと自己維持力を保つには、多数者の支持という要素が不可欠だという意味で、またその限りにおいて、民主的な制度や民主的な精神が必要であり望ましいのである。

第二に、デモクラシーに関するこうした見方と表裏一体をなす統治（政府）観、統治は少数者の仕事だ、という見方である。統治それ自体は民主的たりえず、多数者は政府を民主的に監視し統制できるだけである。デモクラシーが多数者による統治を意味するのであれば、それは統治論として誤っている。たしかに、統治権力の公正な行使のためには多数者の監視が必要であり、また、統治権力が危機に対処できる力強さを得るには多数者の支持が必要である。しかし、政府を担う少数者による権力行使、とりわけ非常事態や緊急時における権力行使がそもそも必要なのは、個別具体的な対応策の詳細についてまで多数者の同意や全員の一致を待っていられないからである。強制力の発動という統治の一側面は、統治形態の名称がデモクラシーや共和主義に変わっても消え去りはしはない。参加民主主義の言説がともすれば理想や改革を力説するにとどまって言及しない政治の現実を、クリックはしっかり見据えている。

(二) 参加や分権の重要性に対する慎重な見方

クリックは、「市民的共和主義」の観点から、能動的な市民のあり方を重視し、そうした市民を育成するためのシティズンシップ教育を提唱している。これが本書の主旨であるのは間違いない。しかし、クリックは、市民の直接的な参加や、参加を促進するような分権化さえあれば、よき統治の必要条件が満たされると考えているわけではない。また、能動的市民であることは、個人と社会の双方の豊かで充実したあり方にとって不可欠であるとしても、それを自己目的として至上視しているわけでもない。たしかに、他者や社会との関わりを持たない自我は貧困である。しかしだからといって、人生は能動的市民として生きるためにあるのではない。少なくとも、それだけのためにあるのではない。この見方は、本書を理解する上で(また、賛同するにせよ批判するにせよ)、見落とすべきでない点として、大いに強調しておく必要があろう。

クリックはこのように、コミュニティでの協働や社会的連帯を強調する言説が陥りやすい参加至上主義を慎重に避けている。実際、生活に追われる普通の市民にとって、投票以外の日常的な直接参加は容易でない。能動的に参加するのがよい市民だと説教するだけでは、普通の市民にはフラストレーションがたまり、政治に幻滅するだけである。参加や分権はもちろん望ましいが、同時に、統治(政府)を多くの市民が注視することも、政府の民主的統制にとって重要で不可欠だ、とクリックは力説している。権力行使の健全さを確保するためには、政治権力を持つ者に、自分はつねに見られていると意識させ自制させる諸条件を整える必要がある。政府の行動に関する公開性やコミュニケーションの手段(情報公開や出版の自由)は、参加に劣らず、よき統治の必要条件と言わねばならない。シティズンシップ教育によって育成すべき政治リテラシーは、参加のための知識・技能であるとともに、政府を監視するための知識・技能でもある。

(三) 政治教育からシティズンシップ教育へ

『政治の弁証』以来、クリックは一貫して、多様な利益の創造的妥協という「政治」観を持ち続けた。しかし、そのような「政治」がどこで展開されるかに関しては、変化が見られる。『政治の弁証』では、厳密な意味で「政治」の場と想定されていたのは主権国家であり、地域社会や国際社会ではなかった。しかし、一九六〇年代末以降、市民の政治教育にクリックの関心が向かうにつれ、「政治」を主権国家に限定する見方は、徐々に変わっていった。それはたとえば、本書第四章で、日常生活のさまざまな次元で政治的なものが生じ、それに応じて、学問的な政治学の知識とは区別される政治リテラシーの獲得可能性が指摘されているところにうかがえる。クリック自身は、本書の序言で、本書の第四章と第五章を最初に執筆した時期の「政治教育と政治リテラシー」の捉え方は、まだ狭かったと述べているが、学校の授業での政治教育を、国家レベルの政治の知識に限定されない政治リテラシーの教育と捉え直している点は、新たな第一歩とみなしてよいだろう。

もちろん、この変化が顕著になったのは、シティズンシップ科目が公教育の仕組に実際に取り入れられていった一九九〇年代から二〇〇〇年代にかけてである。本書第七章でクリックは、シティズンシップ教育への社会的関心が高まった背景には、市民相互の信頼を醸成する中間団体に注目した古典的な政治哲学があったと指摘している。古典的政治哲学のこの側面が注目されるようになったのは、主権国家を基本的な政治単位として自明視する姿勢を見直す傾向が、EUの成立や多民族・多文化状況の進む中で広がり始めたためであろう。同章で、クリックが『一九九八年報告』の背後にある哲学は、市民的共和主義と多元主義だと述べているのも、同じ事情によると考えてよい。ボランティア活動など非政治的な地域活動も含めて、市民の多様な活動やつながり、それによって形成される市民の相互信頼は、いまやクリックにとっても、多様な利益を調停する営み（クリックの言う「政治」）の重要な基盤であった。こうしてクリックは、シティズンシップ教育論においても、政治的場面での政治リテラシーに限らず、ボランティア活動のような非政治的活動の中で得られる実践的な経験や技能を、政治的場面にも応用可能な（「移転」可能な）ものとして、以前以上に重視するようになったのである。

ところで、以上の三点の他に、最後にもう一つだけ、読者の注目を喚起したい点がある。それは、クリックが本書の中で、実例や材料を示しながら、われわれを政治的思考（政治的思慮）の世界へと繰り返し招待している点である。たとえば、本書の第二章で、人々が政府と政治に幻滅する理由を論じている箇所である。クリックによれば、幻滅の理由は、①きわめて頻繁に繰り返される政府の失態、②主権があっても権力の実効性を欠く現代の政府に固有の限界、③人々の過剰な期待、の三点である。一つ目が政治家の責任なのは明白だが、クリックは、残り二つについて、政治家だけでなくメディアや市民の側にも配慮や工夫が必要だと示唆している。この示唆は、主権に関わる問題をめぐって国家間での思慮深い妥協の必要性が高まりながらも、それぞれの国民感情がそれを難しくしている現実や、市場重視にせよ社会的連帯重視にせよ、改革を政治の唯一の存在理由であるかのように誇張する政治的主張の限界や危うさなど、日本の内外の現状に当てはめ、政治家とメディアと市民のいずれにも必要な政治リテラシーという観点から考えてみると、実に含蓄に富んでいる。同じ第二章で、クリックが政党のマニフェストについて論じている点も、日本の政治におけるマニフェストのあり方という点で、読者の政治的思考を刺激するだろう。また、第一〇章の「主権」に関する議論は、国家主権に関する神経質な感情論や、「地域主権」といったルーズな言葉の使い方のいずれの問題点についても、批判的思考の手掛かりになるだろう。政治家に向けた重要な警句もある。「政治家は、どう政治を行ないどう振る舞うかの模範として皆に見られている（それが政治の一部になっている）と意識して、諸々の帰結を考えているのだろうか」（本書二七八頁）。このように、クリックの議論には、非凡で新鮮な着眼点が数多く示されている。それらをきっかけに読者の思考や議論が促されれば、訳者として喜ばしい限りであり、おそらくクリック本人にとっても同様であろう。

本書の監訳者・共訳者はいずれも、九州大学が研究拠点として認定した「九州大学政治哲学リサーチコア」のメンバーである。リサーチコアの仕事としては、九州大学政治哲学リサーチコア編『名著から探るグローバル化時代の市民像』（花書院、二〇〇七年）、関口正司編『政治における「型」の研究』（風行社、二〇〇九年）に続くものである。

最初の段階の訳出作業は、本書巻末の訳者紹介で示したように、分担して行なった。その後、訳者がペアを組んで各訳稿を相互チェックした上で、それぞれの訳出担当者が修正を加えた。次に、監訳者が全体を確認し、訳語や表現の統一・調整や、訳注の追加などを行なった。この段階で、法政大学出版局の編集担当の奥田のぞみさんが、一般読者にとって読みやすくわかりやすくするという観点から、全体を徹底的にチェックしてくださった。それをふまえて、最終的に、監訳者が全体について修正や調整を行なった。

なお、訳出に際しては、本書奥付の著者紹介で示したクリックの著書の邦訳、および、以下の文献を参考にさせていただいた。御礼申し上げたい。

山田格「政治教育に関する政治学的研究――B・クリックの政治教育論を中心に」、『法と政治』(関西大学法政学会)、第三一巻第三・四号、二九一―八六頁、一九八〇年。

日本ボランティア学習協会編『英国の「市民教育」』、二〇〇〇年(巻末に全国共通カリキュラムの翻訳が掲載されている)。

佐貫浩『イギリスの教育改革と日本』高文研、二〇〇二年。

添谷育志・金田耕一「クリックのデモクラシー論」、バーナード・クリック『デモクラシー』(岩波書店、二〇〇四年)所収、二一一―二二四頁。

蓮見二郎「クリック・レポート」、岡﨑晴輝・木村俊道編『はじめて学ぶ政治学』(ミネルヴァ書房、二〇〇八年)所収、二四〇―二五〇頁。

平石耕「現代英国における「能動的シティズンシップ」の理念――D・G・グリーンとB・クリックを中心として」、『政治思想研究』第九号、二九四―三二五頁、二〇〇九年。

本書は、政治学者ばかりでなく、市民、政治家、行政担当者、メディア、公民科の先生方などに読んでいただきたい内容であったので、一般読者の視点に立ってわかりやすさを徹底的に求めた奥田さんのチェックは非常に有益であった。御礼申し上げたい。クリック本人も同じことを望んだにちがいない。実際、クリックは本書において、政治ばかりでなく政治学もまた、公共的性格を持つという見地から、政治学者の内向き志向・専門への引きこもりを批判している。それは監訳者にも及んでくる批判である。とはいえ、一般読者にわかりやすく翻訳を工夫するのは、一般読者にわかりやすく論文を書くのと同様、けっして容易ではない。そのことをつくづく痛感している。しかしともかくも、晦渋な表現や誤訳等々が解消しきれず残っているとしたら、その責めは当然ながら、監訳者が負うべきものである。

二〇一一年八月

関口正司

究』森川真規雄訳，新曜社，1977年.

Wolin, Sheldon S.（1960）*Politics and Vision*（London: Allen and Unwin）. シェルドン・S. ウォーリン『政治とヴィジョン』尾形典男他訳，福村出版，2007年.

Wright, Tony（1997）*Why Vote Labour?*（London: Penguin）.

Young, Michael（1958）*The Rise of Meritocracy*（Harmondsworth: Penguin）. マイケル・ヤング『メリトクラシーの法則』伊藤慎一訳，至誠堂新書，1965年.

Rose, E. J. B. et al. (1969) *Colour and Citizenship: A Report on Race Relations* (Oxford: Oxford University Press).

Runciman, W. G. (1966) *Relative Deprivation and Social Justice* (London: Routledge).

Sennett, Richard (1986) *The Fall of Public Man* (London: Faber and Faber). リチャード・セネット『公共性の喪失』北山克彦・高階悟訳，晶文社，1991年.

Skinner, Quentin (1998) *Liberty Before Liberalism* (Cambridge: Cambridge University Press). クェンティン・スキナー『自由主義に先立つ自由』梅津順一訳，聖学院大学出版会，2001年.

Slater, John (1992) 'New curricula, new directions,' Bill Jones and Lynton Robins (eds) *Two Decades of British Politics* (Manchester: Manchester University Press), pp. 305–17.

Snook, I. A. (ed.) (1972a) *Concepts of Indoctrination: Philosophical Essays* (London: Routledge).

Snook, I. A. (1972b) *Indoctrination and Education* (London: Routledge).

Spencer, Sarah and Bynoe, Ian (1998) *A Human Rights Commission: The Options for Britain and Northern Ireland* (London: Institute for Public Policy Research).

Thucydides (1974) *The Peloponnesian War* (London: Penguin). トゥーキュディデース『戦史』(上・中・下３巻)，久保正彰訳，岩波文庫，1966–1967年.

Torney-Purta, Judith, Schwille, John and Amadeo, Jo-Ann (1999) *Civic Education Across Countries: Twenty-four National Case Studies from the IEA Civic Education Project* (Amsterdam: IEA).

Toulmin, S. (1972) *Human Understanding*, Vol. 1 (Oxford: Clarendon Press).

Wallace, William (1997) *Why Vote Liberal Democrat?* (London: Penguin).

Whitebrook, Maureen (1991) *Reading Political Stories: Representations of Politics in Novels and Pictures* (Lankam, Maryland: Rowman and Littlefield).

Whitebrook, Maureen (1995) *Real Toads in Imaginary Gardens: Narrative Accounts of Liberalism* (London: Rowman and Littlefield).

Willetts, David (1997) *Why Vote Conservative?* (London: Penguin).

Winch, P. (1958) *The Idea of a Social Science* (London: Routledge). ピーター・ウィンチ『社会科学の理念――ウィトゲンシュタイン哲学と社会研

ョージ・オーウェル『一九八四年』新庄哲夫訳，ハヤカワ文庫，1972年．他に，新訳版として高橋和久訳（早川書房，2009年）もある．

Orwell, George (1994) 'Wells, Hitler and the world state,' in *The Penguin Essays of George Orwell* (Harmondsworth: Penguin), p. 190 (An essay first published in 1938). ジョージ・オーウェル「ウェルズ，ヒトラー，そして世界国家」川端康雄訳（ジョージ・オーウェル『水晶の精神』所収，川端康雄編，平凡社ライブラリー，2009年），118–119頁．

Ostler, Audrey with Starkey, Hugh (1996) *Teacher Education and Human Rights* (London: David Fulton).

Ostler, Audrey (1996) *Learning to Participate: Human Rights, Citizenship and Development in the Local Community* (Birmingham: Development Education Centre).

Oxford Review of Education (1999) 'Political education' (special issue), 25(1, 2), March and June.

Patterson, Lindsay (1994) *The Autonomy of Modern Scotland* (Edinburgh: Edinburgh University Press).

Philp, M. (1999) 'Citizenship and integrity,' in A. Montefiore and D. Vines (eds) *Integrity in Public and Private Domains* (London: Routledge), pp. 19–21.

Pierce, Nick and Hallgarten, Joe (eds) (2000) *Tomorrow's Citizens: Critical Debates in Citizenship and Education* (London: Institute for Public Policy Research).

Pocock, John (1975) *The Machiavellian Moment: Florentine Political Thought and the Atlantic Republican Tradition* (Princeton, NJ, and London: Princeton University Press). J. G. A. ポーコック『マキァヴェリアン・モーメント――フィレンツェの政治思想と大西洋圏の共和主義の伝統』田中秀夫・奥田敬・森岡邦泰訳，名古屋大学出版会，2008年．

Popper, Sir Karl (1963) *Refutations and Conjectures* (London: Routledge). カール・R. ポパー『推測と反駁――科学的知識の発展』藤本隆志他訳，法政大学出版局，1980年．

Rawls, John (1972) *A Theory of Justice* (Oxford: Clarendon Press). ジョン・ロールズ『正義論』川本隆史・福間聡・神島裕子訳，紀伊國屋書店，2010年．

Ricci, David M. (1984) *The Tragedy of Political Science* (London: Yale).

ford Review of Education, 25(1, 2), March and June (special issue on Political Education), 275–84.
Laski, Harold (1925) *A Grammar of Politics* (London: Allen and Unwin). ハロルド・ラスキ『政治学大綱』日高明三・横越英一訳，法政大学出版局，1952年.
Lippmann, Walter (1914) *A Preface to Politics* (New York: McGraw-Hill).
Lippmann, Walter (1954) *The Public Philosophy* (Boston: Little, Brown). ウォルター・リップマン『公共の哲学』矢部貞治訳，時事通信社，1957年.
Lister, Ian (1987) 'Political education in England,' *Teaching Politics*, 16(1), 19–27.
Marshall, T. H. (1950) *Citizenship and Social Class and Other Essays* (Cambridge: Cambridge University Press). T. H. マーシャル『シティズンシップと社会的階級』岩崎信彦・中村健吾訳，法律文化社，1993年.
Modood, Tariq (1992) *The Difficulties of Being English* (Trentham: Trentham Books).
Modood, Tariq, Beison, Sharon and Verdee, Satnam (1994) *Changing Ethnic Identities* (London: Policy Studies Institute).
Nairn, Tom (1988) *The Enchanted Glass: Britain and its Monarchy* (London: Century Hutchinson).
National Curriculum Council (1990) *Education for Citizenship: Guidance Paper No. 5* (York: NCC (now QCA)).
Niebuhr, Reinhold (1954) *Christian Realism and Politics* (London: Faber).
Oakshott, Michael (1962) 'Political education,' in his *Rationalism and Other Essays* (London: Methuen). マイケル・オークショット『政治における合理主義』嶋津格他訳，勁草書房，1988年. マイケル・オークショット『保守的であること――政治的合理主義批判』渋谷浩他訳，昭和堂，1988年.
Oldfield, Adrian (1990) *Citizenship and Community: Civil Republicanism and the Modern World* (London: Routledge).
Oliver, Dawn and Heater, Derek (1994) *The Foundations of Citizenship* (London: Harvester/Wheatsheaf).
Orwell, George (1941) *The Lion and the Unicorn: Socialism and the English Genius* (London: Secker & Warburg). ジョージ・オーウェル『ライオンと一角獣』川端康雄編，小野協一他訳，平凡社ライブラリー，2009年.
Orwell, George (1949) *Nineteen Eighty-Four* (London: Secker & Warburg). ジ

Heater, Derek (1984) *Peace Through Education: The Contribution of the Council for Education in World Citizenship* (London: Falmer Press).

Heater, Derek (1990) *Citizenship: The Civic Ideal in World History, Politics and Education* (London: Longman).

Heater, Derek (1996) *World Citizenship and Government: Cosmopolitan Ideas in the History of Western Political Thought* (London: Macmillan).

Hoggart, Richard (1999) *First and Last Things* (London: Aurum Press).

Holden, Cathie and Clough, Nick (1998) *Children as Citizens: Education for Participation* (London: Jessica Kingsley).

Hollins, T. H. B. (ed.) (1964) *Aims of Education: The Philosophical Approach* (Manchester: Manchester University Press).

Howarth, Alan (1992) 'Political education: a government view,' in Bill Jones and Lynton Robins (eds) (1992) *Two Decades in British Politics: Essays to Mark Twenty-one Years of the Politics Association, 1969–90* (Manchester: Manchester University Press).

Ichilov, Orit (1998) *Citizenship and Citizenship Education in a Changing World* (London: Woburn Press).

Institute for Citizenship Studies (1998) 'Public attitudes towards citizenship' (a MORI survey commissioned by the Institute and published on their website: www.citizen.org.uk).

Jones, Bill and Robins, Lynton (eds) (1992) *Two Decades in British Politics: Essays to Mark Twenty-one Years of the Politics Association, 1969–90* (Manchester: Manchester University Press).

Kerr, David (1996) *Citizenship Education in Primary Schools* (London: Institute for Citizenship Studies).

Kerr, David (1999a) *Re-Examining Citizenship Education: The Case of England – National Case Study for IEA Citizenship Education Study Phase 1* (Slough: NFER).

Kerr, David (1999b) 'Re-examining citizenship education in England,' in Judith Torney-Purta, John Schwille and Jo-Ann Amadeo, *Civic Education Across Countries: Twenty-four National Case Studies from the IEA Civic Education Project* (Amsterdam: IEA).

Kerr, David (1999c) 'Changing the political culture: the Advisory Group on Education for Citizenship and the teaching of democracy in schools,' *Ox-*

Commission on Citizenship (1990) *Encouraging Citizenship* (London: HMSO).

Crick, B. (1962 and 4th edn 1992) *In Defence of Politics* (London: Penguin). バーナード・クリック『政治の弁証』前田康博訳，岩波書店，1969年.

Crick, B. (1968) 'Freedom as politics,' in Peter Laslett and W. G. Runciman (eds) *Philosophy, Politics and Society* (Oxford: Blackwell). バーナード・クリック『政治理論と実際の間』(第 1 分冊)，田口富久治他訳，みすず書房，1974年. 第 2 章「政治としての自由」.

Crick, B. (1971) 'Freedom as politics,' in his *Political Theory and Practice* (London: Allen Lane). 邦訳は上記参照.

Crick, B. (1974) 'Basic political concepts and curriculum development,' *Teaching Politics*, January, 13–24.

Crick, B. (1978) 'Commentary: political reviews,' *Political Quarterly*, July-September, 255–8.

Crick, B. (1993) 'Commentary: political reviewing,' *Political Quarterly*, October-December, 369–90.

Crick, B. (1995) 'The sense of identity of the indigenous British,' *New Community* 21(2), 167–82.

Crick, B. and Heater, Derek (1977) *Essays on Political Education* (Ringmer: Falmer Press).

Crick, B. and Porter, Alex (eds) (1978) *Political Education and Political Literacy* (London: Longman).

DfEE (1997) *Excellence in Education* (London: HMSO).

Freeden, M. (1978) *The New Liberalism* (Oxford: Oxford University Press).

Garnett, Mark (1993) 'An unheard voice in the squabbles of mankind,' *Political Quarterly*, July-September, 336–43.

Gellner, Ernest (1973) *Cause and Meaning in the Social Sciences* (London: Routledge), p. 49.

Gould, B. (1985) *Socialism and Freedom* (London: Macmillan).

Hahn, Caroline (1998) *Becoming Political: Comparative Perspectives on Citizenship Education* (Albany, NY: SUNY Press).

Hanniford, I. (1996) *Race: The History of an Idea in the West* (Baltimore: Johns Hopkins University Press).

Hargreaves, D. (1997) *The Mosaic of Learning* (London: Demos).

Heater, Derek (ed.) (1969) *The Teaching of Politics* (London: Methuen).

参照文献

Advisory Group on Citizenship (1998) *Education for Citizenship and the Teaching of Democracy in Schools* (London: QCA).

Alibhai-Brown, Yasmin (1999) *True Colours: Public Attitudes to Multi-Culturalism and the Role of Government* (London: Institute of Public Policy Research).

Annette, John (1999) 'Citizenship and higher education,' in Denis Lawton and Roy Gardner (eds) *Values in Education* (London: Kogan Page).

Arendt, Hannah (1958) 'The public and the private realm,' in her *The Human Condition* (London: Cambridge University Press). ハンナ・アレント『人間の条件』志水速雄訳，ちくま学芸文庫，1994年.

Arendt, Hannah (1970) 'Karl Jaspers, citizen of the world,' in her *Men in Dark Times* (London: Jonathan Cape). ハンナ・アレント『暗い時代の人々』阿部斉訳，河出書房新社，1986年．再刊本として，ちくま学芸文庫，2005年.

Aristotle (1948) *The Politics* (ed. Ernest Barker) (Oxford: Oxford University Press). アリストテレス『政治学』山本光雄訳，岩波文庫，1961年．他に，田中美知太郎他訳（中央公論新社），牛田徳子訳（京都大学学術出版会）がある.

Berlin, Sir Isaiah (1958) *Two Concepts of Liberty* (Oxford: Clarendon Press) and in his anthology (1997) *The Proper Study of Mankind* (Oxford: Oxford University Press). アイザイア・バーリン『自由論』小川晃一他訳，みすず書房，1979年.

Brennan, Tom (1981) *Political Education and Democracy* (Cambridge: Cambridge University Press).

Buckingham-Hatfield, Susan with Annette, John and Slater-Simmons, Elaine (1999) *Student Community Partnerships in Higher Education* (London: CSV).

Carter, April (1988) *The Politics of Women's Rights* (London: Longman).

Collini, Stefan (1991) *Public Moralists: Political Thought and Intellectual Life in Britain 1850–1930* (Oxford: Clarendon Press).

や　行

ら　行

な　行

は　行

ま　行

た 行

さ　行

事項索引

あ 行

か 行

ヤ　行

ラ　行

マ　行

サ　行

タ　行

ナ　行

ハ　行

人名索引

ア 行

カ 行

訳者紹介（＊は監訳者）

＊関口正司（せきぐち まさし）序言，第 1 章，第 3 章，第 6 章，第 10 章
1954 生まれ。東京都立大学大学院社会科学研究科博士課程単位取得退学。法学博士。九州大学大学院法学研究院・教授（政治哲学・政治学史）。
主な業績：『自由と陶冶――J. S. ミルとマス・デモクラシー』みすず書房，1989 年，『政治における「型」の研究』（編著）風行社，2009 年ほか。

大河原伸夫（おおかわら のぶお）第 5 章
1953 年生まれ。東京大学大学院法学政治学研究科博士課程単位取得退学。法学修士。九州大学大学院法学研究院・教授（政治学）。
主な業績：『政策，決定，行動』木鐸社，1996 年，『21 世紀の安全保障と日米安保体制』（菅英輝・石田正治編）ミネルヴァ書房，2005 年ほか。

岡﨑晴輝（おかざき せいき）第 7 章，第 8 章
1968 年生まれ。国際基督教大学大学院行政学研究科博士課程修了。博士（学術）。九州大学大学院法学研究院・教授（政治理論・比較政治学）。
主な業績：『与えあいのデモクラシー――ホネットからフロムへ』勁草書房，2004 年，『はじめて学ぶ政治学――古典・名著への誘い』（岡﨑晴輝・木村俊道編）ミネルヴァ書房，2008 年ほか。

施 光恒（せ てるひさ）第 2 章
1971 年生まれ。慶応義塾大学大学院法学研究科博士課程修了。博士（法学）。九州大学大学院比較社会文化研究院・准教授（政治理論・人権論）。
主な業績：『リベラリズムの再生――可謬主義による政治理論』慶應義塾大学出版会，2003 年，『「知の加工学」事始め――受容し，加工し，発信する日本の技法』（松永典子・施光恒・吉岡斉編）編集工房球，2011 年ほか。

竹島博之（たけしま ひろゆき）第 4 章，第 9 章
1972 年生まれ。同志社大学大学院法学研究科博士課程修了。博士（政治学）。東洋大学法学部・教授（政治思想史・政治哲学・シティズンシップ教育）。
主な業績：『カール・シュミットの政治――「近代」への反逆』風行社，2002 年，『欧州統合とシティズンシップ教育――新しい政治学習の試み』（C. ロラン－レヴィ／A. ロス編，中里亜夫・竹島博之監訳）明石書店，2006 年ほか。

大賀 哲（おおが とおる）第 11 章
1975 年生まれ。エセックス大学政治学部博士課程修了。Ph.D.（Ideology and Discourse Analysis）九州大学大学院法学研究院・准教授（国際政治学史・地域統合論）。
主な業績：『アメリカ外交の分析――歴史的展開と現状分析』（杉田米行編著）大学教育出版，2008 年，『国際社会の意義と限界――理論・思想・歴史』（大賀哲・杉田米行共編著）国際書院，2008 年ほか。

《著者紹介》

バーナード・クリック（Bernard Crick, 1929-2008）

ロンドン生まれ。ロンドン大学ユニヴァーシティ・カレッジを卒業後，LSE（ロンドン・スクール・オヴ・エコノミクス・アンド・ポリティカルサイエンス）で，ハロルド・ラスキやマイケル・オークショットの教えを受けながら博士号を取得した。ハーバード大学やマッギル大学で教鞭をとり，イギリスに戻ってからは，LSE で 11 年間にわたって教えた。その後，シェフィールド大学とロンドン大学バーベック・カレッジの政治学教授を歴任している。1984 年に引退し，2008 年 12 月，79 歳の誕生日の直後に，エディンバラで亡くなった。

著書の多くが翻訳されており，『政治の弁証』（前田康博訳，岩波書店，1969 年），『現代政治学の系譜――アメリカの政治科学』（内山秀夫・梅垣理郎・小野修三訳，時潮社，1973 年），『政治理論と実際の間㈠・㈡』（田口富久治・岡利郎・松崎重五訳，みすず書房，1974-76 年），『政府論の歴史とモデル』（小林昭三・石田光義訳，早稲田大学出版部，1977 年），『ジョージ・オーウェル――ひとつの生き方（上・下）』（河合秀和訳，岩波書店，1983 年），『デモクラシー』（添谷育志・金田耕一訳，岩波書店，2004 年）がある。

サピエンティア　20

シティズンシップ教育論

政治哲学と市民

2011年 9 月15日　初版第 1 刷発行
2018年 6 月15日　　　第 3 刷発行

著　者　バーナード・クリック
監訳者　関口 正司
訳　者　大河原伸夫／岡﨑晴輝／施 光恒／竹島博之／大賀 哲
発行所　一般財団法人　法政大学出版局
〒102-0071　東京都千代田区富士見2-17-1
電話03（5214）5540／振替00160-6-95814
製版・印刷　三和印刷／製本　誠製本
装　幀　奥定泰之

ISBN 978-4-588-60320-4　　Printed in Japan

《サピエンティア》（表示価格は税別です）

22　比較のエートス　冷戦の終焉以後のマックス・ウェーバー
野口雅弘著　2900円

28　土着語の政治　ナショナリズム・多文化主義・シティズンシップ
W. キムリッカ著／岡﨑晴輝・施光恒・竹島博之監訳　5200円

30　反市民の政治学　フィリピンの民主主義と道徳
日下渉著　4200円

31　人民主権について
鵜飼健史著　3000円

32　国家のパラドクス　ナショナルなものの再考
押村高著　3200円

37　秩序を乱す女たち？　政治理論とフェミニズム
C. ペイトマン著／山田竜作訳　3900円

40　ヴェール論争　リベラリズムの試練
C. ヨプケ著／伊藤豊・長谷川一年・竹島博之訳　3000円

45　平和なき「平和主義」　戦後日本の思想と運動
権赫泰著／鄭栄桓訳　3000円

46　共生への道と核心現場　実践課題としての東アジア
白永瑞著／趙慶喜監訳／中島隆博解説　4400円

52　ロシアの愛国主義　プーチンが進める国民統合
西山美久著　3600円